Führen ohne Druck

Lizenz zum Wissen.

Sichern Sie sich umfassendes Wirtschaftswissen mit Sofortzugriff auf tausende Fachbücher und Fachzeitschriften aus den Bereichen: Management, Finance & Controlling, Business IT, Marketing, Public Relations, Vertrieb und Banking.

Exklusiv für Leser von Springer-Fachbüchern: Testen Sie Springer für Professionals 30 Tage unverbindlich. Nutzen Sie dazu im Bestellverlauf Ihren persönlichen Aktionscode C0005407 auf www.springerprofessional.de/buchkunden/

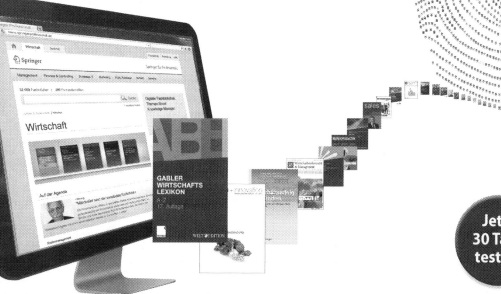

Springer für Professionals.
Digitale Fachbibliothek. Themen-Scout. Knowledge-Manager.

- Zugriff auf tausende von Fachbüchern und Fachzeitschriften
- Selektion, Komprimierung und Verknüpfung relevanter Themen durch Fachredaktionen
- Tools zur persönlichen Wissensorganisation und Vernetzung

www.entschieden-intelligenter.de

Springer für Professionals

Ernst Kronawitter

Führen ohne Druck

Erfolgreiches Bankgeschäft ohne Zielvorgaben und vertriebsabhängige Vergütungen

Ernst Kronawitter
Raiffeisenbank Ichenhausen eG,
Burgau, Deutschland

ISBN 978-3-658-01021-8　　　　　　　ISBN 978-3-658-01022-5 (eBook)
DOI 10.1007/978-3-658-01022-5

Die Deutsche Nationalbibliothek verzeichnet diese Publikation in der Deutschen Nationalbibliografie; detaillierte bibliografische Daten sind im Internet über http://dnb.d-nb.de abrufbar.

Springer Gabler
© Springer Fachmedien Wiesbaden 2013
Das Werk einschließlich aller seiner Teile ist urheberrechtlich geschützt. Jede Verwertung, die nicht ausdrücklich vom Urheberrechtsgesetz zugelassen ist, bedarf der vorherigen Zustimmung des Verlags. Das gilt insbesondere für Vervielfältigungen, Bearbeitungen, Übersetzungen, Mikroverfilmungen und die Einspeicherung und Verarbeitung in elektronischen Systemen.

Die Wiedergabe von Gebrauchsnamen, Handelsnamen, Warenbezeichnungen usw. in diesem Werk berechtigt auch ohne besondere Kennzeichnung nicht zu der Annahme, dass solche Namen im Sinne der Warenzeichen und Markenschutz-Gesetzgebung als frei zu betrachten wären und daher von jedermann benutzt werden dürften.

Gedruckt auf säurefreiem und chlorfrei gebleichtem Papier

Springer Gabler ist eine Marke von Springer DE. Springer DE ist Teil der Fachverlagsgruppe Springer Science+Business Media
www.springer-gabler.de

Vorwort

„Die einzige **Freiheit**, die diesen Namen verdient, ist das Recht, unser Wohlergehen auf unserem eigenen Wege zu verfolgen, solange wir nicht anderen das ihrige verkümmern oder ihre darauf gerichteten Bemühungen durchkreuzen."

John Stuart Mill, englischer Philosoph, 1806-1873

„Keine Schneeflocke in der Lawine wird sich je **verantwortlich** fühlen."

Stanislaw Jerzy Lec, polnischer Satiriker, 1909-1966

Allem technischen und organisatorischen Fortschritt in der Arbeitswelt zum Trotz fühlen wir, die heute aktiv einer Beschäftigung nachgehen, dabei größere Last denn je auf unseren Schultern. „Der Druck ist immer stärker an den einzelnen Arbeitsplatz herangerückt", zitierte schon vor ein paar Jahren die Tageszeitung „Die Welt"[1] Sabine Pfeiffer, Arbeitssoziologin am Münchener Institut für Sozialwissenschaftliche Forschung. „Schuld daran sei das Controlling. Gewinn, Rentabilität, Ist-Werte, Kapitalwert, Zielvorgaben, Leistungskontrolle – alles, selbst Dinge wie Kundenzufriedenheit lässt sich in Zahlen abbilden," heißt es weiter.

Eine Branche, in der Zahlen eine herausragende Rolle spielen, ist die Finanzwirtschaft. Dort erfreuen sich „Controlling, Gewinn, Rentabilität, Ist-Werte, Kapitalwert, Zielvorgaben, Leistungskontrolle" größter Wertschätzung. Dort kommt ein Höchstmaß an

---

[1] 08.12.2008 Rubrik Karriere: „Dem Druck bei der Arbeit standhalten", www.welt.de/wirtschaft/karriere/article2844020/Dem-Druck-bei-der-Arbeit-standhalten.html

Vorschriften und Gesetzen hinzu, an die sich jeder Branchenangehörige zu halten hat. Dort ist mithin der Druck besonders groß.

Was veranlasst dann ausgerechnet einen Bankvorstand, zusammen mit seinen Mitarbeiterinnen und Mitarbeitern dieses Buch zum Thema Führung zu schreiben? Unsere Antwort: Wir wollen gemeinsam darstellen, dass es möglich ist, auch ohne ständigen und hohen Druck auf die Mitarbeiter eines Unternehmens erfolgreich zu sein. Einen Druck, der sich in alle Richtungen gleichmäßig verbreitet.

Die Bilanz, in der er sich am sichtbarsten niederschlägt, ist die nationale Krankheitsstatistik. Die stark steigende Zahl von Burnout-Erkrankungen, insbesondere in der Finanzbranche, aber auch innerhalb anderer Berufsgruppen spricht Bände. Psychischer Druck am Arbeitsplatz schwächt das Immunsystem – er macht „verletzlich" – und erhöht das Risiko physischer Schäden. Weil der Zeitabschnitt, in dem wir leben, unbestreitbar von der Maxime „Höher, schneller, weiter" geprägt ist, sind die daraus entstehenden Schäden bereits „eingepreist" – bis hin zu der irrwitzigen Konsequenz, dass der Ausfall von Leistungsträgern den Druck auf die Verbleibenden und damit deren Ausfallrisiko weiter erhöht.

Dieser Tatsache müssen wir alle uns stellen, um regional und international wettbewerbsfähig zu bleiben. Nicht zuletzt durch die weltweite Globalisierung und die enorme Entwicklung der Technik in den vergangenen zwei Jahrzehnten bewegen wir uns in einer Arbeitswelt, die psychisch und physisch vielfach sehr hohe Anforderungen an die Menschen in den Unternehmen mit sich bringt.

Sich dieser Tatsache zu stellen bedeutet gleichwohl, sie nicht unwidersprochen und tatenlos hinzunehmen. Dieses Buch stellt dar, durch welche Maßnahmen wir die Mitarbeiter unseres Unternehmens motivieren und ohne Druck zum Erfolg führen – und es enthält in der Rubrik „Aus meiner Sicht" die Meinung und Bewertung der Mitarbeiter zu jeder dieser Maßnahmen. Ihr Kommentar ist genauso viel wert wie die Worte des Vorstands. Für den Erfolg der Strategie „Ohne Druck führen" ist er unverzichtbar.

Wir wollen nicht behaupten, dass wir den „Königsweg" gefunden hätten. Denn bei der schwierigen und gleichzeitig wichtigsten Aufgabe eines Unternehmensverantwortlichen, der „Führung", gibt es kein Richtig oder Falsch. Jede Firma und jede Branche unterscheidet sich von der anderen und bedarf unterschiedlicher Führungsinstrumente. Ein Grundsatz sollte aber in allen Bereichen der Wirtschaft gelten: „Behandle deine Mitarbeiter so, wie du auch selbst gerne behandelt werden möchtest." Wer als Führungskraft diese Denkhaltung verinnerlicht, hat einen Teil des Weges schon zurückgelegt.

Es geht in diesem Werk nicht darum, wissenschaftliches und theoretisches Führungswissen zu publizieren. Unser Ziel ist es vielmehr, Ihnen als Leser einen Erfahrungsbericht aus der Praxis anhand 41 verschiedener, einzeln dargestellter Führungsaufgaben zu präsentieren. Damit ist es auch möglich, die Anwendung einzelner „Module" im eigenen Unternehmen in Erwägung zu ziehen oder einzuleiten. In welcher Reihenfolge und in welchem Tempo Sie dabei vorgehen, bleibt völlig Ihnen überlassen. Sie haben die Freiheit, das ganz in eigener Verantwortung zu entscheiden – und ohne Druck.

> Noch eine Bemerkung vorab zum Gebrauch der weiblichen und männlichen Form in diesem Buch, zumal gerade im Personalbereich die „political correctness" mehr denn je gefragt ist. Der Autor sowie alle Co-Autoren machen in der Wertschätzung und im Umgang miteinander keinen Unterschied zwischen Frau und Mann, egal welche Endung ein Substantiv hat. Wir haben uns alle an den Sprachgebrauch gehalten, den wir im Alltag pflegen. Denn – davon handeln wesentliche Teile dieses Buches – es geht nicht zuerst darum, was man sagt, sondern wie man denkt und handelt. Jede Mitarbeiterin und jeder Mitarbeiter der Raiffeisenbank Ichenhausen kann das bestätigen und lebt auch danach.

Ichenhausen, im Frühjahr 2013   Ernst Kronawitter

www.rb-ichenhausen.de
ernst.kronawitter@rb-ichenhausen.de

www.ernst-kronawitter.net
info@ernst-kronawitter.net

Dank

Mit diesen Zeilen möchte ich allen danken, die zur Realisierung dieses Buches in der jetzigen Form mitgearbeitet haben.

Beginnen möchte ich dabei mit den Gastautoren Dr. Philip Frieg, Dr. Rüdiger Hossiep, Georg W. Moeller, Lennart von Schwichow, Dr. Reinhard K. Sprenger, Jens Ulbrich und Ulrich Wickert. Durch ihre Beiträge erfuhr dieses Werk eine enorme Aufwertung.

Ich danke dem Wirtschaftsjournalisten Ulrich Pfaffenberger für seine kritischen Anmerkungen und hilfreichen Empfehlungen zu diesem Buch.

Danken möchte ich auch allen Mitarbeitern unserer Bank, die als Co-Autoren mit ihren Kommentaren zu den einzelnen Artikeln dem Buch weitere Aussagekraft verliehen haben.

Danke auch an unseren Mitarbeiter Wolfgang Schmidt, der durch die Koordination und Einholung der Mitarbeiterkommentare dafür verantwortlich zeichnete, dass diese Kommentare unzensiert in dieses Buch übernommen wurden.

Danke an unsere Mitarbeiter insbesondere für die langjährige, gute Zusammenarbeit in der sich im Laufe der Jahre unsere Unternehmenskultur dahingehend entwickelt hat, dass dieses Buch überhaupt mit einem realen Hintergrund entstehen konnte.

Nachdem ich mehr als fünf Monate ausschließlich in meiner Freizeit an diesem Buch arbeitete, musste so manche private Aktivität in dieser Zeit zurückstehen. Für das Verständnis, dass es für mich sehr viel bedeutete, zusammen mit unseren Mitarbeitern dieses Buch zu schreiben und zu veröffentlichen, bedanke ich mich bei meiner Frau und verspreche auch, dass ich in Zukunft in unserem Privatleben wieder mehr Zeit haben werde.

Einen Kollegen darf ich jedoch nicht vergessen, der mir überhaupt erst Mut gemacht hat, meine Erfahrungen mit „Führen ohne Druck" in einem Buch niederzuschreiben.

Vielen Dank, Florian Schwarzbauer!

Inhalt

    Vorwort 5

    Dank 9

1. **Einleitung** 15
   Die Erfahrung spricht für Führung und gegen Druck

2. **Im Gespräch: Michael Hösle** 17
   Die Freiheit von Vertriebsvorgaben weckt die Lust auf Leistung

3. **Der „andere Weg" führt nach Ichenhausen** 21

4. **Verzicht auf individuelle Vorgaben und Produktkampagnen** 25
   Ohne Ziel, aber nicht ziellos

5. **Frei von Provisionen oder variablen Vergütungen** 31
   Mehr Produktivität durch Festgehälter.
   Oder: Vom „return on invest" auf Vertrauensbasis

6. **Mitarbeitern Kompetenzen übertragen** 35
   Vertrauensvorschuss trägt reiche Zinsen

7. **Vertrauen in Krisenzeiten** 39
   Offene Kommunikation setzt rettende Kräfte frei

8. **Vertrauen gewinnt Menschen und Märkte** 43

9. **Flache Hierarchie** 49
   Was der Feldwebel dem Oberst voraus hat

10. **Effiziente Entscheidungswege** 53
    Schnelles Handeln braucht klare Verantwortung

11. **Konsequentes Handeln** 57
    Respekt für die Spielregeln ist auch vom Chef gefordert

12. **Authentizität** 59
    Kein Alibi für unkontrolliertes Verhalten

13. **Angemessene Bezahlung** 63
    Gerechtigkeit ist nicht zählbar

14. **Kommunikation und Information innerhalb des Unternehmens** 65
    Raus aus der Einbahnstraße

15. **Gegenseitiges Vertrauen** 71
    Ein Vorschuss, der erfolgreiches Miteinander erst möglich macht

16. **Talente richtig einsetzen** 77
    Qualifikation plus persönliches Interesse ergibt einen „guten Job"

17. **Vorbildfunktion der Führungskraft** 81
    Dienstleister der inneren Werte

18. **Gerechtigkeit** 85
    Ein unbezahlbares Kunstwerk

19. **Werte schaffen Werte** 91

20. **Flexible Arbeitszeiten** 97
    Freie Nachmittage auf Vertrauensbasis

21. **Teilzeitbeschäftigung** 101
    Qualifizierte Angebote bringen hohe Rendite

22. **Urlaubsplanung** 105
    Verantwortung liegt in der Hand des Teams

23. **Kontrolle im Sinne von Überwachung** 109
    „Du bekommst, was du zählst."

24. **Anerkennung** 115
    Auf die richtige Währung kommt es an

25. **Anerkennung für Engagement** 121
    Lobesreden ziehen keine Motivation nach sich

26. **Würdigung besonderer Anlässe** 123
    Ehre, wem Ehre gebührt

27. **Neueinstellungen** 127
    Das erste Gespräch beginnt ganz persönlich

Inhalt

28. **Gemeinsame Aktivitäten** **131**
    Der Weg in die Freizeit ist mit Freiwilligkeit gepflastert

29. **Mitarbeiterbefragung** **135**
    Wollen Sie das wirklich wissen?

30. **Führungskräfte-Bewertung** **141**
    Nur absolute Anonymität liefert ein ehrliches Bild

31. **Fehlerkultur im Unternehmen** **145**
    Fehler sind nur dann unverzeihlich, wenn sie sich wiederholen

32. **Feedback an die Mitarbeiter** **151**
    Checklisten sind schlechte Gesprächsbegleiter

33. **Gesprächskultur** **155**
    Ortswechsel verhelfen zum Perspektivwechsel beim Dialog mit Mitarbeitern

34. **Besuche am Arbeitsplatz** **157**
    Der „kleine Dienstweg" etwas anders: Führungskraft auf Wanderschaft

35. **„Offene Türen" bei Führungskräften** **161**
    Fürs Gespräch mit dem Chef gibt es keine Warteliste

36. **Die Leidenschaft auf das Team übertragen** **163**

37. **Projektbeteiligung** **169**
    Finger weg von Alibi-Veranstaltungen

38. **Kritikgespräch** **173**
    Unter Zwang bei keinem geliebt, mit Bedacht von jedem geschätzt

39. **Vorbild für Servicebereitschaft** **177**
    Wie der Herr, so's G'scherr

40. **Mitarbeitern zum Erfolg verhelfen** **181**
    Sie machen den Weg frei

41. **Wertschätzung des Einzelnen** **185**
    „Unwichtige" Mitarbeiter gibt es nicht

42. **Eigene Fehler und Schwächen** **187**
    Echte Unvollkommenheit ist besser als falsche Perfektion

43. **Das anständige Unternehmen – Der Grund für die Krise liegt im Führungsverständnis.** **189**

44. **Rituale** **193**
    Gute Gewohnheiten ergeben sich von selbst

45. **Innovationsfähigkeit** 197
   Identifikation ist die beste Grundlage für Veränderung

46. **Weiterbildung** 201
   Es kommt auf die Menschen an, nicht auf die Funktionen

47. **Freiwillige betriebliche Sozialleistungen** 203
   Es geht auch ganz einfach

48. **„Die etwas andere Bank"** 205
   Wie wir unseren Slogan leben

49. **Die Sicht der Wissenschaft** 209
   Mit weichen Faktoren Gewinn machen: Musterbeispiel Ichenhausen

50. **„Führen ohne Druck" im Spiegel der Medien** 217

51. **Schlusswort** 223

   Gütesiegel „ETHICS IN BUSINESS" 225

Einleitung

Die Erfahrung spricht für Führung und gegen Druck

Klassische Zielvorgaben beim Produktverkauf verhindern kundengerechte Beratung und wirkliche Motivation der Mitarbeiter. Damit disqualifizieren sie sich als Führungsinstrument. Als Konsequenz dieser Erkenntnis hat die Raiffeisenbank Ichenhausen auf sie verzichtet und damit Druck von den Mitarbeitern genommen – und von den Führungskräften auch.

Die Entstehungsgeschichte von „Führen ohne Druck" geht im Unternehmen Raiffeisenbank Ichenhausen im Kern zurück bis in das Jahr 2002. Damals entschloss sich die Geschäftsleitung der Bank, die Zukunft im Vertrieb von Finanzprodukten völlig neu zu gestalten. Zu dieser Zeit war es gängige Praxis, dass Mitarbeiter Einzelziele vorgesetzt bekamen. Darin war festgelegt, welche Menge welcher Produkte sowie welche Volumina in welchem Zeitabschnitt an die Kunden zu bringen waren. Wer diese Ziele erreichte oder gar übertraf, dem schüttete die Bank zusätzlich zum Festgehalt auch ansehnliche Provisionen aus.

Mir und allen Beteiligten, Mitarbeitern wie Geschäftsleitung, war damals schon klar, dass diese Vorgehensweise keine solide Grundlage für eine kundenbedarfsgerechte Beratung war – noch dass sie zu dem Ziel führte, die Mitarbeiter wirklich zu motivieren.

Der Einsicht folgte die Tat: Einvernehmlich beschlossen wir die gänzliche Abschaffung jeglicher Zielvorgaben. Gleichzeitig wandelten wir die bis dahin bezahlten Provisionen weitgehend in Fixgehälter um.

Insofern realisierten wir schon 2002, was heute seitens der Politik, der Bankenaufsicht, von Verbraucherschutzverbänden und in den Medien kontrovers diskutiert und vorgeschlagen wird.

Abschaffung von Zielen und Provisionen allein führt nicht zum Ziel

Da es die Raiffeisenbank Ichenhausen noch immer gibt und unsere Bilanzzahlen keinen Deut gelitten, sondern sich im Gegenteil verbessert haben, war dieser Schritt offenbar richtig. Ich möchte jedoch davor warnen, zu glauben die Welt sei für das Unternehmen in Ordnung, wenn Einzel- oder Produktziele abgeschafft sind und die früher bezahlten Provisionen wegfallen. Diese beiden Maßnahmen allein schaffen weder motivierte noch erfolgreiche Mitarbeiter. Sie würden sich mit hoher Wahrscheinlichkeit sogar als kontraproduktiv erweisen. Ihre Kraft beziehen sie daraus, dass sie von einem ganzen Bündel weiterer Führungsaspekte begleitet werden.

Die Gedanken, Strategien und Maßnahmen, über die auf den folgenden Seiten zu dem gesamten Themenkomplex „Führen ohne Druck" zu lesen sind, resultieren zwar aus Erfahrungen der Finanzbranche. Sie sind aber nach meiner Auffassung jederzeit auch auf andere Branchen übertragbar. Jeder einzelne Baustein, den dieses Buch vorstellt, lässt sich unabhängig von anderen Führungswerkzeugen erproben und einführen.

Inzwischen sind mehr als zehn Jahre vergangen. Ausreichend Zeit und Gelegenheit für uns, um mit „Führen ohne Druck" Erfahrung zu sammeln und Ergebnisse festzuhalten. Wir stellen fest: Die Vertriebsleistungen unserer Mitarbeiter haben sich Jahr für Jahr verbessert. In vielen Geschäftsfeldern erreichen wir weit überdurchschnittliche Ergebnisse. Die Mitarbeiterzufriedenheit, die Identifikation mit dem Unternehmen und das Organisationsklima erreichen Höchstwerte.

Zufriedenheit als ideelles Eigenkapital

Dies wurde uns in mehreren wissenschaftlichen Projekten bestätigt, die wir zusammen mit der Ruhr-Universität Bochum in den Jahren 2010 und 2012 durchgeführt hatten. Dabei kamen Werte zustande, die bisher bei Befragungen in der Finanzbranche auch nicht annähernd erzielt wurden. Im Genossenschaftsbereich gibt es zwar durchaus Institute, die ausschließlich aus betriebswirtschaftlicher Betrachtung Erfolge auf noch höherem Niveau vorweisen können. Für uns sind jedoch eine hohe Mitarbeiterzufriedenheit und Identifikation mit dem Unternehmen – und damit einhergehend eine hohe Kundenzufriedenheit – bedeutende Werte. Sie fließen nicht direkt über erfasste Zahlen in die Bilanz ein. Aber sie machen als ideelles Eigenkapital unser Unternehmen auf Dauer substanziell besonders wertvoll.

Im Gespräch: Michael Hösle

Die Freiheit von Vertriebsvorgaben weckt die Lust auf Leistung

Im Interview erläutert der Vorstandsvorsitzende der Raiffeisenbank Ichenhausen, Michael Hösle, welche Impulse das Thema „Führen ohne Druck" auf die Agenda der Unternehmensführung brachten – und auf welchem Weg und mit welchen Konsequenzen der Vorstand einen Strategiewechsel umsetzte.

Die Raiffeisenbank Ichenhausen ist bundesweit in den Medien bekannt geworden als die Bank, die ihre Mitarbeiter ausschließlich über Festgehalt bezahlt und gleichzeitig den Mitarbeitern keine Zielvorgaben im Produktverkauf macht. Wie kam es dazu?

Hösle: Im Zusammenhang mit einem Vorstandswechsel in der Bank im Jahr 2002 kam es zu einer Bestandsaufnahme und anschließender Neuorientierung unserer gesamten Geschäftsstrategie. Dabei setzten sich mein Vorstandskollege Ernst Kronawitter, der Autor dieses Buches, und ich es uns zum Ziel, eine in hohem Maße bedarfsgerechte Kundenberatung zu gewährleisten.

Wo haben Sie begonnen, dieses Ziel in die Tat umzusetzen?

Hösle: Eine der umfangreichen Maßnahmen, die aus dieser Zielsetzung entsprang, war die Abschaffung von Provisionen für die Mitarbeiter. Bis einschließlich des Jahres 2001 vergüteten wir unseren Mitarbeitern Provisionsanteile für den Verkauf von Versicherungen, Bausparverträgen, Fonds und einigen anderen Produkten. Als Ersatz für diesen Einkommensverlust wurde den Mitarbeitern ab dem Jahr 2002 eine Zulage als Festgehalt bezahlt. Gleichzeitig verzichtete die Bank ab diesem Zeitpunkt auf Einzel- und Produktziele.

Welcher Erkenntnis ist dieser Paradigmenwechsel zu verdanken?

Hösle: Wir waren uns sicher, dass eine wirklich bedarfsgerechte Beratung der Kunden nur dann möglich ist, wenn keine falschen Anreize durch Provisionen und Zielvorgaben gesetzt werden. Anfangs als Versuch gestartet, werden wir auch künftig bei diesem Vertriebs- und Vergütungssystem in der Bank bleiben.

Wie haben die Mitarbeiter reagiert?

Hösle: Ich glaube, die Reaktion der Mitarbeiter hat uns alle erstaunt und gleichzeitig vor allem gefreut. Denn diejenigen Mitarbeiter, die vor der Einführung des neuen Vergütungssystems vergleichsweise hohe Provisionseinnahmen generiert hatten, erzielten danach sogar noch mehr Umsatz als vorher. Man könnte das vordergründig darauf zurückführen, dass diese Mitarbeiterinnen und Mitarbeiter sich von anderen nicht nachsagen lassen wollten, sie würden mit der Abschaffung von Provisionen weniger Abschlüsse machen. Darin sehe ich aber absolut nicht den entscheidenden Faktor.

Worin sehen Sie dann den Grund für die Verbesserung?

Hösle: Was letztlich aus meiner Sicht zum höheren Produktionserfolg führte, war die wieder gewonnene „Freiheit" der Mitarbeiter mit dem Ziel und dem Anspruch einer bedarfsgerechten Beratung der Kunden. Ab diesem Zeitpunkt gab es in unserer Bank für die Mitarbeiter die „Fessel" von fest definierten und eingeforderten Einzelzielen nicht mehr.

Wie lässt sich das mit der unternehmerischen Aufgabe in Einklang bringen, Produktionsziele, Umsätze und Erträge zu planen?

Hösle: Natürlich müssen auch wir unser Geschäft im Hinblick auf die Gesamtbank- und Vertriebssteuerung planen. Unsere Mitarbeiter sind jedoch nicht durch Zielerreichungsvorgaben gezwungen, pro Monat eine bestimmte Anzahl Bausparverträge, Versicherungen, Zertifikate und ähnliches an die Kunden zu bringen, wie es bei manch anderen Instituten immer noch üblich ist.

Und Sie erreichen in den verschiedenen Produktsparten dennoch Zahlen, mit denen Sie als Vorstand zufrieden sein können?

Hösle: Letztlich müssen wir natürlich auch unsere gesetzten Ertragsziele erreichen. Aber wir sind zufrieden, wenn das als Gesamteinheit gelingt. Deshalb sind wir nicht auf individuelle Vorgaben für einzelne Mitarbeiter angewiesen. Dass das durchaus gelingen kann, zeigt auch eine deutlich überdurchschnittliche Cross-Selling-Quote.

Das hört sich alles sehr einfach an: „Keine Provisionen und Einzelziele mehr und dann läuft alles toll". Ist es tatsächlich so leicht?

Hösle: Mit Sicherheit nicht! Um einen so einschneidenden Schritt erfolgreich umzusetzen, braucht man natürlich die richtigen Mitarbeiter. Die müssen durch ein ganzes Bündel von Führungsinstrumenten entsprechend motiviert sein. Dazu gehört zum Beispiel, neben anderen Dingen, auch eine ausgiebige Portion Vertrauen und die Übertragung von Kompetenzen seitens der Geschäftsleitung. Um frei agieren zu können, müssen die Mitarbeiter selbstverständlich darüber informiert sein, welche Margen wir als Bank benötigen. Insgesamt hat unser System ganz offensichtlich und nachweisbar dazu geführt, dass unsere Berater sehr viel stärker unternehmerisch denken.

Wenn es keine variablen Gehaltsbestandteile mehr gibt, müssen dann die Gehälter Ihrer Angestellten deutlich höher liegen als bei anderen Banken?

Hösle: Im Durchschnitt liegen die Festgehälter unserer Mitarbeiter ein gutes Stück höher als in anderen Volks- und Raiffeisenbanken. Es mag durchaus Fälle geben, bei denen Berater anderer Geno-Banken, die einen variablen Bestandteil ihrer Vergütung über Provisionen erhalten, noch darüber liegen. Unterm Strich dürften sich unsere Angestellten allerdings mit unserem Vergütungssystem wohl besser stellen als die meisten Kollegen in anderen Instituten.

Hängt der Erfolg, den Ihre Bank offenbar mit ihrer Art der Vergütung und einer Vertriebsphilosophie ohne Zielvorgaben hat, nicht auch von anderen Faktoren ab? Vielleicht mit einer relativ harmlosen Wettbewerbssituation in einem Geschäftsbereich mit knapp 12.500 Einwohnern?

Hösle: Ganz so „harmlos", wie Sie das nennen, ist die Situation hier nicht. Neben unserem Institut gibt es noch jeweils eine Filiale der Volksbank und der Sparkasse. Beides sind vertriebsstarke Institute. Damit ist örtliche Konkurrenz durchaus vorhanden. Dazu kommen jene Institute, die Ortsansässige als Auspendler an ihren Arbeitsorten nutzen können. Und natürlich die Direktbanken und das Internet. Trotzdem können wir auf deutlich überdurchschnittliche Marktanteile in fast allen Geschäftsfeldern stolz sein.

Es wird doch immer eine Reihe von Kundenberatern geben, die mit Ihrem System nicht zurechtkommen. Sind seit der Einführung von Festgehältern ohne zusätzlichen Provisionsanreiz schon Mitarbeiter abgesprungen?

Hösle: Von „abgesprungen" im wörtlichen Sinne kann man nicht sprechen. Wir hatten vor einigen Jahren einmal Mitarbeiter eingestellt, die von einer großen Bausparkasse zu uns gekommen sind. Das waren hervorragende Vertriebler, die sich aber nicht wirklich an unser System gewöhnen konnten. Denn es ist nun einmal eine ganz andere Welt, in der wir uns mit der erläuterten Strategie als Bank bewegen. Wir legen größten Wert darauf, dass neue Leute auch wirklich in unsere Teams passen.

Welche Kriterien legen Sie hier an?

Hösle: Gerade wegen unserer individuellen Strategie gilt es sehr genau hinzuschauen, bevor wir jemand einstellen. Gerade, aber nicht nur, bei einer kleineren Bank ist das entscheidend. Deshalb sollten neue Mitarbeiter unserer Meinung nach auch nicht von einem Personalverantwortlichen eingestellt werden, wie oftmals immer noch üblich. Die letzte Entscheidung bei einer im Grunde so bedeutenden Investition wird immer noch der Vorstand selbst treffen. Allerdings braucht das entsprechende Team, mit dem der oder die Neue schließlich zusammenarbeiten wird, eine Möglichkeit zur Mitsprache bei der Einstellung eines neuen Mitglieds.

Wechseln wir mal die Perspektive: Fehlt Ihnen als Vorstand nicht im Prinzip ein wichtiges Instrument der Steuerung? Denn Sie haben nicht mehr die Möglichkeit zur Disziplinierung über geringere Bonizahlung bei entsprechend schlechteren Leistungen...

Hösle: Das ist grundsätzlich sicher nicht zu bestreiten. Auf der anderen Seite sind wir durch den Weg, für den wir uns entschieden haben, gewissermaßen zu konsequentem Handeln gezwungen. Wenn also Leistungen uns nicht zufriedenstellen, führen wir Gespräche mit dem jeweiligen Mitarbeiter wie auch mit seinen Kollegen, um die Gründe für diese

Entwicklung herauszufinden und entsprechend gegensteuern zu können. Wenn auch das nicht funktioniert, dann muss man sich in einem sauberen Stil von einem Kollegen trennen. Das ist extrem wichtig für die Gruppendynamik. Zögert man eine solche Entscheidung zu lange hinaus, dann macht das auf Dauer den Teamgeist in der Gruppe zunichte.

Glauben Sie, dass sich eine Abkehr vom Provisionssystem auch in einer größeren Bank oder einem größeren Finanzvertrieb umsetzen lässt?

Hösle: Ich glaube, dass ein System wie wir es aufgebaut haben, auch in größeren Banken oder Vertriebseinheiten funktioniert. Aber es wird in der Umsetzung schwieriger und benötigt auch mehr Zeit. Was ich mir schon vorstellen kann, das ist der Ansatz einer schrittweisen Umstellung einzelner Einheiten. Ein solcher Versuch wäre auf alle Fälle den Aufwand wert. Viele Mitarbeiter wären sicher dankbar für einen entsprechenden Schritt und würden ihre Vertriebsleistung erhöhen. Was aus meiner Sicht aber auch feststeht: Eine mehr oder weniger stark auf die Vertriebsleistung abgestimmte Bezahlung wird in der Regel auch nicht zielführend sein. Damit lockt man die falschen Mitarbeiter an, die nur dann gut arbeiten, wenn man ihnen das auch speziell entlohnt. Berater dieses Typs haben aber in der Regel eben auch kein ernsthaftes Interesse am Aufbau einer vertrauensvollen und dauerhaften Kundenbeziehung. Sie kommen für Geld und gehen für Geld.

Der „andere Weg" führt nach Ichenhausen

Ein Gastbeitrag von Lennart von Schwichow

3

> Ein Student aus Dänemark – Lennart von Schwichow – stieß im Rahmen seiner Bachelorarbeit über Mitarbeitermotivation auf das Führungsmodell der Raiffeisenbank Ichenhausen: Eine Bank, die schon vor der Krise dem schädlichen Modell der Verkaufsförderung über Provisionen abgeschworen hatte. Dank offener Türen konnte er sich in kürzester Zeit ein Bild davon machen, warum diese „provinzielle Bank" und ihre Mitarbeiter auf dem selbstgewählten „anderen Weg" erfolgreich waren.

Im Frühjahr 2010 begann der Anfang vom Ende meiner Studienzeit: die Bachelorarbeit. Drei Jahre lang hatte ich in Dänemark Kommunikation, Wirtschaft und Sprache studiert und war nun auf der Zielgeraden meines ersten Abschlusses angelangt. Auch das Thema meiner Arbeit stand schon früh für mich fest, denn ich wollte etwas über Mitarbeitermotivation schreiben. Eigentlich ein Thema, dem schon genug (wenn nicht gar zu viele) Wissenschaftler vor mir Aufmerksamkeit geschenkt hatten – doch ich wollte alles anders machen.

Nach der üblichen Lektüre verschiedenster Anreizsysteme und Motivationscamps stieß ich mehr oder weniger zufällig auf das Werk „The Human Side of Enterprise" von Douglas McGregor. Schon 1960 hatte der Amerikaner die geradezu revolutionäre These über zwei grundsätzlich verschiedene Managertypen aufgestellt:

Der erste, schon damals weitverbreitete Typ war der „Theorie X Manager". Er geht bis heute davon aus, dass seine Angestellten zur Faulheit neigen und von ihm zum Arbeiten motiviert werden müssen. Seine Aufgabe im Unternehmen beschränkt sich dementsprechend darauf, die Mitarbeiter durch verschiedenste Anreiz- oder Abschrecksysteme darauf zu trainieren, optimale Ergebnisse zu liefern.

Der zweite Typ hingegen, der „Theorie Y Manager", beginnt sein Handeln mit der Überlegung, dass Menschen sehr wohl fleißig sind und ihre Arbeit mit Freude verrichten, wenn sie denn nur motiviert sind und sich entwickeln können. Er sieht es demnach als seine Aufgabe an, für seine Angestellten optimale Arbeitsbedingungen zu schaffen, damit diese selbstständig ihren Zielen hinterher eifern können.

Im Jahr 2010 – wir befanden uns im dritten Jahr nach der Lehman-Pleite – war das Thema aktueller denn je, denn augenscheinlich hatten falsche Anreizsysteme im Finanzsektor dazu beigetragen, dass Millionen von Kleinanlegern in Deutschland und der Welt von ihren Bankberatern hochriskante Wertpapiere aufgeschwatzt bekommen hatten, die nun allesamt mit einem Schlag wertlos geworden waren. Viele Bankberater waren, anstatt auf die Wünsche ihrer Kunden nach sicheren, einigermaßen rentablen Anlagemöglichkeiten zu hören, dem Ruf des Geldes gefolgt und hatten regelmäßig Anlageformen verkauft, die zwar wenig mit den Kundenwünschen zu tun hatten, dafür aber hohe Boni für die Banker versprachen.

Überraschende Nachrichten aus der Provinz

Zwischen all den Hiobsbotschaften stolperte ich dann jedoch über die Nachricht von einer kleinen Raiffeisenbank in Bayern, die schon Jahre vor der Krise all den wilden Bonussystemen den Rücken gekehrt hatte und die offenbar genau dadurch nahezu unbeschadet durch die Krise manövriert war, ja sogar noch Kunden dazu gewonnen hatte. Unter all den (wahrscheinlich weitgehend berechtigten) Anklage- und Hetzschriften gegen die zeitgenössischen Banken der Welt überraschte da nun also die Kunde von dieser etwas provinziellen Bank, die mit einem vormals belächelten Konzept plötzlich für einiges Staunen in ihrer Branche sorgte.

Kurz entschlossen suchte ich die Telefonnummer der Bank heraus und rief an. Obwohl ich in Hannover aufwuchs, gelang die Kommunikation mit der Bayrisch sprechenden Dame am anderen Ende der Leitung dank meines dreijährigen Kommunikationsstudiums sehr gut. Zu meiner Begeisterung konnte ich schon kurz darauf mit Herrn Kronawitter persönlich einen Termin für einen Besuch vereinbaren.

Innerhalb weniger Wochen erstellte ich mit dem angesammelten Hintergrundwissen zur Mitarbeitermotivation einen Fragebogen für die Mitarbeiter der Bank und machte mich kurz darauf auf den Weg von Dänemark nach Bayern. War ich schon von den freundlichen Reaktionen am Telefon überrascht gewesen, so war ich von dem Empfang in Ichenhausen geradezu erschlagen, denn so viele (aufrichtig) lächelnde Gesichter hatte ich selten gesehen – und ausgerechnet in einer Bank hatte ich sie sicherlich als Letztes erwartet.

Ich wurde jedem Mitarbeiter ausführlich vorgestellt und durfte so viele Fragen stellen, wie ich wollte. Insbesondere die Euphorie, mit der die Angestellten von ihrer jeweiligen Tätigkeit erzählten, fiel mir sehr positiv auf, egal um welches Aufgabenfeld es auch ging.

Mitarbeiter sind ausgeglichen, zufrieden und begeistert

Nachdem ich meine Fragebögen in der Bank verteilt hatte, machte ich mich daran, einige der Mitarbeiter zu ihren Tätigkeiten zu interviewen. Wen ich wann befragen wollte und zu welchem Thema, das war mir völlig freigestellt – wiederum eine Praxis, die ich zuallerletzt in einer Bank erwartet hatte. So suchte ich mir einige der Angestellten zu persönlichen Gesprächen heraus und fand in jedem Treffen ein ums andere Mal die Bestätigung meiner vorherigen Eindrücke: Die Mitarbeiter schienen allesamt ausgeglichen, zufrieden und begeistert von ihrem Arbeitgeber und, noch wichtiger, von ihrem Job. Die Mittagspause verbrachte ich zusammen mit den Mitarbeitern in deren Aufenthaltsraum, wo ich auch direkt zu einer Partie Tischfußball eingeladen wurde und wo dementsprechend entspannte Atmosphäre herrschte.

Hätte ich die (äußerst bemerkenswerten) Geschäftszahlen der Bank nicht vorher selbst zu Gesicht bekommen, ich hätte das Ganze wohl nicht für einen seriösen Betrieb gehalten. Doch so war ich nur mehr und mehr überrascht, wie freundlich der Ton hier untereinander war und wie erfolgreich die Bank dennoch – oder vielleicht gerade deswegen – auf dem Markt agierte.

Der Umgang der Mitarbeiter untereinander war äußerst kollegial und auch das Verhältnis zum Vorstand war sehr entspannt. Überhaupt war dessen Position interessant zu beobachten: Herr Kronawitter versuchte seinen Mitarbeitern Freiräume zu verschaffen, vertraute ihnen große Verantwortung an und hatte immer ein offenes Ohr für Fragen und Probleme. Wäre all dies nicht der Fall gewesen, so hätte es wohl auch keine Grundlage für die Abschaffung der Anreizsysteme gegeben.

Arbeit ist für Mitarbeiter der Bank mehr als nur eine Möglichkeit zum Geldverdienst

Nach zwei sehr interessanten und lehrreichen Tagen in Ichenhausen kehrte ich schließlich nach Dänemark zurück, um die Umfrageergebnisse auszuwerten und in einen Kontext mit meinen Vorarbeiten zu bringen. Wie ich beinahe schon erahnt hatte, lagen die Werte der Teilnehmer deutlich über dem, was normalerweise zu erwarten gewesen wäre. Tatsächlich schien das Vertrauen des Vorstands auf die intrinsische (also von innen heraus kommende) Motivation deutliche Früchte zu tragen: Die Mitarbeiter der Raiffeisenbank Ichenhausen sahen in ihrer Arbeit mehr als nur eine Möglichkeit zum Geldverdienst; sie war etwas, das ihr Leben mit Sinn erfüllte und bei dem sie sich selbst ein Stück weit verwirklichen konnten.

Insofern sprachen die Umfrageergebnisse eine eindeutige Sprache: Die Motivation der Mitarbeiter ließ nichts zu wünschen übrig. Für ihren materiellen Wohlstand war gesorgt und dadurch, dass sie sich ohne Druck von oben und ohne Konkurrenzdruck durch ihre Kollegen ihrer Arbeit widmen konnten, gelang es ihnen, sich eigene Ziele zu setzen und diese auch (meistens) zu erfüllen.

Zwar hatte ich nach Lektüre der Theorie schon ein sehr positives Bild erwartet. In der Realität wurde dies jedoch noch bei weitem übertroffen. Das Arbeitsklima und das Miteinander der Kollegen der Raiffeisenbank Ichenhausen waren in meiner Wahrnehmung derart angenehm, dass es in wissenschaftlichen Büchern einfach keinen Platz finden konnte.

Motivation in wirtschaftlicher und sozialer Hinsicht erfolgreich

Dass Geschäftszahlen und Renditeziele für das (Über-)Leben einer Bank wichtig sind, ist die eine Sache. Doch da die Form der Motivation, die der Vorstand der Bank gewählt hatte, nicht nur in sozialer, sondern auch in wirtschaftlicher Hinsicht erfolgversprechend war, hatte mich das Projekt von Anfang an in den Bann gezogen.

Oft übersehen, ist es in meiner Überzeugung nach dem Besuch in Ichenhausen mehr denn je der vermeintliche „Nebeneffekt" einer Führung, wie die Vorstände sie dort ausüben, die über den Erfolg oder Misserfolg eines Unternehmens entscheidet: ein Arbeitsplatz, an dem es Spaß macht, zu arbeiten und auf den man sich jeden Tag aufs Neue freuen kann, weil man ihn gerne als erfüllenden Teil des eigenen Lebens begreift.

4 Verzicht auf individuelle Vorgaben und Produktkampagnen

Ohne Ziel, aber nicht ziellos

> Für die Raiffeisenbank Ichenhausen ist der Verzicht auf Einzel- oder Produktziele sowie auf Produktkampagnen im Vertrieb ganz selbstverständlich – und seit dem Jahr 2002 Kernstück von „Führen ohne Druck". Diese in der Finanzwirtschaft unübliche Praxis, in deren Folge sich Marktmitarbeiter vom Einzelkämpfer zum Teamplayer entwickelten, wirkte sich vorteilhaft auf die Produktivität und auf den Ertrag aus.

Fast täglich konfrontieren die Medien ihre Zuhörerschaft oder Leser mit Schlagzeilen wie: „Bankberater verkommen zu Drückerkolonnen", „Bankmitarbeiter müssen vor ihren eigenen Chefs geschützt werden.", „Ein Bankberater packt aus", „Banker mit Burn-out – Schon wieder Zielvorgaben verfehlt", „Zu Deppen gemacht", „Bankberatung wie am Fließband", „Bankberater im Riester-Rausch" und ähnlichem mehr.

Es mag sein, dass der eine oder andere Artikel in den Medien etwas überzogen ist. Unter dem Strich bleibt jedoch festzuhalten, dass die Finanzbranche einen großen Teil des in früheren Jahren hohen Ansehens in der Bevölkerung verspielt hat. Letztlich spiegelt sich dies auch im stark nachlassenden Interesse von jungen Leuten bei der Berufswahl wider. Die Institute bemühen sich inzwischen mit allen zur Verfügung stehenden Mitteln um den Nachwuchs. Vorbei sind die Zeiten, in denen die Nachfrage das Angebot weit übertroffen hat.

Generationswechsel wird zur großen Herausforderung für Banken

Ich bin überzeugt: Wenn der Verkaufsdruck in der Branche mit den derzeit gängigen Führungsinstrumenten anhält und auf Dauer fortgeführt wird, dürfte der Generationswechsel für die Banken sehr schwierig werden. Denn auf dieser Basis lassen sich die vor dem Rentenalter stehenden starken Geburtsjahrgänge nicht durch junge Mitarbeiter im Vertrieb von Finanzprodukten ersetzen.

Natürlich waren dies (noch) nicht die Überlegungen des Jahres 2002, in deren Folge die Geschäftsleitung unserer Bank auf Einzel- und Produktziele oder Produktkampagnen verzichtete. Unsere Überlegungen gingen seinerzeit mehr in Richtung eines dreifachen Vorteils-Prinzips:

Wir wollten motivierte Mitarbeiter schaffen, indem wir ihnen die Freiheit gaben, dem Kunden das Produkt zu verkaufen, das dieser auch braucht und ihm gleichzeitig einen Mehrwert bringt. Dabei sollten die Mitarbeiter nicht von irgendwelchen Vorgaben eingeschränkt sein.

Durch diese Vorgehensweise sollte sich eine höhere Kundenzufriedenheit ergeben.

Für die Bank sollten in der Folge höhere Erträge zustande kommen.

Alle Führungskräfte der Bank waren natürlich gespannt, wie sich die Vertriebsleistungen im Jahr eins nach dieser Umstellung entwickeln würden. Denn es versteht sich, dass in diesem Zusammenhang das Vergütungssystem umgestellt wurde. Von da ab gab es keine Provisionen oder sonstige variablen Vergütungen für die Vertriebsleistung der Mitarbeiter mehr.

Bessere Ergebnisse im Vertrieb und höhere Breite in der Produktion

Das Ergebnis war noch überzeugender, als wir erhofft hatten: Auswertungen der Vertriebszahlen zeigten deutlich, dass die bisher erfolgreichen Vertriebsmitarbeiter im Jahr eins und den folgenden Jahren bessere Ergebnisse erzielten und die Produktion deutlicher in die Breite ging als bisher. Insgesamt erwirtschafteten die meisten Mitarbeiter einen höheren Deckungsbeitrag als im früheren System. Für uns war das der Beweis: Wirklich gute Vertriebsmitarbeiter brauchen keine Zielvorgaben oder Zielvereinbarungen. Sie setzen sich selbst ihre Ziele, die dann wohl in vielen Fällen höher sind als die Erwartung der Vertriebsleitung.

Wirklich gute Vertriebsmitarbeiter dürfen in ihrer Handlungsfreiheit nicht eingeengt werden. Sie orientieren sich nicht an vorgegebenen Zahlen, sondern an dem immer wiederkehrenden Erfolgserlebnis, mit den Kunden Geschäfte mit einem Mehrwert für beide Seiten abzuschließen.

Wohl in kaum einem Unternehmen wird es in den Vertriebsteams ausschließlich Mitarbeiter geben, auf die diese Aussagen zutreffen. So war es zumindest in unserer Bank. In Einzelfällen war auf Grund der deutlich unzureichenden Leistungen zunächst zu prüfen, ob der Mitarbeiter denn wirklich seine Zukunft im Marktbereich der Bank sieht. Dazu gaben uns Gespräche, die in aller Offenheit, aber ohne Druck geführt wurden, meist Aufschluss. Es passierte durchaus, dass Tätigkeiten im Betriebsbereich beiden Seiten geeigneter erschienen. Als Folge des dann eingeleiteten Wechsels erhielt die Bank in einigen Fällen hochmotivierte Mitarbeiter für neue Aufgabenbereiche, die sie hervorragend bewältigten.

Im Einzelfall muss man sich auch trennen

Seit dem Systemwechsel im Jahre 2002 trennten wir uns auch in einigen wenigen Fällen von Vertriebsmitarbeitern. Zum Funktionieren des Systems „ohne Druck" gehört nicht, dass alle Vertriebsmitarbeiter gleich erfolgreich sind. Wenn das der Fall wäre, könnte dies aus meiner Sicht sogar kontraproduktiv sein. Entscheidend ist vielmehr, dass jeder bereit ist, an sein individuelles Limit zu gehen.

Wenn dies nach einigen Gesprächen und dem Angebot von Hilfen, die unterstützend im Sinne einer Personalentwicklung wirken sollen, nicht erkennbar wird, muss sich das Unternehmen von dem Mitarbeiter trennen. Falls dies nicht geschieht, würde das die positive Gruppendynamik im Unternehmen erheblich stören.

Ein ganz wesentlicher Aspekt in der Zusammenarbeit der Marktmitarbeiter zeigte sich dann im Laufe der Folgejahre. Durch den Wegfall der Einzel- und Produktziele veränderte sich das Mitarbeiterverhalten vom „Einzelkämpfer", der zwangsläufig auf die Erfüllung seiner Vorgaben achten musste, zum „Teamplayer". Das Miteinander stand im Vordergrund, das Betriebsklima verbesserte sich von Jahr zu Jahr.

Ich sehe mich an dieser Stelle zu dem Hinweis verpflichtet, dass es mit einer vergleichsweise hohen Wahrscheinlichkeit nicht zielführend wäre, diesen beschriebenen Weg der Abschaffung von Einzel- oder Produktzielen ohne einige zusätzliche Instrumente zu gehen. Es wäre doch zu einfach!

Aus meiner Sicht (Georg Seitz)

Ein Traum wurde wahr …

Ich hätte nie gedacht, dass nach über 30-jähriger Betriebszugehörigkeit (Markt/Vertrieb) Ziele nicht mehr relevant sein würden. Ziele, die hauptsächlich von Verbundpartnern wie Bausparkasse, Fondsgesellschaften oder Versicherungen vorgegeben wurden. Mir war immer schon suspekt gewesen, wie zum Beispiel eine Bausparkasse auf Basis von Kunden-Kontokorrent-Konten Ziele berechnete. Ab 2002, nach den extrem schwierigen Jahren 2000 bis 2002, als viele Kunden herbe Verluste insbesondere bei Fonds hatten hinnehmen müssen, ergaben sich sehr gute Möglichkeiten, auch mit stark geschädigten Kunden von Neuem Beziehungen aufzubauen. Innerhalb kurzer Zeit entwickelten sich hier echte Partnerschaften. Heute bin ich so weit, dass viele Kunden auch mit täglichen Problemen zu mir kommen, egal ob Investition oder Erbe. Ich bekomme jeden Tag bestätigt, dass meine Meinung gefragt ist.

So frei zu arbeiten, macht jeden Tag mehr Spaß, gibt Erfüllung und Selbstvertrauen. Ich möchte mich hiermit bei unseren Vorständen Michael Hösle und Ernst Kronawitter im höchsten Maße bedanken, dass sie mir im letzten Drittel meines Berufslebens so viel Vertrauen entgegenbringen.

> **Aus meiner Sicht (Werner Wöhrle)**
>
> „Ein Orchester kann nur harmonieren, wenn die erste und die letzte Geige in Einklang sind", sagt Harald Schmid.
>
> Als ich mich 2004 entschied, zur Raiffeisenbank Ichenhausen zu wechseln, waren für mich mehrere Aspekte von grundlegender Bedeutung. Zum einen waren das die Bereitschaft und die Visionen des Vorstandes, neue Wege zu beschreiten, wie sie sich im Beratungscenter, im Vergütungssystem und bei den großen Entscheidungsfreiheiten zeigen. Zum anderen beeindruckten mich der Verzicht auf Einzel- und Produktziele sowie die Zusammenarbeit und das Betriebsklima. Für mich war es aber vor allem wichtig, nicht in ein Korsett gepresst zu werden, sondern einen „großen Werkzeugkoffer" in Form vieler unterschiedlicher Produkte verschiedener Gesellschaften zur Auswahl zu haben, um für meine Kunden eine bestmögliche Lösung zu erarbeiten. Noch etwas kommt hinzu: „Teamwork" ist heute in aller Munde, ja, es ist sogar als unabdingbare Notwendigkeit in den allermeisten Bereichen erkannt. Das bedeutet nicht, dass es auch immer perfekt funktioniert. Aber erst durch umfassendes Verständnis für eine glaubwürdige Umsetzung kann es in Grundzügen begonnen und dann stetig verbessert werden.
>
> Ich bin überzeugt, dass unsere Unternehmenskultur nicht so einfach auf andere (größere) Banken zu übertragen ist. Denn sie hängt im Wesentlichen davon ab, dass alle Mitarbeiter „die etwas andere Bank" verinnerlichen und leben, und so zu einer positiven Gesamtperformance beitragen.

> **Aus meiner Sicht (Roland Katzer)**
>
> Der Kampf um Marktanteile ist im Finanzvertrieb extrem. Worauf geht diese ausgeprägte Konkurrenzsituation zurück?
>
> Durch die starke Kreditexpansion der letzten Jahrzehnte stand viel Geld für den Aufbau von Vermögenswerten zur Verfügung. Dies hat bei allen Beteiligten, Kunden wie Beratern, eine Erwartungshaltung nach immer höheren Gewinnen durch Kapitalanlagen hervorgerufen. Nicht zuletzt regte es den allseits um sich greifenden „Profithunger" an.
>
> Aus diesem Grunde entwickelte sich die Ansicht, die im Vertrieb beschäftigten Mitarbeiter müsse man mit zusätzlichen Bonifikationen motivieren. Auf kurze Sicht klingt das sogar plausibel. Allerdings sind Mitarbeiter auch Menschen. Der täglich vorherrschende Erfolgsdruck geht auf Dauer daher zu Lasten der Kunden, weil daraus häufig Fehlallokationen durch provisionslastige Anlagen zustande kommen. Zudem leidet die psychische und körperliche Substanz der Mitarbeiter, weil Überforderungen und Stress die Regel sind.

Teamwork ohne Einzelziele fördert vor allem die Verantwortung für die Kollegen, die man nicht „hängen lassen will". Es ist ein Nachhaltigkeitskonzept, bei dem alle – Kunden, Mitarbeiter und nicht zuletzt das Unternehmen – mit der Geschäftsleitung einen Nutzen ziehen. Das Ergebnis: Zufriedenheit anstatt die abstrakte Sicht auf Renditekennziffern. Besonders geschätzt von Kollegen wird auch der Freiraum für eigene Gedanken. Man braucht nicht alles dem Vorgesetzten nachzuplappern, sondern darf seine Meinung auch äußern, wenn sie nicht die Ansicht der Mehrheit ist.

Dass ein Unternehmen in einem schier unmenschlich anmutenden Wettbewerb auf Teamgeist baut, ist hoch zu bewerten. Denn das erfordert auch Geduld. Bezahlt wird dies mit einer Menge Mut, die es braucht, um gegen den Strom zu schwimmen.

Frei von Provisionen oder variablen Vergütungen

Mehr Produktivität durch Festgehälter.
Oder: Vom „return on invest" auf Vertrauensbasis

> Mit der Abschaffung von Zielvorgaben verzichtet die Bank ab diesem Zeitpunkt auch auf die Provisionszahlung für den Verkauf verschiedener Finanzprodukte, die bis zum Jahre 2002 üblich waren.

Es hatte sich so eingebürgert und war gern geübte Normalität: Mitarbeiter konnten sich zusätzlich zum Festgehalt ein mehr oder weniger hohes Zusatzeinkommen erarbeiten, indem sie entsprechend honorierte Produkte verkauften. Aus den Einzel- oder Produktzielen im Interesse des Instituts gedieh auf diesem „Dünger" das Risiko einer Beratung, die am tatsächlichen Bedarf des Kunden vorbei führte. Auch dieses Thema ist in den Medien tagtäglich zu finden.

Indem wir auf solche Vorgaben verzichteten, wurde es erforderlich, für die Mitarbeiter einen finanziellen Ausgleich zu schaffen. Dies wurde einvernehmlich geregelt, indem die Mitarbeiter ab dem Jahr 2002 ein höheres Festgehalt erhielten. 80 Prozent des Durchschnitts der individuellen Provisionsgehaltsanteile über die letzten drei Jahre kamen als zusätzliche feste Zulage auf das bisherige Grundgehalt obendrauf.

Gute Mitarbeiter sind nur selten von materiellen Anreizen gesteuert

Eine Regelung, wie wir im Laufe der Folgejahre feststellen konnten, die absolut keine negativen Auswirkungen auf die Vertriebsergebnisse hatte. Fast ausnahmslos erwies sich die Annahme als richtig, dass gute Vertriebsmitarbeiter nicht oder nur sehr wenig von materiellen Anreizen oder Zielvorgaben gesteuert sind. Allerdings will ich diese Aussage etwas einschränken: sofern das Unternehmen die richtigen Mitarbeiter hat! Dazu ebenfalls an anderer Stelle mehr.

Von nun an verfügten die Mitarbeiter durch das Festgehalt, dessen Höhe nicht mehr durch Provisionsanteile beeinflusst wurde, auch über eine sichere private Finanzplanung. Dieser Umstand dürfte sich vielfach motivierend ausgewirkt haben.

Andererseits stellte die Umstellung der Provisionszahlungen auf fixe Zulagen zu den Festgehältern unabhängig von der Vertriebsleistung zunächst ein gewisses Risiko für das Unternehmen dar. Waren doch die Auswirkungen dieser Entscheidung nicht wirklich vorhersehbar.

Wie bei vielen Entscheidungen, die eine Führungskraft zu treffen hat, bestätigte sich auch hier der Grundsatz: Schenke deinen Mitarbeitern Vertrauen! Die meisten von ihnen geben es sogar mehrfach zurück. Sie haben es uns zurückgegeben.

Auch da gilt: sofern man die richtigen Mitarbeiter hat.

Aus meiner Sicht (Johannes Heichele)

Dass keine Provisionen oder variable Vergütungen mehr an Mitarbeiter für Vertriebsleistungen ausgeschüttet wurden – diese Voraussetzungen waren für mich ein wichtiges Kriterium in der Entscheidung des Arbeitsplatzwechsels. Provisionsabhängige Mitarbeiter waren und sind an die eigenen Produkte durch Provisionszahlungen gebunden und können verständlicherweise nur sehr schwer freie Entscheidungen im Kundeninteresse treffen. Dies birgt für die Mitarbeiter große Konfliktpotenziale. Denn erfolgt die Beratung im Kundeninteresse, ergibt sich unter Umständen ein Problem mit den eigenen Provisionsvergütungen. In der Folge rücken Produkte, die wenig oder gar keine Provision ausweisen, an den Rand des Beratungsangebots beim Berater – was häufig dem Interesse des Kunden zuwiderläuft.

Dazu kommt: Beide Unternehmensteile, Jahresplanentwicklung wie auch Vertrieb, müssen auf Gedeih und Verderb an den festgelegten Vereinbarungen festhalten, was jedoch immer schwieriger wird.

Fraglos ist aus meiner Sicht das provisionsabhängige Vergütungssystem einfacher zu kontrollieren und zu steuern. Tägliche Zielvereinbarungssitzungen sind daher in der Finanzbranche sicherlich keine Seltenheit.

Die gemachten bisherigen Erfahrungen bei meinem heutigen Arbeitgeber bestätigen mich nach 22 Jahren Markttätigkeit in meiner Überzeugung, dass für die Kunden und für den Berater die fairste Lösung in dem Modell besteht, dem wir in Ichenhausen folgen. Auch ohne Provisionsdruck erfordert das heutige Finanzgeschäft eine gehörige Portion Engagement und Leistungsbereitschaft. Die Energie jedes einzelnen wie eines Teams ist im bestmöglichen Dienst am Kunden besser investiert als im Wettlauf um eigene Vorteile. Eine andere Arbeitsweise ist für mich nicht mehr vorstellbar.

Aus meiner Sicht (Markus Steck)

Jeder ist sich selbst der Nächste: Es ist nur menschlich, wenn manche Kollegen anderer Banken nach diesem Motto ihre Kunden beraten. Wer verzichtet schon gern auf mehr Geld, wenn ein provisionsgestütztes Vergütungssystem auch anderes zulässt? Der Kunde allerdings rückt dabei in den Hintergrund. Denn es wird hauptsächlich das verkauft, was einem selber am meisten einbringt.

Folgerichtig musste der Vorstand unserer Bank die von Herrn Kronawitter genannten Änderungen vornehmen, um sicherzustellen, dass dauerhaft kundenorientiert beraten wird. Aus Kundensicht ist dies ideal. Im Zusammenspiel mit der Tatsache, dass keine Vertriebsziele für den einzelnen Berater festgelegt werden, kann sich der Kunde darauf verlassen, eine Lösung angeboten zu bekommen, die rein auf seine Bedürfnisse abgestimmt ist.

Für den Mitarbeiter hat die Medaille zwei Seiten. Fakt ist, dass ein vertriebsstarker Berater über das Provisionssystem deutlich mehr verdienen kann. Hier kommt es tatsächlich auf den Mitarbeiter an.

Ich kann in dieser Frage nur von meiner eigenen Einschätzung ausgehen. Mir persönlich sind Kunden, die immer wieder und auch gern zu mir kommen, sowie die Gewissheit, bedarfsgerecht zu beraten, also nichts aufgezwungen zu haben, wichtiger – als dass ich als Berater ein bisschen mehr verdiene. Dies bewirkt zusätzlich, dass man selbst absolut unbeschwert und guten Gewissens zur Arbeit erscheinen kann, ohne dem täglichen Druck ausgesetzt zu sein, etwas verkaufen zu müssen, um das Einkommen aufzubessern. Viele Kollegen anderer Banken denken hier wahrscheinlich genauso, haben aber nicht die Möglichkeit der freien Wahl für ihren Beratungsweg.

Mitarbeitern Kompetenzen übertragen

Vertrauensvorschuss trägt reiche Zinsen

> Die Erfahrung zeigt uns, dass es sehr wichtig ist, Mitarbeitern großzügige Kompetenzen zuzuweisen. Mit der bestehenden Entscheidungsfreiheit überzeugen sie nicht nur die Kunden, sondern rücken auch deutlich näher ans unternehmerische Denken

Führungskräfte fordern gern und häufig vom idealen Mitarbeiter unternehmerisches Denken und Handeln. Andererseits neigen sie dazu, die dafür erforderlichen Kompetenzen und Vollmachten nicht zu vergeben. Das eine ist allerdings ohne das andere nicht machbar, was der knausernde Vorgesetzte aus eigener Erfahrung sehr wohl weiß.

Zugewiesene Kompetenz hat mit entgegengebrachtem Vertrauen zwei Dinge gemeinsam: Beides erfolgt „auf Verdacht" und beides beruht auf Gegenseitigkeit. Was Vorgesetzte gern übersehen (oder aus dem eigenen Erfahrungsschatz auf dem Weg nach oben erfolgreich wieder verdrängt haben), ist der Umstand, dass ein Mitarbeiter, von dem man unternehmerisches Verständnis erwartet, sehr wohl auch in der Lage ist, selbiges bei seinem Chef zu erwarten, zu prüfen und zu erkennen.

Spielräume und Vollmachten als Vertrauensbeweis

Wenn sich Mitarbeiter unternehmerisch verhalten sollen, dann müssen daher auch entsprechende Vertrauensbeweise in Form von Konditionsspielräumen in Kundenberatungen, angemessene Vollmachten für den Einkauf von Sachmitteln und für vielfältige andere Situationen des täglichen Geschäfts eingeräumt werden. Was dabei angemessen oder großzügig ist, richtet sich nach dem Einzelfall.

David Armstrong hat in seinem Buch „Das Fünf Dollar Dankeschön" dazu die schöne Geschichte parat, warum es in seinem Unternehmen in der Kantine keine Kassierer mehr gibt, sondern nur noch eine Box für den fälligen Betrag. Zusammengefasst lautet sein Gedanke: „Wenn Sie Ihren Mitarbeitern vertrauen, dann brauchen Sie keinen Kassierer. Wenn Sie Ihren Mitarbeitern nicht vertrauen, brauchen Sie andere Mitarbeiter."

Die Übertragung von Kompetenzen bedeutet auch Übertragung von Verantwortung. Wenn keinerlei falsche Anreize durch Einzelziele oder Provisionen gegeben sind: Welche Veranlassung hätten dann zum Beispiel Vertriebsmitarbeiter, ihre Konditionenkompetenzen ohne Notwendigkeit bis zum Letzten auszureizen? Die Mitarbeiter werden vielmehr die gesamte Kundenverbindung unter dem Gesichtspunkt der Deckungsbeitragsrechnung sehen. Folgerichtig werden sie ihre Entscheidung für oder gegen das Kundengeschäft mit Sonderkonditionen auch aus einem unternehmerischen Blickwinkel wahrnehmen.

Enorm wichtig ist für die Marktmitarbeiter im wahrsten Sinne des Wortes die Kompetenz, die der Mitarbeiter mit eigener Entscheidungsfreiheit im Rahmen großzügiger Vollmachten gegenüber dem Kunden beweisen kann. Die Werthaltigkeit eines Angebots verhält sich in diesem Fall direkt proportional zur Wertschätzung des Mitarbeiters durch den Kunden – und die ist umso größer, je souveräner und unabhängiger dieser handelt. Im Einzelfall sollten deshalb auch Überschreitungen der Kompetenzen geduldet und nachträglich genehmigt werden, sofern der Mitarbeiter dafür plausible Erklärungen anzubieten hat.

Entscheidungsbefugnis stärkt auch das Vertrauen der Kunden

Es hinterlässt ja nun wirklich keinen guten Eindruck über die Verhältnisse im Unternehmen, wenn der Mitarbeiter in Preisverhandlungen zum Kunden sagen muss: „Ich rufe sie morgen zurück, weil ich bis dahin mit meinem Vorgesetzten den Sachverhalt besprechen kann." Zu Recht wird der Kunde dann unterstellen, er sei es nicht wert, dass sich ein Entscheidungsträger mit ihm befasst, sondern nur ein unbefugter Handlanger. Die Überlegungen, die ein halbwegs intelligenter Kunde vor diesem Hintergrund darüber anstellt, mit welcher Tatkraft und Nachhaltigkeit dieser Mitarbeiter seine Interessen im Krisenfall wohl vertreten wird, kann sich jeder ausmalen.

Umgekehrt führt ausgeübte Kompetenz dazu, Kunden nachhaltig zu überzeugen und zu begeistern. In den Ritz-Carlton-Hotels zum Beispiel ist jeder Mitarbeiter befugt, auf Kundenbeschwerden oder Reklamationen unmittelbar bis zu einem vereinbarten Betrag Kompensation anzubieten, um das Problem schnell, unbürokratisch und für den Kunden zufriedenstellend aus der Welt zu schaffen.

Mitarbeiter können auf Anerkennung ihrer Kompetenz vertrauen

Gleichzeitig besteht die Verpflichtung, den Vorfall ausführlich zu dokumentieren und zusammen mit den Vorgesetzten und dem Team Vorsorge zu treffen, dass derlei nie wieder vorkommen wird. Die Mitarbeiter wissen nach einiger Zeit sehr wohl einzuschätzen, wie weit sie jeweils gehen können und müssen – und sie können darauf vertrauen, dass ihre Kompetenz gebilligt und das Lehrgeld vom Unternehmen übernommen wird.

Ob im Hotel oder in der Bank: Die Investition in individuelle Verantwortung macht sich langfristig immer bezahlt. Mit den großzügigen Kompetenzen haben wir in unserem Hause insofern gleichzeitig großes Vertrauen an unsere Mitarbeiter übertragen. Bis heute hat sich immer wieder gezeigt: „Sie geben es mehrfach zurück."

Aus meiner Sicht (Karlheinz Müller)

Als Marktmitarbeiter ist es sehr wichtig für mich, mit entsprechenden Kompetenzen ausgestattet zu sein. Wenn dem Kunden im Verkaufsgespräch spontan gewisse Zugeständnisse gemacht werden können, ohne dass ich vorher Rücksprache mit dem Vorgesetzten zu halten brauche, stärkt das die Position als Verkäufer enorm.

Ich habe schon sehr oft die Frage des Kunden „Müssen sie sich das nicht genehmigen lassen?" mit einem kurzen und knappen NEIN beantwortet. Für zukünftige Verkaufsgespräche ist so die Position des Beraters erheblich gestärkt. Das Verkaufsgespräch verläuft für mich als Berater außerdem viel entspannter, wenn ich nicht ständig Angst vor eventuellen Preisverhandlungen haben muss.

Dass die einem Einzelnen übertragenen Kompetenzen nur betriebswirtschaftlich sinnvoll vergeben werden dürfen, ist logisch. Ausnahmsweise zugesagte Konditionen, die über diese Kompetenz hinausgehen, müssen begründbar sein. Sie führen in unserem Hause zu keinen Problemen für den Mitarbeiter. Ein wichtiger Punkt ist allerdings, dass der Vorgesetzte vom Berater gemachte Konditionen nicht dem Kunden gegenüber „nachbessert". Eine solche Handlungsweise würde dazu führen, dass man ganz auf Mitarbeiter-Kompetenzen verzichten kann.

Vertrauen in Krisenzeiten

Offene Kommunikation setzt rettende Kräfte frei

> Aus welchem Grund auch immer sich ein Unternehmen in der Krise befindet: In dieser Situation ist das Vertrauen der Mitarbeiter in die Führung von existenzieller Bedeutung. Wer soll den Karren aus dem Dreck ziehen, wenn nicht die Mitarbeiter? Über das Scheitern oder Gelingen entscheidet dann, wie offen und ehrlich Kommunikation und Information mit und für die Mitarbeiter sind.

Ein Mitarbeiter eines Unternehmens erzählte mir vor einigen Jahren, in seiner Firma jage eine Besprechung mit den Vertriebsmitarbeitern die nächste. Bei diesen Besprechungen werde zwar angedeutet, dass es dem Unternehmen nicht überragend gut gehe. Konkreter würden die Aussagen allerdings nicht. Damit einher ginge die Aufforderung an die Mitarbeiter, noch mehr Kundengeschäft mit besseren Margen zu akquirieren. Ein Appell, der ins Leere lief, waren doch die Vertriebsmitarbeiter überwiegend der Meinung, dass ihre Vertriebsleistung in Ordnung sei, zumal die vorgegebenen Ziele größtenteils erreicht oder sogar übertroffen wurden.

Wo lag das Problem? Der konkreten Forderung nach Mehrleistung stand eine nur sehr abstrakte Begründung gegenüber. Die vage Mitteilung, dass es dem Unternehmen nicht gut gehe, versickerte im Nichts, weil greifbare Informationen ausblieben, worin die Schwierigkeiten lagen und wie gewichtig sie sind.

Schweigen verunsichert mehr als offene Krisenkommunikation

Die Führungskräfte unterlagen einem Irrtum. Sie glaubten, die genauere Information der Mitarbeiter würde diese vielleicht verunsichern, nach außen dringen, auf jeden Fall aber dem Unternehmen schaden. Was diese Art von Information verursachte, war genau das, was sie zu verhindern suchte: Die Mitarbeiter waren verunsichert. Sie fürchteten im einen oder anderen Fall sogar um ihren Arbeitsplatz. Sie teilten ihre Besorgnis mit Angehörigen und Freunden. Auf dem Nährboden des Zweifels gediehen Gerüchte und verstärkten wiederum Verunsicherung und Angst: „Wenn sie uns die Wahrheit verheimlichen, muss es noch viel schlimmer stehen…" Die Tatsache, dass in der Öffentlichkeit, wie so häufig in solchen Fällen, bereits die Spatzen von den Dächern pfiffen, dass es dem Unternehmen nicht gut geht, verwehrte außerdem den Zugang zur einzigen Schutzposition, die offen stand: Vielleicht ist das ja auch nur ein billiger Trick, um mehr Leistung von uns zu fordern…?

Wie sollten die Mitarbeiter unter diesen Umständen eine noch bessere Leistung bringen? Ein wenig klang der Ansatz der Führungskräfte etwa so: „Mitarbeiter helft mir, aber ich darf oder möchte euch nicht sagen wofür!" Ungewissheit über den Stand der Dinge baut immensen Druck auf die Mitarbeiter auf. Sie zehrt mehr an den Nerven als die unerfreuliche Realität.

Dies gilt im Übrigen nicht nur bei ganzheitlichen System- oder Unternehmenskrisen, sondern auch bei Störfällen im Detail. Zumal dann der Gruppe der Nichtwissenden oder Schlechtinformierten stets auch eine gewisse Anzahl an Mitarbeitern gegenübersteht, die genaue Detailkenntnis haben. Entsprechend der Regel, dass kein Geheimnis mehr ist, was zwei wissen, bilden sich in diesem Spannungsfeld zwischen Kenntnis der einen und Ahnungslosigkeit der anderen jene gefährlichen Wetterlagen heraus, die ein Unternehmen in seinen Grundfesten erschüttern.

Nichts bleibt auf Dauer unbemerkt

Wenn die Kosten für ein großes Bauprojekt aus dem Ruder laufen, dann mag das Management dies noch so beredt schönfärben – in Einkauf und Buchhaltung werden dann schon Gegenmaßnahmen vorbereitet. Was auf Dauer andernorts nicht unbemerkt bleibt. Wenn die mangelhafte Wartung von Wasseraufbereitungsanlagen zu Erkrankungen führt, dann wissen technischer Dienst und Hausmeisterei über die Ursachen schnell Bescheid und werden für sich selbst Vorkehrungen treffen. Was ebenfalls auf Dauer andernorts nicht unbemerkt bleibt. Wenn in der Finanzwelt kritische Produkte auftauchen, dann werden jene, denen dies Sorge macht, versuchen sie abzustoßen. Was ebenfalls wieder auf Dauer andernorts nicht unbemerkt bleibt. Jede dieser Entdeckungen wird Kommunikation auslösen, jede dieser Kommunikationen wird für Emotionen sorgen. Bevor beides eine unkontrollierbare Eigendynamik entwickelt, sind Führungskräfte gefordert, mit ihren Mitarbeitern darüber zu sprechen. Je früher, desto besser. Sie öffnen damit das Ventil, das gefährlichen Druck ablässt.

In unserem Unternehmen überrollte uns in 2002/2003 eine Welle von Kreditausfallrisiken, ausgelöst durch eine zu offensive Kreditvergabestrategie.

Kommunikation schafft Engagement

In unserem Haus gilt: Falls es im Unternehmen Probleme gibt, kommunizieren wir diese ohne Beschönigung und ohne Rücksicht auf das Risiko, dass sie nach außen getragen werden könnten. Derlei könnte ohnehin nur bis zur nächsten Vertreterversammlung verhindert werden, in der wir den Eigentümern der Bank unsere Bilanzen vorlegen müssen. Wir behielten dieses Prinzip auch in diesem Fall bei: In Gruppen- und Einzelgesprächen stimmten wir die erforderlichen Maßnahmen mit den Mitarbeitern ab. Der Erfolg war phantastisch. Alle Mitarbeiter, die in irgendeiner Weise im Kreditgeschäft zur Aufarbeitung beitragen konnten, engagierten sich in vorbildlicher Art. Sie waren ohne Wenn und Aber bereit, in vielen Überstunden und einer Menge nicht immer angenehmen Kundengespräche die Probleme gemeinsam mit den Führungskräften zu lösen.

Heute erscheint den Führungskräften und den Mitarbeitern die damals schwierige Situation schon fast unwirklich. Die Kraft gegenseitigen Vertrauens, genährt durch eine offene Kommunikation, ließ uns diese schwierige Situation überstehen.

Aus meiner Sicht (Günter Bergmüller)

Nachdem mir vom Vorstand im Jahr 2002 die prekäre Situation unserer Bank aufgrund der Vielzahl von Kreditausfallrisiken mitgeteilt wurde, war ich zunächst einmal schockiert bzw. stark verunsichert. Man macht sich so seine Gedanken bezüglich der eigenen Situation und denkt dabei zwangsläufig an eine eventuelle Verschmelzung mit einer anderen Bank und die damit oftmals zusammenhängenden Folgen wie Filialschließung, Versetzung an einen anderen Arbeitsplatz in einem anderen Ort oder gar Entlassung aufgrund von Personalabbau.

Von der Geschäftsleitung wurde aber auch signalisiert, dass diese ausnahmslos schwierige Lage unter Mithilfe bzw. Mitarbeit aller zuständigen Mitarbeiter in den Griff zu bekommen ist, was ja letztendlich auch gelungen ist.

Aus meiner Sicht (Johannes Heichele)

Vertrauen der Mitarbeiter in die Unternehmensführung bedeutet für mich, dass der Austausch von Informationen zwischen Unternehmensführung und Mitarbeiter, aber auch in der umgekehrten Richtung, in der Balance sein und kontinuierlich fließen muss. Ich persönlich differenziere in diesem Bereich nicht zwischen Krise und Nichtkrisenzeiten.

Vertrauen in guten und schlechten Zeiten bedeutet letztendlich im privaten wie im beruflichen Bereich Ehrlichkeit und Offenheit unter den einzelnen Beteiligten.

Mir ist natürlich klar, dass in vielen Unternehmen diese Tugenden nur auf dem Papier existieren und viele Führungskräfte zu wenig Mut oder Vertrauen zu den eigenen Mitarbeitern haben. Erfahrungen aus der Vergangenheit haben mir gezeigt: Mitarbeiter, die diesen Informationsausschluss bemerken, fühlen sich nicht voll werthaltig, ausgegrenzt und demotiviert. Als Resultat ist das Vertrauen in die Unternehmensführung gestört. Ständige unmotivierte und Null-Bock Mitarbeiter sind das Ergebnis. Das Unternehmen wird große Anstrengungen und Mühen aufwenden müssen, bis das Vertrauen wieder hergestellt ist.

Vertrauen in die Mitarbeiter bedeutet für mich auch Fürsorge. Wie das Beispiel in unserer eigenen Bank zeigt, sind Führungskräfte klar im Vorteil, denen es gelingt ihre Mitarbeiter in eine offene und ehrliche Unternehmenskultur mitzunehmen. Als Folge der Wertschätzung und Beachtung kann unsere Unternehmensführung auf das Vertrauen und die Einsatzbereitschaft jedes einzelnen Beteiligten zählen.

Wir in unserem Unternehmen bemühen uns, wie ich das sehe, dieses komplexe Gleichgewicht des Vertrauens beider Seiten, sowohl der Unternehmensführung als auch der Mitarbeiter, jeden Tag wieder neu zu beleben.

Vertrauen gewinnt Menschen und Märkte   8

Ein Gastbeitrag von Jens Ulbrich

> Vom regional aktiven Mittelständler bis zum unumstrittenen Weltmarktführer: Die Geschichte des Familienunternehmens Wanzl aus Leipheim an der Donau ist eine Geschichte der permanenten Innovationen. Von Rudolf Wanzl wurde um 1950 der Urtyp des Einkaufswagens in seiner bis dato kaum veränderten Form erfunden. Heute ist Wanzl mit zwei Millionen Stück pro Jahr der größte Hersteller von Einkaufswagen weltweit. Das Unternehmen beschäftigt heute über 4200 Mitarbeiter in acht Fertigungsbetrieben in Deutschland, Frankreich, Tschechien, China und den USA. Jens Ulbrich, bis Ende Oktober 2012 Prokurist und Bereichsleiter bei der Firma Wanzl, geht in seinem Gastbeitrag zu diesem Buch darauf ein, welche Bedeutung Vertrauen für den Geschäftserfolg hat – Vertrauen in die Kunden und die Mitarbeiter gleichermaßen.

„Vertrauen ist der Anfang von Allem", so lautete ein Slogan einer deutschen Bank vor vielen Jahren. Ich frage mich bis heute, warum dieses Motto abgeschafft wurde. Konnte man diesem Versprechen nicht nachkommen? Vertrauen ist für mich die Grundlage jeglichen Zusammenarbeitens, ob gegenüber Kunden oder Mitarbeitern. Ich möchte dies anhand einiger Beispiele verdeutlichen. Und ich werde erläutern, warum überwiegend monetäre Anreize die Vertrauensgrundlage stören.

Vertrauen in der Kundenbeziehung

Als ich vor über 20 Jahren mein Berufsleben bei Wanzl begann, machte ich gleich zu Anfang eine interessante Erfahrung. Damals nahm man sich noch viel Zeit, um neue Mitarbeiter einzuarbeiten, man „investierte" noch in junge Menschen. So war eine der Stationen in meiner Einarbeitung die Mitreise mit dem Außendienst. Ein EDEKA-Einzelhändler hatte um Beratung für seine Ladeneinrichtung angefragt, ein kurzfristiger Termin wurde vereinbart. Als wir ankamen, machte uns der Kunde mit seinen Vorstellungen vertraut. Unter anderem wollte er 100 Einkaufswagen für seinen Markt bestellen.

Der Außendienstmitarbeiter reagierte gar nicht so, wie man es sich von einem klassischen Verkäufer erwartet. Er riet dem Kunden folgendes: „Meiner Meinung nach sind 100 Einkaufswagen bei Ihrer Ladengröße zu viel. Ihnen reichen 80 Stück. Sollte die Menge nicht ausreichen, können Sie zum gleichen Preis nachbestellen." Der Kunde war sprachlos. Anstatt für sich selber einen Vorteil zu sichern, tat der Mitarbeiter von Wanzl dem Kunden etwas Gutes. Nach einer weiteren halben Stunde hatte der Einzelhändler das komplette Ausstattungsprogramm von Wanzl (Körbe, Tische, etc.) geordert und war hoch zufrieden. Man konnte dem Kunden seine Gedanken anmerken: „Die wollten mich nicht über den Tisch ziehen".

Ein Grund für das Verhalten des Außendienstlers: Wanzl bezahlt seine Vertriebsmitarbeiter fix, ohne Abhängigkeit zum Umsatz und Ertrag. Dies ist einer der Gründe dafür, warum Wanzl auch „hidden champion" und weltweiter Marktführer ist.

Weil ein Einzelhändler nur alle paar Jahre eine neue Ladeneinrichtung einschließlich Einkaufswagen bestellt, ist dies nur ein Randthema seiner Arbeit. Er kann sich nicht im vollen Umfang und der notwendigen Tiefe über Ausstattung, Qualität und Menge auf dem Laufenden halten. Von daher muss er dem Berater vertrauen. Der Mitarbeiter von Wanzl hätte ihm ohne Problem auch 120 Wagen verkaufen können, tat er aber nicht.

Was passiert nun in diesem Fall?

- Der Kunde wird bei allen Problemstellungen, die er in der Zukunft hat, eine Nummer anrufen, nämlich die des Mitarbeiters dem er vertraut.
- Er holt sich kaum noch Vergleichsangebote ein, warum auch?

Was wäre passiert, wenn der Mitarbeiter am Umsatz beteiligt gewesen wäre?

Er hätte versucht, Dinge zu verkaufen, die der Kunde nicht unbedingt benötigt. Oder er hätte ihm eine Menge angedient, die größer ist als benötigt. Zugespitzt ist das zu vergleichen mit einer Familie, die jedes Mal ein neues Auto anschafft, wenn sie in den Urlaub fahren will.

Was geschieht, wenn einer sich so verhält? In diesem Moment wird das Rationale ausgeschaltet und die Eigeninteressen setzen sich durch – zum Nachteil des Kunden. Die Vertrauensbasis wird damit beschädigt, im schlimmsten Fall langfristig zerstört. Auch zum Nachteil des Unternehmens.

Interessant ist in diesem Zusammenhang auch das Modewort „cross-selling". Nach dem Motto: Wir versuchen mit aller Gewalt dem Kunden noch ein anderes Produkt zu verkaufen, ob er es benötigt oder nicht.

Letztendlich genügt eines: Der Kunde sollte erst einmal über andere Produkte informiert sein – und zwar frühzeitig. Kennt er die Neuheiten nicht, kann er auch keine bestellen. Umgekehrt bestellt er dann automatisch, wenn er in der Vergangenheit positive Erfahrungen gemacht hat, so wie in unserem Fall.

Ein anderes Beispiel. Nach dem Mauerfall und der Wende waren sehr viele „Glücksritter" in den neuen Bundesländern unterwegs. Jeder wollte um jeden Preis etwas verkaufen, das Resultat waren viele Enttäuschungen. Auch Wanzl stellte zu diesem Zeitpunkt zwei Mitarbeiter für dieses „neue" Gebiet ein, ohne variable Gehaltskomponente. Das Resultat war so schlicht wie überzeugend. Die Kunden waren anfangs erwartungsgemäß sehr skeptisch, geprägt von dem Verdacht, „der will uns nur schnell etwas verkaufen, um seinen eigenen Geldbeutel zu füllen, wie alle anderen". Als diese Kunden jedoch Zeit für ihre Entscheidung bekamen, oft gepaart mit dem Hinweis, dass ein Abschluss dem Mitarbeiter keinerlei finanzielle Vorteile bringt, waren die Reaktionen fast durchwegs positiv.

Ein drittes Beispiel: Nachdem in den letzten Jahren die Rohstoffe (insbesondere Stahl) zu Höhenflügen ansetzten, war für Wanzl auch die alles entscheidende Frage: Wie verhalten wir uns? Eine Preiserhöhung war unabdingbar, wollten wir profitabel bleiben. Eines hatten wir allen Wettbewerbern voraus. Die Mitarbeiter von Wanzl waren seitens des Kunden nicht erpressbar, d.h. ein Switchen der Aufträge zum Wettbewerb hätte dem Mitarbeiter keine persönlichen Nachteile verschafft.

Ich kann eines versichern: Ein Kunde merkt diesen Unterschied schon nach wenigen Momenten. Er sieht in den Augen des Vertriebsmitarbeiters, wie ernst es diesem mit der Forderung ist und ob „noch etwas geht". Das Fehlen der variablen Vergütung steigert von daher – äußerlich wahrnehmbar – die Glaubwürdigkeit einer Forderung.

Eine letzte Episode: Eines Tages kam ein Key-Account Manager zu mir und berichtete, dass er mit einem potenziellen Kunden nicht zurechtkam. Er hätte alles versucht, seine „Nase" passt dem Kunden anscheinend nicht. Der Mitarbeiter schlug vor, einen anderen Ansprechpartner für den Kunden zu finden. Wir legten dies schnell fest, informierten den Kunden, dass es einen Wechsel gab. Der Kollege stellte sich vor und danach lief das Geschäft. Was wäre in diesem Fall passiert, wenn der Mitarbeiter variable Gehaltskomponenten gehabt hätte? Er wäre nie bereit gewesen, einen Kunden abzugeben. Er hätte vor allem über niedrigere Preise versucht, den Kunden zu gewinnen oder er hätte den Kunden kaum noch betreut. All diese Konsequenzen wären kaum zum Vorteil für Wanzl gewesen.

Was kann man daraus ableiten? Geld verdirbt den Charakter, oder wie schon Otto Rehhagel sagte: „Geld schießt keine Tore".

Eines haben diese Fälle aber alle gemeinsam. Vertrauen ist die Grundlage für Erfolg. Variable Vergütungen, insbesondere hohe variable Vergütungen, signalisieren dem Mitarbeiter jedoch nur eines: Ich habe kein Vertrauen in Dich, Du musst über Geld gesteuert werden, um Höchstleistung zu bringen.

Vertrauen in die Mitarbeiter

Um die Leistung eines Mitarbeiters beurteilen zu können, benötigt eine Führungskraft kein monetäres Anreizsystem. Wäre dies der Fall, sollte man die Führungskraft austauschen – und zwar schnell. Grundsätzlich vertraue ich jedem Mitarbeiter, d.h. ich gebe ihm die Chance, die vereinbarten Ziele und Maßnahmen umzusetzen.

Nun kann es jedoch vorkommen, dass nicht alles so funktioniert, wie man es sich vorgestellt hat. Und genau da muss eine Führungskraft ihrer Führungsaufgabe nachkommen und in den Dialog mit dem Mitarbeiter treten. Woran liegt es, dass er nicht die Leistung abruft? Macht ihm die Arbeit keinen Spaß? Gibt es Ärger mit Kollegen? Lenken ihn familiäre Probleme ab? Themen, die Zeit kosten – und eine Lösung lässt sich nicht immer aus der Schublade ziehen. Aber: Jede dieser Lösungen ist individuell auf den Mitarbeiter zugeschnitten und oft gar nicht so schwierig.

Die monetäre Lösung ist einfacher, nur sie geht den Ursachen nicht auf den Grund und ist von daher nicht langfristig angelegt.

Sollten sich die Ergebnisse trotz gemeinsamer Bemühungen nicht bessern, muss man auch bereit sein, gemeinsam den nächsten Schritt zu besprechen, die Trennung. Denn vertraut man einem Mitarbeiter nicht: Welchen Sinn macht es, ihn noch zu beschäftigen? Meistens bedeutet dieser Schritt eine Qual für beide Seiten. Wichtig ist allerdings nur eines, das offene Gespräch. Das aber scheuen die meisten.

Wenn eine Führungskraft von ihrer Mannschaft erwartet, dass sie durch „dick und dünn" mit ihm geht, dann bedeutet dies auch, dass man in schwierigen Situationen hinter dem Mitarbeiter stehen muss, auch wenn es schwer fällt. Insbesondere dann, wenn der Druck von außen groß ist. Eine solche Situation hat aber den Vorzug, dass nicht mehr „taktiert" wird. Dies ist insbesondere bei der Planung und Erstellung der Budgetzahlen sehr hilfreich: keine Umsätze, die noch über den Jahreswechsel verschoben werden, keine „Horrorszenarien", wie schlecht die Lage bei den Kunden sei, usw.

Wenn ein Mitarbeiter seine Planzahlen deutlich überschritten hat, muss man sich doch die Frage stellen: Will er sich damit nur profilieren? Oder kennt er seine Kunden nicht und hat von daher schlecht geplant? Auch ein Mitarbeiter muss sich das Vertrauen des Vorgesetzten verdienen, indem er ehrlich mit der Situation umgeht.

Preisverhandlungen sind ein klassisches Beispiel für dieses Verhalten. Der Kunde akzeptiert einen Preis des Vertriebsmitarbeiters nicht. Was macht er also? Er ruft den Chef an.

Hier ist es notwendig, sich zuallererst darüber klar zu werden, wie die Preisfindung erfolgt ist. Wurde der Preis mit dem Vorgesetzten abgestimmt? Wenn ja, darf der Chef auf keinen Fall nachgeben. Dies hat sonst folgende Konsequenzen: Der Kunde ruft immer wieder beim Vorgesetzten an, er hat ja gelernt, dass dieses Verhalten zu besseren Preisen führt. Der Vorgesetzte übernimmt dann irgendwann einen Teil der Aufgabe, für die der Vertriebsmitarbeiter bezahlt wird. Außerdem wird der Vertriebsmitarbeiter nicht mehr als kompetent wahrgenommen – das ist nicht gerade förderlich für die Motivation und gepaart mit einer variablen Gehaltskomponente geradezu ein Desaster. Man sieht an diesem Beispiel, dass derartige Anreizsysteme das Negative sogar noch verstärken.

Ich kann mich noch gut an einen Fall erinnern, bei dem zwischen mir und einem Key-Account-Manager ein Angebot definiert wurde. Der Key-Accounter rief mich ein paar Tage später an und sagte: „Du wirst gleich einen Anruf vom Kunden bekommen, er ist mit dem Angebot nicht einverstanden". Zehn Minuten später klingelte das Telefon, der Kunde klagte sein Leid über die schwierige Allgemeinsituation, um dann die Forderung nach einem günstigeren Preis aufzustellen. Ich antworte ganz sachlich: „Glauben Sie, dass ich meinem Mitarbeiter in den Rücken falle, indem ich Ihnen einen besseren Preis gebe?" Die Reaktion war erstaunlich, erst war Stille in der Leitung, dann lachte der Kunde und sagte: „Man wird es ja probieren dürfen."

Damit war für den Kunden klar: Der letzte Preis kommt nicht vom Chef, sein Ansprechpartner hat die volle Kompetenz. Der Key-Accounter engagierte sich anschließend bei diesem Kunden umso mehr. Er wollte dem Vorgesetzten dann auch beweisen, dass es richtig war, ihm das Vertrauen zu geben. Und sind wir mal ehrlich: Warum sollte eine Kunde sich die Mühe machen und beim Vorgesetzten anrufen, wenn er nicht längst beabsichtigt hat dort zu kaufen?

Ich habe auch noch sehr lebendig einen Mitarbeiter bei einer Verkaufstagung vor Augen, der meinte, dass es sehr motivierend wäre, wenn er und seine Kollegen auch an dem Erfolg der Firma beteiligt wären. Dies würde ihn noch einmal pushen. Ich fragte Ihn daraufhin: „Würdest Du dann noch mehr Einsatz zeigen, wenn Du unmittelbar am Ergebnis beteiligt wärst?" Die Antwort kam prompt. „Aber selbstverständlich." Ich antwortete: „Dies bedeutet also, dass Du momentan nicht alles für die Firma gibst?" Seine Kollegen grinsten nur, sie wussten, in welche Sackgasse sich der Kollege manövriert hatte.

Insbesondere in schwierigen Zeiten ist es für einen Mitarbeiter wohltuend, wenn nicht immer das Damoklesschwert von „mehr Umsatz, mehr Ertrag" über ihm hängt. Gerade in solch schwierigen Zeiten wird daher die Saat für gute Arbeit gelegt, wenn es wieder aufwärts geht. Das unterscheidet sehr gute Firmen vom Mittelmaß. Denn von einer solchen Einstellung, einem solchen Verhalten profitieren beide Seiten. Der Mitarbeiter freut sich über Stabilität in der Krise, das Unternehmen profitiert im Anschluss daran.

Das führt zu letzten Überlegung: Wie nehmen variable Vergütungssysteme auf das Verhalten des Vorgesetzten Einfluss?

Führungsverhalten

Grundsätzlich signalisieren alle variablen Komponenten nur eines für Führungskräfte: „Du musst Deiner Führungsaufgabe nicht mehr nachkommen, dies regelt das Vergütungssystem." Viele Vorgesetzte empfinden dies als sehr praktisch. Sie sind vielfach aus der Rolle einer Fachkraft in die eines Vorgesetzten hineingesetzt worden. Auf ihre Führungsrolle wurden viele Mitarbeiter gleichzeitig aber nicht vorbereitet (im Übrigen auch ein Manko an fast allen Hochschulen/Universitäten). In dieser defizitären Notlage kommt ein System der variablen Vergütung gerade recht: Soll es doch die Mitarbeiter führen. Wenn der Mitarbeiter nicht spurt, gibt es halt weniger auf das Konto.

Eine gute Führungskraft kennt ihre Mitarbeiter mit all ihren Stärken und Schwächen. Wozu dann noch eine Bewertung ausschließlich nach Zahlen? Es wird immer einen Letzten geben, es frägt sich nur, auf welchem Niveau. Dieses Niveau möglichst hoch zu halten, ist entscheidend. Die Arbeit daran macht ein Unternehmen zum Marktführer, und zwar dauerhaft. Ich konnte schon viele Vergleiche beobachten, bei denen in einem

Unternehmen der „schwächste" Mitarbeiter immer noch deutlich vor dem vermeintlich „besten" des Wettbewerbs war. Der Beste hatte sich in der Regel Umsätze gekauft und hatte eines vielen anderen voraus: Er verkaufte vor allem sich selbst besser.

Eine gute Führungskraft jedoch erkennt diesen Unterschied. Und es bedeutet nicht, dass eine gute Führungskraft regelmäßig alle Dinge auch zu hinterfragen braucht, ob sie noch richtig sind.

Feste Vergütungen bringen Freiheit, für Mitarbeiter und Vorgesetzte. In fast allen Fällen hat dies eine positive Auswirkung auf die Arbeitsleistung. Die genannten Beispiele sind Beleg für meine Überzeugung, dass das Führen hauptsächlich über monetäre Anreize nicht zum gewünschten Erfolg führt. Ich bin der festen Meinung, dass von zwei Unternehmen, die unter gleichen Voraussetzungen am Markt antreten (Finanzkraft, Maschinen, Personal) jenes langfristig viel erfolgreicher ist, das ohne variable Vergütungskomponenten arbeitet. Denn dann kommt der entscheidende Unterschied zum Tragen: Vertrauen. Und das kann man sich nicht kaufen.

Flache Hierarchie

Was der Feldwebel dem Oberst voraus hat

9

> Die Kenntnis der verteilten Kompetenz ist ein wesentliches Element in einer Organisation, die „Führen ohne Druck" betreibt. Denn Hierarchie spielt überall dort eine untergeordnete Rolle, wo das Vertrauen in die Fähigkeiten des Einzelnen und das Übertragen von Verantwortung dazu führen, dass Entscheidungen befreit sind vom „Oben-Unten"-Denken.

Flache Hierarchien setzen in einem Unternehmen die Bereitschaft und die Fähigkeit der Mitarbeiter zu selbstständigem Handeln und der Übernahme von Verantwortung voraus. Dies dürfte dem heutigen Zeitgeist weitgehend entgegenkommen. Zahlreiche wissenschaftliche Umfragen stellen in der einen oder anderen Form fest, wie viele Arbeitnehmer das Gefühl belastet, im Berufsleben ständig fremdbestimmt zu sein.

Um mit flachen Hierarchien erfolgreich zu führen, bedarf es zweierlei: der „richtigen" Mitarbeiter und der Führungskräfte, die damit umgehen können. Denn zunächst muss die Führungskraft an die Mitarbeiter Verantwortung abgeben und diesen Vertrauen entgegenbringen – genauso, wie sie von ihren Mitarbeitern erwartet, dass diese ihr vertrauen und akzeptieren, dass sie Verantwortung innehat.

Ehrlichkeit bewirkt Vertrauen

Gleichzeitig ist es daher von großer Bedeutung, dass die Mitarbeiter ihren Führungskräften vertrauen können. Ehrlichkeit ist die wichtigste Grundlage dafür. Es wird wohl keine Führungskraft geben, die von sich behaupten kann, nie falsche Entscheidungen getroffen zu haben. Genauso wenig darf man solche Fehlerlosigkeit von Mitarbeitern einfordern.

Noch dazu, weil eine hierarchisch höhere Position im Unternehmen nicht automatisch größere Fachkenntnis einschließt.

Nicht von ungefähr kennt zum Beispiel die Bundeswehr den feinen Unterschied zwischen Disziplinarvorgesetzten und Fachvorgesetzen sehr genau und schützt ihn unverbrüchlich. Da ist es dann auch ganz normal, dass ein einfacher Feldwebel, der als Feuerwerker qualifiziert ist, einen Oberst darin unterweist, welche Sicherheitsvorkehrungen dieser bei einer Schießübung mit seiner Einheit zu befolgen hat. Ein Sachbearbeiter im Kreditkartenwesen oder ein Experte für elektronischen Datenaustausch verfügt gegenüber seinem Vorstand über einen vergleichbaren Wissensvorsprung – und ist daher auch gefordert, davon Gebrauch zu machen.

Gleichwohl fallen Entscheidungen aus der Kombination unterschiedlichster Kompetenzen und Zuständigkeiten heraus. Insofern ist bei flachen Hierarchien eine Grundvoraussetzung im Unternehmen eine Fehlerkultur, die nicht darauf abzielt Schuldige zu finden, sondern danach strebt, gemeinsam den gemachten Fehler zu reparieren, falls dies möglich ist. Außerdem werden Mitarbeiter einzeln oder gemeinsam aus den Fehlern einen Lerneffekt erzielen. Das gilt auch für Vorgesetzte, die in solchen Momenten erkennen, wo sie ansetzen müssen, damit ihr Team besser Fehler zu vermeiden lernt.

Im Spannungsfeld von Fach- und Führungsaufgaben

Insbesondere kleineren Unternehmen bietet eine flache Hierarchie für das Unternehmen selbst sowie für die Mitarbeiter viele Chancen. In Firmen mit steilen Hierarchien wird es häufig so sein, dass Führungskräften der unteren oder der mittleren Führungsebene nicht nur ausschließlich Führungsaufgaben, sondern auch die qualifiziertesten Sachaufgaben übertragen werden. Der verbleibende Rest wird von den „Untergebenen" bearbeitet. Sehr häufig stellt sich dann heraus, dass die Führungskraft hochqualifiziert in Sachfragen ist, während sie sich jedoch im Bereich der „Führung" schwer tut. Manchmal kann es auch umgekehrt sein, was die Mitarbeiter auch nicht gerade motiviert.

Ist eine Führungsposition einmal mit einer entsprechenden Aufgabenstellung und dem dazugehörenden Titel besetzt, wie auch immer der lautet, mag es sich in der täglichen Praxis herausstellen, dass diese Entscheidung nicht die Richtige war. Eine Umkehr ist dann sehr häufig nicht möglich. Der Titel „Leiter ......", meist auch ein Statussymbol nach innen und außen, kann meist genauso wenig aberkannt werden wie die der Führungskraft in der Stellenbeschreibung zugewiesenen qualifizierten Sachaufgaben.

Hinzu kommt noch, dass irgendjemand im Unternehmen die Führungskraft zur Führungskraft befördert hat. Wie schwer fällt es da manchmal zuzugeben, eine falsche Entscheidung getroffen zu haben? Deswegen bleibt es dann bei der Besetzung der Stelle, obwohl jeder im Unternehmen sich darüber wundert. Konsequenz: Diese Stellenbesetzung blockiert dann möglicherweise über Jahre den Aufstieg fähiger junger Mitarbeiter und gleichzeitig die Chance, qualifizierte Sachaufgaben zu übernehmen.

Teams mit verteilten Aufgaben leben von sich ergänzenden Kompetenzen

Was macht bei der Aufgabenverteilung den wesentlichen Unterschied zwischen einer flachen und einer steilen Hierarchie aus? Es geht um die Verantwortung für qualifizierte Aufgaben. In einer herkömmlichen Organisation scheinen solche Spezialisierungen wie geschaffen dafür, sie einer Person zu übertragen, die zum Kompetenzträger erklärt wird. In einer flachen Hierarchie dagegen lassen sich solche Aufgaben auf mehrere Mitarbeiter verteilen, die sich in ihrem Anwendungswissen und ihrer Fachkenntnis ergänzen.

Ganz abgesehen von der zusätzlichen Sicherheit im Falle eines geplanten oder ungeplanten Ausfalls eines Experten belebt dies den Wissenserwerb und -transfer enorm. Es verringert zudem den Abstand zwischen Theorie und Praxis im einzelnen Fachgebiet und erhöht die Chance, dass aus der Vielfalt von Erfahrungen Neues und Besseres entsteht. Voraussetzung dafür sind kurze und effiziente Entscheidungswege.

Das hat für das Unternehmen in der Personalentwicklung mehrere Vorteile, die deutlich über die Möglichkeit hinausgehen eine höhere Zahl qualifizierter Tätigkeiten anbieten zu können. Zum Einen ist es gegeben, die Mitarbeiter entsprechend ihren Fähigkeiten und Neigungen zu beschäftigen, zum Anderen ist das Unternehmen in der Aufgabenverteilung flexibler. Aufgaben und Zuständigkeiten können vergleichsweise einfacher umverteilt werden, als wenn die qualifizierten Sachaufgaben auch bei der Führungskraft angesiedelt wären.

Fachwissen dringt von „unten" bis ganz nach „oben" durch

Auch die Übernahme und Steuerung von einzelnen Projekten ist bei Mitarbeitern ohne Führungsfunktion besser aufgehoben, weil bei der Vergabe die Kenntnisse und fachlichen Fähigkeiten zielgerecht berücksichtigt werden können. Schließlich besteht auch die Option für Mehrfach- bzw. Querschnittsaufgaben mit der für solche Positionen typischen Eigendynamik.

Nicht zuletzt dürfte es vor allem den meisten jüngeren Mitarbeitern entgegenkommen, wenn die betrieblichen Hierarchieebenen flach gehalten werden.

In einer funktionierenden Gruppe entstehen durch gewachsene und natürliche Autorität Führungspersönlichkeiten, die falls erforderlich, regulierend eingreifen.

Ein weiterer großer Vorteil flacher Hierarchien besteht darin, dass Informationen von der untersten Hierarchieebene deutlich weniger gefiltert zur Spitze der Führungspyramide durchdringen, als in steilen Hierarchien.

In unserem Unternehmen taucht im Organigramm nirgendwo ein Leiter oder eine Leiterin auf.

Die einzige Hierarchieebene besteht aus zwei Prokuristen. Der eine ist zuständig für den Marktbereich, der andere für den gesamten Betriebsbereich, wobei beide neben Sachaufgaben gleichzeitig die Führungsverantwortung übernehmen.

Fehlende Aufstiegsmöglichkeiten müssen kein Hindernis sein

Dieses System hat natürlich aus der Sicht der Mitarbeiter den Nachteil, dass es im klassischen Sinne keine Aufstiegsmöglichkeiten dorthin gibt, wo Stellen mit der Bezeichnung „Leiter" oder „Leiterin" locken. Die Frage steht also im Raum: Was ist dem einzelnen Mitarbeiter wichtiger? Eine Stelle, die in irgendeiner Form das Wort „Leiter" enthält, oder die Qualität der beruflichen Aufgaben als solche? Bisher haben unsere Mitarbeiter diese Frage mit einem dicken Ausrufezeichen beantwortet: So gut wie keine Fluktuation!

Vor mehr als vier Jahren hat unser Unternehmen zuletzt ein Mitarbeiter verlassen, der in den Außendienst einer großen Bausparkasse wechselte.

Fazit: Unser Unternehmen hat mit flachen Hierarchien sehr gute Erfahrungen gemacht und ganz offensichtlich schätzen auch die Mitarbeiter die Vorteile, weitgehend selbstständig zu arbeiten, Verantwortung zu übernehmen und die sehr kurzen Entscheidungswege, falls notwendig, zu beanspruchen.

Aus meiner Sicht (Wolfgang Schiller)

Ein wesentlicher Wettbewerbsvorteil einer Bank mit einer einfachen Organisationsstruktur, wie sie bei der Raiffeisenbank Ichenhausen vorzufinden ist, besteht gegenüber Einheiten mit aufwendigem hierarchischem Aufbau in der Möglichkeit schnellen Handelns und schneller Entscheidungen.

Dies betrifft beispielsweise im Kreditgeschäft sowohl die vorbereitenden Arbeiten für Kreditanträge, für die nicht verschiedene Stellen eingeschaltet werden müssen, als auch vor allem das Genehmigungsverfahren. Das Gros der Fälle kann hier eigenverantwortlich abteilungsintern entschieden werden. Die restlichen Anträge durchwandern nicht verschiedene Gremien, sondern werden direkt von der Geschäftsleitung bzw. zusammen mit ihr entschieden. Wobei hinsichtlich der vorgelegten Unterlagen keine weiteren Überprüfungen vorgenommen werden, sondern auf deren Richtigkeit vertraut wird.

Effiziente Entscheidungswege

Schnelles Handeln braucht klare Verantwortung

10

> In einer flachen Hierarchie sind die Dauer und die Effizienz von Entscheidungen nicht automatisch besser als andernorts. Verteilte Kompetenz und verteilte Verantwortung ebnen den Weg dorthin, weil sie zu dauerhafter Kommunikation anstiften und Klarheit bei den persönlichen Zuständigkeiten schaffen.

Aus flachen Hierarchien resultieren zwangsläufig kurze und damit effiziente Entscheidungswege. Zumindest auf dem Papier stellt sich dies so dar. Ob es tatsächlich dazu kommt, hängt indes davon ab, wie das Ganze gelebt wird. In meiner bisherigen beruflichen Zeit habe ich es erlebt, dass in steilen Hierarchien die Führungspositionen in den einzelnen Ebenen lediglich auf dem Papier standen. „Regiert" wurde in Wirklichkeit von den obersten Führungskräften bis ganz nach unten.

Es ist sicher nicht verwunderlich, dass in diesem Zustand sich die Führungskräfte der mittleren Ebenen mit ihrem Selbstverständnis schwer taten und größtenteils demotiviert waren. Die Entscheidungswege waren hier auch kurz, weil die dazwischen liegenden Instanzen einfach übergangen wurden. Effizient waren diese Wege aber sicher nicht.

Nicht jeder kann mit Unmittelbarkeit und Direktheit umgehen

Umgekehrt ist es keine Seltenheit, dass vermeintlich kurze Kommunikationswege in flachen Hierarchien sich dauerhaft als nicht gangbar erweisen, weil die eine oder die andere Seite nicht mit dieser Form von Direktheit umgehen kann. Allein schon das Senioritätsprinzip bzw. der selbstverständlich gewährte oder geforderte Respekt älteren

Mitarbeitern gegenüber kann zu kommunikativen Umwegen und Komplikationen führen. Die bestehende Chance unmittelbarer Entscheidungen bleibt dann ungenutzt.

Die geschilderten Szenarien zeigen: Flache Hierarchien kann man herstellen, schnelle Entscheidungswege müssen sich entwickeln können. Dafür ist es zunächst erforderlich, dass bei der Vergabe von Kompetenzen den Mitarbeitern ein hohes Maß an Vertrauen entgegengebracht wird. Es ist unabdingbar, darauf zu achten, dass der Umfang der Kompetenzen auch der Qualifikation der Mitarbeiter entspricht. Die eingeräumten Kompetenzen müssen dann aber auch abgerufen werden; sie dürfen nicht nur in der Stellenbeschreibung stehen.

Dringlichkeit ist vor allem eine Frage der Faktenlage

Das Verhalten der vergleichsweise wenigen Führungskräfte in flachen Hierarchien entscheidet somit letztlich über die erzielbare Effizienz. Darunter ist nicht zu verstehen, dass jede Entscheidung sofort getroffen werden muss. Oftmals ist dies auch wegen fehlender Zusatzinformationen nicht ad hoc möglich. Vielmehr ist zu unterscheiden, welche Entscheidungen auf Grund eindeutiger Fakten sofort getroffen werden können und solchen, die einer weiteren Aufarbeitung bedürfen, bevor ein Entschluss fällt.

Ab dieser Weggabelung entscheidet sich, ob die Entscheidungswege effizient sind oder nicht. Eindeutige Fakten heißt: sofort Entscheidung treffen. Weitere Aufarbeitung heißt: Die Aufgabe oder das Problem genau definieren sowie Unterlagen und Informationen anfordern, bei deren Vorliegen eine abschließende Entscheidung fällt.

Dank kurzer Kommunikationswege „ohne Zeitverzug" entscheiden

In unserem Unternehmen ist es nicht zuletzt dank des überaus positiven Organisationsklimas sehr gut möglich, Entscheidungen sehr schnell zu treffen, falls dies notwendig ist. Dafür sorgen klar geregelte und regelmäßig angesetzte Besprechungen, aber bei Bedarf auch kurzfristig einberufene Besprechungen der Führungskräfte. Sowohl im Kundengeschäft als auch betriebsintern sind Entscheidungen von hoher Bedeutung, die ohne Zeitverzug erfolgen, aber trotzdem möglichst gut durchdacht sind. Dafür müssen die Vorteile von flachen Hierarchien genutzt werden.

Es liegt an den (wenigen) Führungskräften, ob durch ihre Entscheidungsfreude die Durchlaufzeiten betrieblicher Vorgänge beschleunigt oder ob sie durch ihre Bequemlichkeit oder Entscheidungsangst verzögert werden. Die Mitarbeiter jedenfalls werden durch Nichtentscheiden in ihrem Tatendrang gebremst und längerfristig dadurch auch demotiviert. Nicht zuletzt die Kunden, hinter deren Kontakt mit der Bank ja eine bereits getroffene Entscheidung steht, erwarten zu Recht auch möglichst schnelle Entscheidungen ihres Geschäftspartners in einer Welt, deren Volatilität an Tempo zugenommen hat.

Aus meiner Sicht (Josef Wiedenmann)

Kurze und hindernisfreie Entscheidungswege sind ein sehr großer Vorteil. Gerade im täglichen Geschäftsbetrieb zeigt sich das immer wieder. Vor allem im Aktivgeschäft sind heutzutage zum Wohle des Kunden oft sehr schnelle Entscheidungen und Rückmeldungen erforderlich.

In unserem Haus stehen die meisten Türen offen. Man kann sagen, dass alle Mitarbeiter (auch der Vorstand), falls sie sich nicht gerade telefonisch oder persönlich im Gespräch bzw. Kundengespräch befinden oder gerade an einer Besprechung teilnehmen, sofort für jeden einzelnen Mitarbeiter, aber auch für Kunden zur Verfügung stehen.

Angelegenheiten können dann oft sofort erledigt oder weiterbearbeitet werden. Es baut sich kein Druck in Form von noch unerledigten oder aufgeschobenen Aufgaben auf. Man hat den Kopf freier und kann sich unbeschwerter der täglichen Arbeit widmen.

Diese effizienten und kurzen Entscheidungswege wirken sich meiner Meinung nach positiv zum Wohl der Mitarbeiter und der Kunden aus und tragen somit zum Erfolg des Unternehmens bei.

Konsequentes Handeln   11

Respekt für die Spielregeln ist auch vom Chef gefordert

> Führen ohne Druck heißt nicht: Kuscheln ohne Ende. Dieses Missverständnis erläutere ich immer wieder in meinen Vorträgen oder Gesprächen. Auch in einem Unternehmen, gibt es geschriebene und ungeschriebene Spielregeln, an die sich die Beteiligten halten müssen.

Es steht in keiner Arbeitsanweisung und wird nirgendwo explizit mitgeteilt, dass man Vertrauen nicht missbrauchen darf. Das gehört zu jenen Tugenden, die sich von selbst verstehen. Es bedarf daher auch keiner Sanktionsandrohung, um entsprechendes (Wohl-)Verhalten sicherzustellen. Es genügt der gesellschaftliche Konsens, dass sich solche Trickser und Betrüger selbst unter den Druck möglicher Entdeckung und dann sicherer Sanktionierung setzen.

In unserem Unternehmen bringen die Führungskräfte den Mitarbeitern großes Vertrauen entgegen. Genauso verhält es sich umgekehrt, wie das Ergebnis der Mitarbeiterbefragung durch Wissenschaftler der Ruhr-Universität Bochum belegt.

Verstöße gegen Regeln erfordern konsequente Reaktion

Leider kommt es im menschlichen Zusammenleben immer wieder mal vor, dass gegen Regeln verstoßen wird. In solchen Fällen ist von einer Führungskraft eine konsequente Reaktion gefordert. Je nach Schwere des „Delikts" kann das bis zu arbeitsrechtlichen Konsequenzen führen. Dies gebietet schon der Respekt vor jenen, die die Spielregeln einhalten und darauf vertrauen, dass alle anderen das auch tun. Dieses Vertrauen zu schützen ist Aufgabe der Führungskraft. Die Flucht ins Wegschauen oder großzügige Tolerieren ist verboten.

Konsequentes Handeln ist vor allem auch dann erforderlich, wenn die Leistungen eines Mitarbeiters objektiv unzureichend sind und eine Perspektive zum Besseren sich trotz Unterstützung nicht einstellt. Dann gibt es nur zwei Möglichkeiten: den Versuch, dem Mitarbeiter einen anderen Aufgabenbereich zu übertragen, der seiner Qualifikation oder seinen Vorlieben eher entspricht, oder die Trennung. Dazu ist es durchaus schon gekommen. Auch hier ist der Schutz jener, die mit dem gegenseitigen Vertrauen aufrichtig umgehen, das zentrale Motiv.

In unserem Unternehmen ist die Eigenmotivation ein wichtiges Element, da es weder Einzelziele noch Produktziele für die Mitarbeiter im Vertrieb gibt.

Sanktionen sind der letzte Schritt

Es würde der Gruppendynamik extrem schaden, wenn wir einen Mitarbeiter innerhalb des Teams auf Dauer ohne Verbesserungsversuche akzeptieren würden, der hinter den gemeinsamen Anstrengungen und Erwartungen zurückbleibt. Das Einschreiten der Vorgesetzten ist Ausdruck gerechten Umgangs mit allen.

Da es in unserer Bank im Zusammenhang mit anderen Maßnahmen wie zum Beispiel dem Kritikgespräch oder der Fehlerkultur steht, werden Sanktionen genau als das verstanden, was sie sein sollen und sind: der letzte Schritt.

Wir erwarten von allen Mitarbeitern, nicht nur im Vertrieb, eine gute Arbeitsleistung. Gleichzeitig erwarten alle Mitarbeiter dies auch von den Führungskräften. Einer der Grundsätze, der dabei von beiden Seiten beherzigt wird, heißt: „Führen ohne Druck bedeutet nicht: Kuscheln ohne Ende."

> **Aus meiner Sicht (Wolfgang Schiller)**
> Für den Tätigkeitsbereich im Kreditgeschäft besteht eine von der Geschäftsleitung vermittelte Philosophie, aus der sich ein bestimmter Orientierungsrahmen als Voraussetzung für Kreditvergaben ergibt. Solange diese Philosophie generell als richtig angesehen wird, ist es wichtig, dass in der Praxis nicht wesentlich davon abgewichen wird. Ein großzügiger Umgang mit Ausnahmen könnte die Grundprinzipien schnell verwässern und deren Akzeptanz schwinden lassen.
> Im Laufe der Jahre wurde der gesteckte Orientierungsrahmen zwar angepasst und allgemein etwas gelockert. Auf eine möglichst konsequente Einhaltung wird jedoch weiterhin geachtet. Dies geschieht nicht nur seitens der Mitarbeiter, sondern auch seitens der Geschäftsleitung.

Authentizität

12

Kein Alibi für unkontrolliertes Verhalten

> Authentizität, so definiert es das Lexikon, bedeutet, dass das Handeln einer Person nicht durch äußere Einflüsse bestimmt wird, sondern in der Person selbst begründet liegt. Daraus lässt sich allerdings nicht ableiten, dass solch „echtes Verhalten" einen Wert an sich darstellt. Gerade im betrieblichen Miteinander gibt es dafür Grenzen.

Müssen Führungskräfte immer authentisch sein? Ist das für ihre Führungsaufgabe überhaupt zielführend?

Ich sage: „Jein".

An anderer Stelle in diesem Buch, im Kapitel „Kritikgespräch" ist von einer Führungskraft die Rede, die ihren Unmut und Kritik wegen des Fehlverhaltens eines Mitarbeiters lautstark vor anderen Mitarbeitern äußerte. Das Geschrei zeugte zwar nicht von guten Manieren. Auf der einen Seite war das Verhalten dieser Person absolut authentisch. Andererseits wusste jeder der Beteiligten: Der Chef pflegt in solchen Situationen seinem Unmut Luft machen. Er war eine Persönlichkeit, die, wie man so schön sagt, kein Blatt vor den Mund nahm.

Für die Führungswirksamkeit und die Autorität dieses Vorgesetzten war sein Verhalten jedoch nicht zuträglich. Obendrein ließ er auf die mitunter in einer Phase der überbordenden Emotionen verbal angedrohten Konsequenzen niemals Taten folgen. Für das Unternehmen wäre es besser gewesen, wenn sich die Führungskraft weniger authentisch verhalten hätte, sondern das Fehlverhalten des Mitarbeiters in einem ruhigen und sachlichen Gespräch unter vier Augen geregelt worden wäre.

Authentizität kennt ihre Grenzen

Authentizität darf aus meiner Sicht nicht als Grund und Alibi für Unbeherrschtheit verwendet werden. Authentisch ist eine Führungskraft dann, wenn die grundsätzlichen Werte wahrnehmbar kommuniziert und vor allem vorgelebt werden. Dabei ist es unerlässlich, dass sich gerade die Führungskraft an die ausgesprochenen, an die geschriebenen und ungeschriebenen Regeln des Zusammenwirkens im Unternehmen hält.

Der Authentizität sind nach meiner Meinung dort die Grenzen gesetzt, wo sie die Normen eines Sozialverhaltens verletzt oder eben gegen Spielregeln eines Unternehmens oder gesetzliche Vorschriften verstößt.

Im Laufe meines Berufslebens lernte ich mehrere Vorgesetzte kennen, die ständig auf der „Jagd" nach sich bietenden, persönlichen Vorteilen waren. Gleichzeitig aber blockten sie die materiellen Interessen der Mitarbeiter unter der immer wieder geäußerten Begründung der notwendigen Kosteneinsparung ab. Diese Führungskräfte waren zweifellos authentisch. Sie offenbarten ihre Gier und verhielten sich auch so. Zwischen Sprechen und Handeln jedoch war kein Gleichklang gegeben. Wie im Fall der lautstarken Kritik wäre es auch bei diesem „Wert" unter dem Aspekt der Führungswirksamkeit angebracht, nicht authentisch zu sein. Das dürfte allerdings genauso schwer fallen.

Inszenierte Tugenden dienen nicht als Vorbild

Nicht viel besser als mit ausgelebten Untugenden verhält es sich mit geschauspielerten Tugenden. Denn die sichtbare Authentizität von Führungskräften kann auch inszeniert sein. In der Regel wird dies sehr bald von den Mitarbeitern erkannt. Denn meist wird auf diesem Weg gleich mehrerlei Druck aufgebaut: „Nehmt mich zum Vorbild!", „Ich bin echt, kommt mir bloß nicht falsch!", „Wenn ich so viel von mir preisgebe, erwarte ich das auch von euch!" oder „Ich bin eben so, das habt ihr zu akzeptieren." Wer solche Inszenierungen auf den Prüfstand stellt, wird fast immer feststellen, dass eine Umkehrung des Prinzips undenkbar ist. Wehe, ein Mitarbeiter würde sich derlei anmaßen!

Beispiel „Menschliches Miteinander": Eine Führungskraft, die im Laufe des Jahres ihre Mitarbeiter gering schätzt und von ihnen nur wenig als Menschen Notiz nimmt, wird mit einem Lob und Anerkennung bei einer Betriebsfeier nicht authentisch wirken. Allein ihre Körpersprache und Stimme wird in den Gästen ein unangenehmes Gefühl auslösen.

Beispiel „Soziales Engagement": Eine Führungskraft, die ihren Mitarbeitern beim Mitmachen in der Freiwilligen Feuerwehr und anderen sozial geprägten Einrichtungen Hindernisse in den Weg legt oder nicht großzügig mit den möglichen Folgen solchen Engagements umgeht, wird auf wenig Anerkennung stoßen, wenn sie ihre eigenen Verpflichtungen im Ehrenamt groß hervorkehrt.

Beispiel „Disziplin": Eine Führungskraft, die penibel die Kleiderordnung ihrer Mitarbeiter überprüft und schon kleinste Verstöße zum Anlass für entsprechende Zurechtweisungen und Erziehungsvorträge nimmt, selbst aber seine Antipathie gegen saubere

Schuhe oder ordentlich geknotete Krawatten zur Schau trägt, wird kaum als geradlinig empfunden werden, sondern als schikanös.

Emotionen sind kein Wert an sich

Ich erinnere mich an ein lange zurückliegendes Gespräch mit einer jungen, zukünftigen Führungskraft, in dem mir dieser Mitarbeiter erläuterte, er wolle sich nicht verbiegen lassen, er wolle so sein, wie er ist. Anlass des Dialogs war ein Gespräch, das kurz zuvor stattgefunden hatte und in dem sich der Mitarbeiter buchstäblich „ausk….". Im jetzigen Gesprächstermin sagte er mir dann, danach habe er sich wieder wohler gefühlt. Bei mir war genau das Gegenteil der Fall: Ich hatte mich wie eine Mischung aus Müllhalde und Kläranlage gefühlt, aber nicht als angesprochener Partner und Kollege.

Gelebte Authentizität versus sachlicher Umgang miteinander? Der richtige Weg ist dort, wo das Verhalten im Interesse des Unternehmens ist. Aus meiner Sicht ist es sehr wichtig, dass Führungskräfte, so gut es nur geht, authentisch sind. Die Grenze der Authentizität ist jedoch dann erreicht, wenn sie gegen Spielregeln verstößt oder andere verletzt und damit dem Unternehmen schadet.

Idealerweise ist jemand als Führungskraft geeignet, der durch authentisches Führen eine gewachsene und natürliche Autorität erzielt.

Aus meiner Sicht (Brigitte Vogg)

Authentizität von Vorgesetzten finde ich persönlich sehr wichtig. Mitarbeiter die wissen, dass sie von ihrem Vorgesetzten geschätzt und anerkannt werden, kommen gerne an ihren Arbeitsplatz und sind entsprechend motiviert.

Jedoch muss der Vorgesetzte bei eventuell auftretenden Problemen die Situation immer im Einzelfall bewerten, damit er zum Wohle des Unternehmens entscheiden kann.

Aus meiner Sicht (Marlene Vogeser)

Zuerst musste ich unter „ein anderes Wort" die Synonyme zu Authentizität mir ansehen. „Echtheit, Glaubwürdigkeit, Zuverlässigkeit, Originalität" waren die angezeigten Begriffe. Alles gute Eigenschaften!

Wenn eine Führungskraft diese vermitteln und vorleben kann, wäre das ideal. Als sehr wichtig empfinde auch ich, dass sich die Führungskraft an die ausgesprochenen, an die geschriebenen und ungeschriebenen Regeln des Zusammenwirkens im Unternehmen hält. Das ausgesprochene Wort muss Gültigkeit haben und soll nicht Trug und Schein sein. Führungskräfte sollten Vorbildfunktion einnehmen, sich mit dem Unternehmen identifizieren und dies durch eine korrekte, offene und natürliche Art zum Ausdruck bringen.

Angemessene Bezahlung

Gerechtigkeit ist nicht zählbar

> Eine der schwierigsten Aufgaben überhaupt ist die möglichst gerechte Bezahlung der Mitarbeiter unter der Gegebenheit, dass dabei weder im Markt- noch im Betriebsbereich ausschließlich auf Zahlen abgestellt wird. Aber die Frage ist zulässig: Ist eine Bezahlung allein deswegen gerecht, weil sie sich zum Beispiel an reinen Vertriebsleistungen orientiert? Die Antwort liegt auf Hand: im Prinzip ja, aber in der Lebenswirklichkeit nicht.

Die Gründe sind jedem bekannt, der Führungsverantwortung in Vertrieb und Verkauf innehat: Die Mitarbeiter im Marktbereich A bewegen sich in einer strukturell sehr guten Gegend, die des Marktbereichs B in einem Geschäftsbereich, dessen sozioökonomische Daten eher unzureichend sind. Wie sind die jeweiligen Leistungen dann zu beurteilen? Möglicherweise leistet der Vertriebsmitarbeiter im Marktbereich B weitaus mehr als Marktbereich A und kann trotzdem niemals die Vertriebsproduktion von A erreichen. Eine schwierige Situation für die Führungskraft, zumal sich Vertriebsgebiete genauso wie Produktbereiche nie absolut ausgeglichen einstellen lassen.

Subjektiv gesehen ist Großzügigkeit besser als knausern

Grundsätzlich prallen bei der Frage nach dem abstrakten Begriff „Gerechtigkeit" die subjektive Einschätzung der Führungskraft und der Mitarbeiter aufeinander. Stimmen diese Einschätzungen überein, dann ist ja alles gut. Der Fall, dass die Einschätzungen auseinandergehen, tritt allerdings deutlich häufiger ein. In diesem Fall gilt nach unserer Philosophie heute die Maxime, eher etwas großzügiger zu sein als zu knausern.

Diese Großzügigkeit ist nicht an Zahlen allein gebunden, sie zeigt sich in der grundsätzlichen Einstellung zur gemeinsamen Arbeit. Sie ist letztlich nichts anderes als eine Investition: Erfolgreiche Mitarbeiter sind nicht erst in der heutigen Zeit ein wertvolles Gut. Das gilt es zu pflegen, wobei Kommunikation sich als probates Pflegemittel erwiesen hat.

Grundsätzlich werden offene Gespräche zwischen Mitarbeiter und Führungskraft immer zu einem für beide Seiten tragbaren Konsens beitragen. Zumal in vielen wissenschaftlichen Projekten festgestellt wurde, dass nicht allein die Höhe des Gehalts, sondern Faktoren wie zum Beispiel Betriebsklima, Arbeitsplatzsicherheit und der Ruf des Unternehmens in der Öffentlichkeit eine gewichtige Rolle spielen.

Objektiv gesehen sorgt das Gehaltstableau nicht für Gerechtigkeit

Es scheint uns daher auch nicht zielführend, wie so oft praktiziert, in Stellenbeschreibungen neben den fachlichen und menschlichen Kriterien auch die Eingruppierung im Gehaltstableau zu definieren. Die zu erfüllenden Aufgaben, in diesem Fall laut Stellenbeschreibung, können von den Stelleninhabern im einen Unternehmen hervorragend, von ihren Kollegen beim Wettbewerb aber unzureichend ausgeführt werden. Und das bei – per Stellenbeschreibung garantierter – gleicher Bezahlung?

Wir können es drehen und wenden, wie wir wollen: Die gerechte Höhe des Gehalts wird in der Betrachtungsweise von Arbeitnehmerseite wie von Arbeitgeberseite immer fraglich und subjektiv bleiben. Sie zu versprechen oder gar ausarbeiten zu wollen ist daher ein Ding der Unmöglichkeit. Vielleicht sind Angehörige der Finanzbranche ja sogar im Vorteil, wenn man das verstehen will. Das Einpreisen emotionaler Faktoren ist ja zumindest an der Börse gang und gäbe. Übertragbar sind die dort gewonnenen Erkenntnisse auf die Lohn- und Gehaltszahlung allerdings nicht: Wer akzeptiert schon ein täglich schwankendes, auf Gefühlen basierendes Honorar für seine Arbeit?

Wir bezahlen unsere Mitarbeiter im Durchschnitt höher als vergleichbare Institute, erzielen dafür aber auch eine wesentlich höhere Produktivität pro Mitarbeiter.

Aus meiner Sicht (Marlene Lippl)

Die tariflichen Eingruppierungen meiner Kolleginnen und Kollegen sind mir im Einzelnen nicht bekannt. Die gesamte Belegschaft hat jedoch im März 2012 an einer anonymen Mitarbeiterumfrage der Ruhr-Universität Bochum teilgenommen. Die Frage „Ich werde angemessen für meine Arbeit bezahlt" wurde mit 5,2 von möglichen 6 Punkten beantwortet. Umgerechnet entspricht dies einer Zufriedenheit von 87 Prozent. Das halte ich für sehr gut, weil vermutlich niemand die Frage, ob er angemessen bezahlt wird, mit einer hundertprozentigen Zustimmung beantwortet. Es könnte ja immer noch ein bisschen mehr sein.

Meine eigene Eingruppierung als fair und angemessen zu bezeichnen, fällt natürlich auch mir schwer, wäre jedoch ehrlich. Einsatz und Leistung wird anerkannt und honoriert, sowohl entgeltlich als auch unentgeltlich.

14 Kommunikation und Information innerhalb des Unternehmens

Raus aus der Einbahnstraße

> Nicht erst seit den jüngsten Gedankenspielen in Sachen „political correctness" ist klar: Information ist etwas anderes als Kommunikation. Die Empfänger von Botschaften bewerten nicht nur, WAS wir sagen, sondern auch WIE wir etwas mitteilen. Gerade unter dem Leitgedanken von „Führen ohne Druck" lohnt es sich daher, der Kommunikation erhöhte Aufmerksamkeit und Sorgfalt zu schenken.

Kommunikation und Information innerhalb des Unternehmens: Eine grundsätzliche Unterscheidung der beiden Begriffe sehen wir üblicherweise darin, dass wir uns bei der Kommunikation im Gegenverkehr bewegen, während die Information zunächst mal in einer Einbahnstraße unterwegs ist. Im Unternehmen ist oft von „wir kommunizieren" die Rede, während eigentlich „wir informieren" gemeint ist: Sachverhalte werden an einen, mehrere, eine Gruppe von Mitarbeitern oder an alle Mitarbeiter vermittelt.

Diese Informationen werden in der Regel von den Mitarbeitern für das tägliche Geschäft benötigt. Dazu benutzen wir in unserem Hause fast ausschließlich den Kanal Intranet. Unterschieden wird dabei zwischen jenen Infos, die regelmäßig anfallen, und solchen, die durch ein internes oder externes Signal ausgelöst wurden.

Eindeutige und verständliche Botschaften kommen an

Wenn es sich dabei nicht sowieso um standardisierte Botschaften handelt – „Bitte beachten Sie: Ab Montag gilt der neue Türcode an der rückwärtigen Eingangstür" – oder rein um eine Übermittlung von Zahlen – „Die EZB hat heute die Anhebung der Leitzinsen auf 1,25 Prozent beschlossen" – gelten grundsätzliche Regeln zur besseren Verständlichkeit.

So ist besonders darauf zu achten, dass die Formulierungen im Text der E-Mails zum übermittelten Sachverhalt für den Empfänger eindeutig und unmissverständlich sind. Verwickelte Inhalte oder mit Phrasen umschriebene Aussagen führen im besten Fall zu nichts, im schlimmsten Fall zu Verwirrung, Ärger und Fehlern. Auf jeden Fall entwickeln sich aus unklaren Botschaften stets zeitintensive Rückmails oder Anrufe.

Wenn Führungskräfte individuelle E-Mails an Einzelne oder an Gruppen von Mitarbeitern versenden, dann ist ganz besonders wichtig, dass diese E-Mails sich an „gewaltfreier Kommunikation" orientieren. Fordert etwa eine Führungskraft bei einem Mitarbeiter mittels E-Mail Unterlagen an, die zu einem bestimmten Zeitpunkt benötigt werden, dann lautet eine Variante: „Folgende Unterlagen sind mir bis spätestens bis 25. September in Papierform vorzulegen!"

Die andere und bessere Möglichkeit: „Lieber Herr Mustermitarbeiter, zur Vorstandssitzung am 30. September. möchte ich auf folgende Unterlagen von Ihrer Seite zurückgreifen... Damit ich mich noch ausreichend einlesen kann, bitte ich Sie, mir die Akten baldmöglichst, spätestens aber im Laufe des Vormittags des 25. September zu überlassen. Vielen Dank!"

Der Zeitaufwand für den zweiten Text ist vielleicht zehn Sekunden höher. Auf Grund welchen E-Mails fühlt sich der beauftragte Mitarbeiter wohl besser und motivierter? Welche wird als Befehl verstanden und welche als Information? Welche lädt zum Mitdenken ein und welche zum Abarbeiten?

Führungskräfte sind auch in der Kommunikation Vor- und Leitbild

Führen heißt hier ganz eindeutig: Vorbild sein. Auch Mitarbeiter untereinander werden sich, wenn sie mittels E-Mail kommunizieren, über kurz oder lang an dem Schreibstil der Führungskräfte orientieren. Eine angestrebte Veränderung der Unternehmenskultur entwickelt sich immer von oben nach unten. Das gilt natürlich nicht nur bei der Formulierung von E-Mails, sondern auch in allen anderen Bereichen der betrieblichen Zusammenarbeit.

Wie in der verbalen Kommunikation verfehlt ein freundlicher Ton auch im Intranet seine positive Wirkung nicht. Und kostet nichts! Dies gilt natürlich auch für die Mitarbeiter untereinander. Wobei auf dieser Ebene ein „Hallo" akzeptabel ist, was zwischen Vorgesetzten und Mitarbeitern etwas zu flapsig wirken kann.

Welche Botschaften für eine Kommunikation mittels E-Mail geeignet sind, sollte genau überlegt sein. Mir wurde mehrfach bekannt, dass Mitarbeiter größerer Unternehmen mittels E-Mail die Mitteilung erhielten, dass ihnen auf Grund von Restrukturierungsmaßnahmen die Kündigung bevorsteht. Aus meiner Sicht ein unglaublicher Vorgang. Wo waren da die Führungskräfte, die den Betroffenen in all ihrem Leid und den Sorgen vor der Zukunft Auge in Auge gegenüber sitzen?

E-Mails taugen nicht für jede Nachricht

Das sind Fälle anspruchsvoller Kommunikation, in denen das Medium E-Mail nicht zur Übermittlung von Nachrichten taugt. Auch offene oder unterschwellige Kritik mittels E-Mail ist zu vermeiden – obwohl die Verlockung groß ist, selbst in Deckung zu bleiben und aus der elektronischen Distanz heraus zu tadeln. Der Empfänger hat dadurch keine Möglichkeit sich zu rechtfertigen und eventuell durch entsprechende Informationen und Tipps der Führungskraft zukünftig diesen Fehler zu vermeiden.

Man sollte daran denken: „Führen heißt anderen zum Erfolg zu verhelfen."

Die Führungskraft schreibt folgende E-Mail: „Zum wiederholten Male muss ich nun feststellen, dass die Qualität Ihrer Arbeit sehr zu wünschen übrig lässt. Erneut fiel mir auf, dass verschiedene Kundentermine nicht eingehalten wurden." Der Mitarbeiter wird vermutlich mit einer E-Mail antworten, in der er sich zu rechtfertigen versucht.

Beide Seiten opfern in der Regel wertvolle Arbeitszeit im Hin und Her der Vorwürfe und Rechtfertigungen, anstatt auf das in diesem Fall absolut ungeeignete Medium „Intranet" zu verzichten und stattdessen einen Gesprächstermin zwischen Führungskraft und Mitarbeiter zu vereinbaren.

Zweckmäßiger und motivierender wäre für den Mitarbeiter ein E-Mail der Führungskraft im folgenden Wortlaut gewesen: „Lieber Herr Mustermitarbeiter, mir ist aufgefallen, dass es in letzter Zeit verschiedentlich Probleme bei der Einhaltung von Terminen gab. Um zu klären, worin Sie die Ursachen dafür sehen und womit ich Sie unterstützen kann, möchte ich mit Ihnen ein persönliches Gespräch führen, entweder am …. um…. oder am …. um… in meinem Büro. Bitte bestätigen Sie mittels E-Mail den für Sie passenden Termin. Danke!"

Informationen nicht durchreichen, sondern austauschen

Einen hohen Stellenwert messen wir in unserem Unternehmen Besprechungen mit Gruppen von Mitarbeitern bei. Sie finden regelmäßig zu einem festen Termin statt. So gibt es in unserem Haus einen Führungskreis, der wöchentlich zusammenfindet, einen Arbeitskreis Vertrieb, der sich monatlich zu Sitzungen trifft, eine wöchentliche Kreditbesprechung mit Mitarbeitern aus Markt- und Marktfolge und fest vereinbarte Einzelgespräche mit einigen anderen Mitarbeitern. Situativ bedingt kommt es darüber hinaus hin und wieder zu außerplanmäßigen, kurzfristig einberufenen Besprechungen.

Der Sinn der Zusammenkünfte besteht in der wechselseitigen Weitergabe von Informationen zwischen den Führungskräften und den Mitarbeitern. Wichtige und auch weniger wichtige geschäftspolitische Entscheidungen werden im Führungskreis erläutert und diskutiert. Dabei bereichert es alle Beteiligten, wenn jeder von den Teilnehmern eingebrachte Aspekt wirklich ernsthaft überdacht und in Beschlüsse einbezogen wird.

Eindeutige Entscheidungen sind besser als ein quälender Konsens

Nicht immer lässt sich dabei ein Konsens erreichen, mitunter wäre das auch nicht zielführend. Dann geht es darum, dass die Führungskräfte eine Entscheidung treffen. Dazu sind Führungskräfte schließlich da. Letztlich aber wird jeder Sitzungsteilnehmer mit dem Ergebnis zufrieden sein, da er seine eigenen Überlegungen einbringen konnte und diese geprüft wurden. Nichts fällt unter den Tisch, nichts wird ignoriert. Es ist dann davon auszugehen, dass der Mitarbeiter auch nach außen hin hinter der Entscheidung steht, obwohl er selbst sie anders getroffen hätte.

Im Vertriebsarbeitskreis geht es insbesondere darum, zu erörtern, welche Produkte wir unseren Kunden in der jeweiligen Situation an den Geld- und Kapitalmärkten anbieten. Da es in unserem Unternehmen, wie bereits dargestellt, keine Produktziele gibt, handelt es sich in diesem Gremium überwiegend um einen Meinungsaustausch.

Die wöchentliche Kreditbesprechung umfasst, insbesondere für die Führungskräfte, zum einen die Information über wissenswerte Kreditanfragen, die gerade auf dem Tisch liegen. Außerdem geht es um die wirtschaftliche Entwicklung bereits bestehender Engagements oder in einigen wenigen Fällen auch um Kreditentscheidungen, bei denen Marktmitarbeiter und Marktfolgemitarbeiter nicht zu einem eindeutigen Votum geneigt waren.

Über den Inhalt der Besprechungen in Führungskreis und Vertriebsarbeitskreis werden Protokolle gefertigt, auf die jeder Teilnehmer im Intranet Zugriff hat.

Den Wissensdurst der Mitarbeiter stillen

Information ist ein sehr wichtiges Führungsinstrument, betrifft sie doch den Faktor Wissen. Dabei ist zunächst zu unterscheiden zwischen dem fachlichen Wissen, das jeder Mitarbeiter benötigt, um seine Arbeit zu erledigen, sowie dem Wissen, welche Neuigkeiten es im eigenen Unternehmen gibt. Deshalb müssen hier auf allen Ebenen Informationen bereitgestellt werden, um den „Wissensdurst" der Mitarbeiter zu stillen.

Die Weitergabe von fachlichen Informationen ist selbstverständlich und betriebsnotwendig. Weitergabe oder Verschweigen von Informationen rund um das betriebliche Geschehen sind ein Teil der Motivation oder Demotivation der Mitarbeiter. Außerdem führt eine unnötige Geheimhaltung von Geschehnissen im Betrieb zum berüchtigten „Flurfunk", der nachweislich mehr Schaden anrichtet, als er Nutzen stiftet – und wenn es nur die dadurch verlorene Zeit für Wichtigeres ist.

Warum sollte es zum Beispiel nicht mittels Intranet für alle zugänglich veröffentlicht werden, wenn ein Arbeitsvertrag mit einem neuen Mitarbeiter geschlossen wurde? Warum sollte die Kündigung eines Mitarbeiters hinter dem Berg gehalten werden?

Zügig Klarheit schaffen oder ehrliche Gründe fürs Schweigen nennen

Wenn allgemeine Information zurückgehalten werden, ist ohnehin davon auszugehen, dass manche Dinge schon die Spatzen von den Dächern pfeifen. Auch auf die persönliche Frage von Mitarbeitern zum allgemeinen betrieblichen Geschehen sollte nicht irgendeine ausweichende Antwort gegeben werden, sofern die Fakten klar und entschieden sind. Fragen seitens der Mitarbeiter signalisieren meistens echtes Interesse am Unternehmen und das ist gut so. Auch hier ist eine Veröffentlichung der Antwort überlegenswert – denn was dem einen nicht klar ist, kann auch bei anderen in Frage stehen.

Am allerwichtigsten ist bei einer Antwort auf Fragen seitens der Mitarbeiter, dass die Führungskraft entweder zügig wahrheitsgemäß Auskunft gibt oder klar verständlich macht, dass gegenwärtig zur Sache nichts gesagt werden kann. Eine Lüge, auch wenn sie die Führungskraft als Notlüge sieht, wird der Mitarbeiter niemals wirklich verzeihen. Im schlimmsten Fall führt sie dazu, dass – ausgehend vom führenden Vorbild – künftig Unwahrheiten als Kavaliersdelikt betrachtet und zum akzeptierten Standard werden.

Zuhören ist die Grundlage effizienter Kommunikation

Auch wenn an dieser Stelle nur einige Aspekte von Kommunikation und Information beschrieben sind, halte ich beides für extrem wichtige Elemente im gesamten Führungsverhalten. Wobei das, was aus dem Mund herauskommt, in einer engen Beziehung mit dem steht, was ins Ohr hineingeht. Aufmerksames Zuhören ist die Nahrung guter Kommunikation.

Auf diesem Feld gilt in besonderem Maße das Prinzip vom lebenslangen Lernen und von der Bereitschaft zur Veränderung. Die Kosten oder der Zeitaufwand für den einen oder anderen kleinen Wandel im eigenen Verhalten stehen in keinem Verhältnis zum Zuwachs an Motivation, der sich bei den Mitarbeitern einstellt.

Ob es nun die Empfehlung sein soll „Behandle deine Mitarbeiter so, wie du selbst gerne behandelt werden möchtest!" oder die alte Redensart „Wie man in den Wald hineinruft, so schallt es heraus": Wer wirksam und glaubwürdig kommunizieren will, muss raus aus der Einbahnstraße und sich auf Gegenverkehr einstellen.

> **Aus meiner Sicht (Tanja Kuhn)**
> Bei uns im Hause ist es üblich, dass man sich grüßt, zum Beispiel wenn man sich auf dem Gang trifft. Daher ist es meines Erachtens auch wichtig, dass in einer E-Mail eine Anrede- und eine Grußformel enthalten sind.
> E-Mails sind für Informationen wichtig und auch richtig. Schließlich werden hier bestimmte, in manchen Fällen auch alle Mitarbeiter gleichzeitig über einen gewissen Sachverhalt informiert. Dies geht schnell und jeder verfügt über die gleiche Information; sie kann im Zweifelsfall auch nochmal nachgelesen werden.

Es wird natürlich auch immer Dinge geben, für die ein persönliches Gespräch sinnvoller und auch menschlicher ist. Eine E-Mail wird und kann ein persönliches Gespräch nicht ersetzen. Für die Bereitstellung von Informationen bzw. unpersönlichen Dingen, auch von benötigten Unterlagen, die weniger eilig sind, ist eine E-Mail der einfachste, schnellste und effizienteste Weg.

Was Besprechungen und Meetings angeht, halte ich es für sehr wichtig und sinnvoll, dass ein Meinungsaustausch stattfindet, und dass nicht nur „von oben herab" bestimmt und ein Ergebnis oder Beschluss nur mitgeteilt wird. Schließlich kann ja von jedem Mitarbeiter aus dem jeweiligen Kreis ein guter Vorschlag oder Ansatz kommen. Wichtig ist meines Erachtens vor allem, dass dieser Meinungsaustausch offen und ehrlich stattfindet, und dass jeder Beteiligte seine Vorschläge offen äußern kann.

Gegenseitiges Vertrauen

Ein Vorschuss, der erfolgreiches Miteinander erst möglich macht

15

> Mit Misstrauen und Kontrollzwang richten Vorgesetzte mehr Schaden an, als sie Nutzen schaffen. Eine solche Einstellung spiegelt sich in Zweifeln und Argwohn der Mitarbeiter und bringt die Bilanz im beruflichen Miteinander ins Ungleichgewicht. Sieht man Vertrauen als Geschäft auf Gegenseitigkeit und als tragende Kraft im menschlichen Miteinander, entfaltet es dagegen eine höchst produktive Eigendynamik.

Ein äußerst wertvolles Gut im zwischenmenschlichen Miteinander ist das Vertrauen. Zwar mögen die Gewichte zwischen seiner Bedeutung im Privat- und im Berufsleben unterschiedlich sein, aber so schmal wie dort ist die Bandbreite nirgendwo sonst, außerhalb derer persönliche Beziehungen in Zweifel gestellt oder beschädigt werden. Vertrauen, sofern es jemals erworben wurde, kann daher sehr schnell verloren gehen. Es wieder zurück zu erwerben, ist nur sehr schwer oder gar nicht möglich.

Ohne Vertrauen ist ein erfolgreiches Miteinander auf geschäftlicher und beruflicher Ebene überhaupt nicht möglich. Nicht umsonst kämpft die Finanzbranche derzeit darum, das Vertrauen der Kunden zurückzugewinnen. Auch Parteien und Politiker wollen ihre Glaubwürdigkeit bei den Bürgern zurückgewinnen. Medien und Kirchen versuchen, der Abwanderung von Anhängern entgegen zu wirken, die ihr Vertrauen in „das Wort" verloren haben.

Wie schwer das fällt, ist daran zu erkennen, dass die Finanzbranche in der Rangfolge der angesehensten Berufe nach wie vor ganz unten eingestuft wird. Nicht viel besser geht es den Politikern und den Journalisten.

Kunden vertrauen auf ihr Misstrauen

Seit einiger Zeit weisen die entsprechenden Zahlen eine neue Dynamik auf. Aus einer schleichenden Erosion und einem natürlichen Misstrauen haben sich hier erdrutschartige Verluste ergeben. Das Vertrauen der Bankkunden, der Bürger, der Leser, der Gläubigen wurde aus deren Sicht offenbar missbraucht und ist wohl nicht mehr angebracht. Vorsicht und Misstrauen erscheinen als die geeigneten Ratgeber, um dem Druck der Unsicherheit und des Zweifels zu entgehen, denen sich viele Menschen ausgesetzt sehen.

Im Geschäftsleben ist gegenseitiges Vertrauen, sowohl unter den Mitarbeitern selbst als auch zwischen Führungskräften und Mitarbeitern, ein wichtiger Baustein für das Organisationsklima schlechthin. Wenn allenthalben Misstrauen herrscht, führt dies zu Reibungsverlusten, die ein Unternehmen viel Geld kosten können.

Vor geraumer Zeit erzählte mir ein Bekannter, der in einem großen Unternehmen arbeitet, dass er sämtliche Aufträge, die ihm sein Vorgesetzter erteilt, mittels E-Mail dokumentiert und zum Nachweis an seinen Vorgesetzten wie eine Auftragsbestätigung verschickt. Sollte in diesem Unternehmen das Misstrauen so ausgeprägt sein, wäre dies fatal. Im Unternehmensleitbild dieser Firma ist nachzulesen: „Wir gehen offen und vertrauensvoll miteinander um."

Ich kann mich im Laufe der Jahrzehnte meiner Berufstätigkeit bei vier verschiedenen Banken auch an viele Fälle erinnern, bei denen die negativen Auswirkungen fehlenden Vertrauens und herrschenden Misstrauens abzusehen waren. Zwei davon seien hier geschildert, um sichtbar zu machen, welche Hebelwirkung ein solcher Missstand hat.

Vertrauensverlust für zu Demotivation

Im einen Fall erhielt ein Mitarbeiter, der auf einer Geschäftsstelle beschäftigt war, von einer Führungskraft in wunderbarer Handschrift einen konkreten, detaillierten Auftrag zur Bearbeitung eines Sachverhalts. Bedauerlicherweise stellte sich im Nachhinein heraus, dass der erteilte Auftrag hinsichtlich eines Kundengeschäfts zu mittleren bis schweren Konflikten mit dem Kunden führte. Die Führungskraft zitierte den Mitarbeiter zu sich, verbunden mit entsprechenden Vorwürfen. Der Mitarbeiter hatte jedoch intuitiv das Schriftstück aufbewahrt und legte es auf den Tisch. Daraufhin behauptete die Führungskraft, das habe er nicht geschrieben.

Es ist klar, mit welchem Frust der Mitarbeiter das Chefbüro verließ. Noch verschlimmert hat sich der Vertrauensverlust für die Führungskraft dadurch, dass dieser Vorgang natürlich in kürzester Zeit bei vielen anderen Mitarbeitern die Runde machte.

In einem anderen Fall wurden einem Vertriebsmitarbeiter bei einem meiner früheren Arbeitgeber ohne Rücksprache die Provisionen stark gekürzt, die ihm eigentlich auf Grund der Betriebsvereinbarung zweifellos zugestanden hätten. Für den betroffenen Mitarbeiter war das äußerst demotivierend, für die Führungskraft eine katastrophale Verschlechterung ihres Ansehens, was Berechenbarkeit und Glaubwürdigkeit angeht. Natürlich hat in dieser

Situation auch das Mund-zu-Mund-Intranet im Haus bestens funktioniert, so dass sich der entstandene Vertrauensschaden für die Führungskraft wie ein Flächenbrand auch auf andere Mitarbeiter ausbreitete.

Wie steht es um die Werthaltigkeit der wechselseitigen „Vertrauenskonten"?

Für den Begriff „Vertrauen" im Geschäftsleben gibt es eine Vielzahl von Definitionen. Eine Mischung aus mehreren davon ergibt aus meiner Sicht eine verlässliche Wegweisung: Vertrauen ist der Glaube einer Person an die Richtigkeit und Wahrheit der Aussagen eines anderen, der Glaube an die Redlichkeit des anderen und der Glaube an die Fähigkeit eines anderen, dass dieser bestimmte Handlungen korrekt ausführt. Im Normalfall wird eine Führungskraft diese Eigenschaften bei ihren Mitarbeitern voraussetzen – und umgekehrt werden dies die Mitarbeiter genauso handhaben. Wenn wir davon ausgehen, dass für beide Seiten, die Führungskraft und den Mitarbeiter, ein virtuelles „Vertrauenskonto" besteht, dann hätten oben beschriebene Vorfälle zu erheblichen Abbuchungen zu Lasten des „Führungskräftekontos" geführt und gleichzeitig die Mitarbeiter an der Werthaltigkeit ihres eigenen Kontos zweifeln lassen.

Dies ist umso gefährlicher für das Unternehmen, als sich gerade aus diesem Konto die Produktivität und Leistungsbereitschaft des Mitarbeiters speist – und damit des ganzen Unternehmens. „Führungskräfte, denen die Mitarbeiter das Vertrauen entziehen, haben nicht nur mit der mangelnden Bereitschaft zur Produktivitätssteigerung zu kämpfen: Auf dem Weg zu besserer Leistung verlieren sie ihre entscheidende Ressource", heißt es in dem Aufsatz „Mit neuem Vertrauen zu besserer Performance" von Rafik Amrane, David Jacquemont, Thierry Nautin und Stefan Roggenhofer aus dem Hause McKinsey[1]. Und weiter: „Niemand kennt eine Aufgabe besser als der Mitarbeiter, der mit ihr betraut ist, und niemand kann so gut wie er dazu beitragen, Optimierungspotenziale zu ermitteln. Verzichten Führungskräfte zu Gunsten eines Top-down-Vorgehens darauf, ihre Mitarbeiter in die Suche nach Verbesserungsmöglichkeiten einzubinden, ignorieren sie nicht nur den Großteil an geistiger Kapazität der Organisation, sondern versperren sich selbst den Zugang zu einer sprudelnden Quelle von Informationen zu Leistungsstand und Potenzialen."

Im Rahmen des Veränderungsprozesses in unserem Hause seit dem Jahre 2002 haben wir mit Bedacht die „Mitarbeitervertrauenskonten" mit hohen Guthaben gefüllt. Nur in ganz wenigen Fällen wurden wir dabei enttäuscht, was durchaus auch zu Trennungen führte. In diesem Zusammenhang ist anzumerken, dass bei aller Wertschätzung von „Führen ohne Druck" kein Zweifel daran bestehen darf, dass zumindest bei erheblichen oder aber mehrmaligem Vertrauensbruch Sanktionen bis hin zur Kündigung unausweichlich sind.

---

[1] http://www.mckinsey.de/downloads/kompetenz/operations/111209_Employee_Revolution.pdf

Aus Vertrauen folgt Verantwortung

Vertrauen beschränkt sich nicht darauf, im Umgang miteinander Redlichkeit und Wahrheit zu zeigen. Es verlangt auch, die Fähigkeiten eines Mitarbeiters anzuerkennen und sie zur Grundlage des beruflichen Miteinanders zu machen. Dabei ist es uns im Verlauf der vergangenen zehn Jahre fast immer gelungen, unseren Mitarbeitern sukzessive größere Verantwortung als zuvor zu übertragen. Das hat uns weder Überwindung gekostet noch Risiken beschert. Solche Angstfreiheit ist anscheinend nicht weit verbreitet: Vielfach stelle ich im Gespräch mit externen Führungskräften fest, dass Vertrauen in die Fähigkeit der Mitarbeiter oftmals gar nicht oder in sehr geringem Umfang vorhanden ist.

Als zusätzlichen Beweis erkenne ich das Verhalten von Führungskräften bei Tagungen. Die Kaffeepause hat kaum begonnen, da folgen die ersten Anrufe im Unternehmen oder die Beantwortung von E-Mails. Was ist der Grund? Trauen sich die Mitarbeiter nicht, zu entscheiden? Oder trauen sich die Chefs nicht, entscheiden zu lassen?

Manchmal erlebe ich bei solchen Anlässen auch, wie Führungskräfte sehr negativ über die eigenen Mitarbeiter reden. Da frage ich mich dann immer: Wer ist denn verantwortlich dafür, dass die Mitarbeiter in diesem Unternehmen so sind, wie sie sind oder wie sie beschrieben werden? Wer hat sie eingestellt oder ist in letzter Instanz dafür verantwortlich? Und warum lassen sich die Chefs darüber bei Dritten aus und sprechen nicht mit denen, die es angeht?

„Vertrauen ist gut – Kontrolle ist besser": Aus meiner Sicht eine häufig, lässig und unbedacht benutzte Floskel, um einen ständigen und umfangreichen Überwachungsmechanismus zu rechtfertigen und den eigenen Herrschaftsanspruch zu untermauern. Einer Führungskraft, die nach einem Seminar sehr von einer neuen Software angetan war, mit der es möglich wird, den zeitlichen Ablauf eines Arbeitsvorganges vom Bildschirm der Führungskraft aus zu überwachen, stellte ich die Frage: „Wie würden Sie sich fühlen, wenn Sie von morgens bis abends überwacht würden?" Antwort erhielt ich darauf keine. Ich vermute, er dachte sich seinen Teil.

Fehlendes Vertrauen erhöht die Transaktionskosten

Dabei führt auch eine rein betriebswirtschaftliche Betrachtung des Faktors „Vertrauen" dessen Werthaltigkeit zweifelsfrei vor Augen. Oder, wie es Marcus Reinmuth in seiner Dissertation „Vertrauen schaffen durch glaubwürdige Unternehmenskommunikation"[2] formuliert: „...die Fähigkeit der vertrauensvollen Zusammenarbeit bleibt die Grundlage für die Erfolgsaussicht jedes ökonomischen Unterfangens. Dies ist auch deshalb so, weil bei einem Mangel an Vertrauen ein großer Teil der verfügbaren Ressourcen für die Absicherung bzw. die Minimierung des Risikos aufgebracht werden muss. Um es noch

---

[2] Reinmuth, M.: „Vertrauen schaffen durch glaubwürdige Unternehmenskommunikation", Düsseldorf, 2006

einmal mit den Worten des Ökonomen zu sagen: Fehlendes Vertrauen bewirkt eine Steigerung der Transaktionskosten. Vertrauen ist gerade in der heutigen Zeit Geld wert. Es ist ferner innerhalb des Unternehmens von Vorteil, da die Effizienz der Zusammenarbeit und der Koordination zwischen Mitarbeiter und Unternehmen gesteigert wird. Auf einer vertrauensvollen Basis gedeiht eigenverantwortliches Handeln und Kreativität. Dies stärkt die Leistungskraft eines Unternehmens bei gleichzeitiger Minimierung der Kosten."

In unserem Unternehmen gibt es eine Flexibilisierung der Arbeitszeit dahingehend, dass die Mittagspause täglich verkürzt werden kann und dafür – in Absprache mit den Kollegen der Abteilung – jede Woche ein freier Nachmittag nach Wahl genommen werden kann. Ein Bankvorstand einer anderen Bank hatte davon erfahren. Seine erste Frage war nicht, wie das Ganze funktioniert, sondern ihm brannte auf den Nägeln: „Wie kontrolliert ihr das?"

Vertrauensvorschuss macht sich bezahlt

Wir vertrauen hier und in vielen anderen Bereichen unseren Mitarbeitern und sind fest davon überzeugt, dass wir und unser Unternehmen diesen – das Wort trifft es einfach perfekt – „Vertrauensvorschuss" als Vielfaches zurückbekommen. Was die Kontrolle betrifft, habe ich die Erfahrung gemacht, dass es nicht notwendig und auch nicht motivierend ist, wegen einzelner Ausreißer, die ohnehin irgendwann bloßgestellt werden, die Redlichkeit einer Mehrzahl von Mitarbeitern mit umfangreichen Kontrollen in Frage zu stellen.

Zum Verhalten gegenüber möglichem Vertrauensmissbrauch gilt das bereits Gesagte. Wir würden uns sehr ernsthafte Gedanken machen, ob der Mitarbeiter, der sich durch nicht vorhandene Kontrollen in seinem Bereich Vorteile erschleicht, zu unserem Verständnis von Vertrauen und Führung passt. Voraussichtlich und unserer Erfahrung nach wäre die Entscheidung: Nein. Darauf vertrauen auch die anderen Mitarbeiter.

Aus meiner Sicht (Karlheinz Müller)

Ein gegenseitiges Vertrauensverhältnis mit Vorgesetzen stellt für mich die Grundlage für sinnvolles und effektives Arbeiten dar. Ich habe in meinem Berufsleben bisher immer Vorgesetzte gehabt, auf die ich mich „verlassen" konnte – ein zentraler Grund für meine über 30-jährige Betriebstreue. Es ist doch sehr angenehm, wenn man sich nicht jedes Gespräch und jede Vereinbarung vom Vorgesetzten abzeichnen lassen muss, um später nicht in irgendwelche Schwierigkeiten zu kommen, wenn ein Geschäft mal nicht so läuft, wie man es sich eigentlich gedacht hat. In solchen Fällen den Vorgesetzten hinter sich zu wissen, ist für mich als Mitarbeiter sehr wichtig. Es kommt aus meiner Sicht der Bank zugute, weil dann nicht nach einem Schuldigen gesucht wird, sondern gemeinsam nach einer Lösung des Problems. Das in einen gesetzte Vertrauen kann man aber nur mit absoluter Ehrlichkeit und Offenheit aufbauen und festigen. „Pokerspielchen", Halbwahrheiten und dergleichen sind pures Gift für das Vertrauen. Denn meiner Ansicht nach kommt alles irgendwann heraus – mit fatalen Folgen für ein bestehendes Vertrauensverhältnis.

Aus meiner Sicht (Christa Eisele-Lohmer)
Die ganze Philosophie unserer Bank macht Vertrauen zur Selbstverständlichkeit. Schon durch die gelebte flache Hierarchie wird das gegenseitige Vertrauen sichtbar. Kontrollstellen werden weitestgehend überflüssig. Für mich als Kundenberaterin führt dieser Rückhalt zu einem Handeln nach meinem besten Wissen und Gewissen und somit zu einem angenehmen Arbeitsalltag. Dieses Vertrauen entsteht jedoch nur durch regelmäßigen Kontakt. Aus meiner Erfahrung kann ich sagen, dass das regelmäßige „Vorbeischauen" der Chefs von mir und meinen Kolleginnen und Kollegen als wichtiger Austausch empfunden wird. Wir nehmen diese Besuche als ungezwungen und locker wahr. Daneben habe ich mir bei meiner Führungskraft einen wöchentlichen Termin geben lassen: Themen hierbei sind überwiegend von geschäftlicher, häufig aber auch von privater Natur. Durch diese enge Zusammenarbeit wird neben Vertrauen auch gegenseitiges Verständnis und Ehrlichkeit vermittelt.

Talente richtig einsetzen   16

Qualifikation plus persönliches Interesse ergibt einen „guten Job"

> Statt mit großem Aufwand Schwächen von Mitarbeitern ausmerzen zu wollen und sie an Stellen zu schicken, für die sie sich nicht befähigt fühlen, bringt ein Investment in ihre Stärken die beste Rendite: Zufriedenheit, Begeisterung und am rechten Fleck eingesetztes Talent.

Als unser Unternehmen im Jahre 2002 in einen vollständigen Neustrukturierungsprozess eintrat, war es wichtig zu prüfen, bei welchen Mitarbeitern das eigene berufliche Interesse und die Qualifikation mit den Anforderungen der damals besetzten Stelle übereinstimmten. Offene Gespräche mit den Mitarbeitern brachten letztlich doch viele Divergenzen an den Tag, insbesondere was die beruflichen Neigungen anging. Aber auch Beobachtung und Beurteilung der erzielten Arbeitsergebnisse lieferten wertvolle Hinweise in diese Richtung. Die objektivsten Resultate erbrachten schließlich eindeutig die ehrlich und ohne Manipulationsabsicht geführten Mitarbeitergespräche.

Wie soll – als konkretes Beispiel – ein Mitarbeiter gute Ergebnisse erzielen, der im Marktbereich/Vertrieb eingesetzt wurde, dies aber nie wirklich wollte, weil er nach eigener Einschätzung nicht für die Kundenberatung geeignet war? Natürlich konnten wir im Rahmen der Neuorganisation nur einige Veränderungswünsche sofort berücksichtigen, behielten aber die noch nicht realisierten Umbesetzungen immer auf dem Radar. Weil eine Organisation ständig im Fluss ist, erfolgte die Realisation zum späteren, passenden Zeitpunkt.

Keiner taugt zum Lückenbüßer

Schon der Versuch ist strafbar, Mitarbeiter in eine bestimmte Tätigkeit „hineinzuloben", die nach dessen eigenem Bekunden und nach Wahrnehmung der Führungskraft nicht für ihn geeignet ist. Dies gilt selbst bei akutem Personalmangel, der aktuell nicht am Arbeitsmarkt behoben werden kann. Diese Vorgehensweise wäre schlichtweg Manipulation und führt sowohl für den Mitarbeiter als auch das Unternehmen langfristig nicht zu Zufriedenheit.

Auffällig ist auch die bei Führungskräften und Personalverantwortlichen beliebte Strategie, vorhandene Schwächen der Mitarbeiter auszumerzen, anstatt die Stärken, die jeder von uns hat, zu fördern.

Umerziehung fruchtet nicht

Wenn nun die offensichtlichen Stärken eines Mitarbeiters nicht im Umgang mit Menschen, zumindest nicht mit Kunden, liegen: Warum wird dann immer wieder einmal von Seiten des Unternehmens mit Vertriebstrainings und Coachings verzweifelt versucht, aus dem Mitarbeiter einen „Vertriebler" zu machen – und damit einen unglücklichen und unzufriedenen Mitarbeiter?

Stattdessen: Mit einigen zusätzlichen, in die richtige Richtung angesetzten Qualifizierungsmaßnahmen könnte das Unternehmen einen wertvollen Mitarbeiter für interne Tätigkeiten gewinnen. Einen begeisterten Dienstleister für seine Kollegen im Vertrieb. Einen verlässlichen Rückhalt fürs Team. Einen, der seine Stärken einbringt und seine Schwächen vergessen macht.

Der richtige Mann oder die richtige Frau an die richtige Position: Darauf haben wir die Jahre über in unserem Unternehmen sehr geachtet.

Die gemeinsam mit der Ruhr Uni Bochum ermittelten Werte zur Mitarbeiterzufriedenheit, zum Organisationsklima und zur Identifikation mit dem Unternehmen zeigen, dass sich diese Aufmerksamkeit auszahlt. Dabei beantworteten unsere Mitarbeiter die Aussage „Mein Job bereitet mir Freude" mit 92 Prozent Zustimmung, die Feststellung „Bei meiner Tätigkeit kann ich meine Fähigkeiten voll einbringen" mit 95 Prozent und die Aussage „Wenn ich die Wahl hätte, würde ich genau dieselbe Arbeit wieder machen wollen" mit 85 Prozent. Die Vergleichswerte der Finanzbranche liegen weit darunter.

Aus meiner Sicht (Hans Rieß)

Ich kann den Aussagen in diesem Kapitel nur zustimmen. Seit diese Philosophie bei uns gelebt wird, sind mehrere Mitarbeiter mit anderen, neuen Aufgaben betraut worden. Ich habe das Gefühl, dass die Kollegen zufriedener sind und mit mehr Spaß an die Arbeit gehen als zuvor. Die zitierten Werte aus der Mitarbeiterbefragung unterstreichen meine Wahrnehmung.

Ich selbst kann als konkretes Beispiel für die beschriebene Methode dienen. Wenige Monate nach einem von beiden Seiten offen geführten Gespräch mit dem Vorstand ist es mir seitens der Bank ermöglicht worden, meine bisherige Stelle nach über zehn Jahren zu wechseln und eine Tätigkeit zu übernehmen, von der ich schon in meiner Ausbildungszeit gedacht habe: „Das will ich mal werden." Auch nach knapp zehn Jahren macht mir mein Job noch so viel Spaß wie am ersten Tag.

Vorbildfunktion der Führungskraft

Dienstleister der inneren Werte

> Wer führt, wird von allen gesehen. In dieser Wahrnehmung liegen Chance und Risiko zugleich. Denn vorbildliches Verhalten reproduziert sich auf diesem Weg genauso schnell wie Fehlverhalten. Die inneren Werte einer Organisation zu gestalten ist eine der wichtigsten Dienstleistungen, die eine Führungskraft zu erbringen hat.

Eine Führungskraft nimmt bei den Mitarbeitern eine wichtige Vorbildfunktion ein, die entscheidend auf das Verhalten einwirkt und zur Motivation beiträgt. Ein Blick auf ein der Wirtschaft benachbartes Spielfeld bestätigt das: Vorbilder im Sport stehen in der Regel nicht auf dem letzten Tabellenplatz, sondern führen an der Spitze der Liga oder einer Meisterschaft. Zwar spielt dabei immer auch auf der emotionalen Seite die Farbe des Trikots eine wichtige Rolle, doch es passiert genau das, was gute Führung bewirken soll. Der Nachwuchs greift die vorgelebten Methoden, Strategien und Prozesse auf, um auf diesem Weg das eigene Talent zu fördern und nach vorn zu kommen.

In der Wirtschaft ist das nicht anders. So, wie Führungskräfte auftreten, regen sie das Verhalten und die Motivation ihrer Mitarbeiter an. Sie geben damit auch vor, woran sich das ganze Unternehmen orientiert – im Guten wie im Schlechten. Die Vorbildfunktion der Führungskraft gehört daher auch in einschlägigen Umfragen regelmäßig zu den wichtigsten Kriterien des Ansporns.

Mit Selbstverständlichkeiten überzeugen

Dabei sind es nicht nur die großen Dinge und edelsten Eigenschaften, die Mitarbeiter dazu inspirieren, das Verhalten einer Führungskraft aufzugreifen und nachzuahmen. Pünktliches Erscheinen zum morgendlichen Arbeitsbeginn wird auch die Mitarbeiter veranlassen, pünktlich an ihrem Arbeitsplatz zu sein. Genauso ist es umgekehrt. Selbst wenn die Führungskraft vielleicht noch einen Abendtermin tags zuvor hatte, ist es nicht zuträglich, diese Überstunden mit einem späteren Arbeitsbeginn auszugleichen. Die Mitarbeiter wissen nichts von dem gestrigen Termin und verbinden folglich beliebige Spekulationen mit dem zu späten Arbeitsbeginn der Führungskraft. Es wird dann nicht mehr lange dauern, bis sich im Mitarbeiterbereich ähnliche Gepflogenheiten ausbreiten.

In der Praxis konnte ich dies deutlich beobachten, als in einem Unternehmen, bei dem ich häufiger bereits morgens einen Termin hatte, die damalige Führungskraft in den Ruhestand ging. Sie hatte Zuverlässigkeit und Pünktlichkeit täglich vorgelebt; nach ihrem Ausscheiden erledigte sich das gleichsam über Nacht. Später kam es vor, dass ich zum vereinbarten Termin vor verschlossener Türe stand oder nur ein Bruchteil der Mitarbeiter anwesend war.

In einem anderen mittelständischen Unternehmen wurden den Mitarbeitern Sozialleistungen gekürzt und teilweise ersatzlos gestrichen. Als Begründung wurde die Notwendigkeit von Kosteneinsparungen verkündet. Kurze Zeit später standen zwei neue Firmenfahrzeuge der gehobenen Mittelklasse auf den Chefparkplätzen. Wie sich das auf die Motivation der Mitarbeiter auswirkt, kann man sich gut vorstellen.

Auf Klassenbewusstsein auf Dienstreisen verzichten

Große deutsche Unternehmen haben aus gutem Grund ihre Reiserichtlinien dahingehend verändert, dass auf innerdeutschen wie innereuropäischen Flügen Vorgesetzte und Mitarbeiter stets in der gleichen Klasse miteinander unterwegs sind. Weil aus Kostengründen nicht die ganze Mannschaft „nach vorne" gebucht werden kann, bedeutet das für den Chef, „hinten" Platz zu nehmen. Das verschafft ihm ganz nebenbei eine gute Gelegenheit, nahe am wirklichen Leben zu sein und die Mühen der „Holzklasse" zu erfahren, die seinem Team mitunter kostbare Energie für die eigentliche Arbeit raubt. Der Vorstand eines mittelständischen deutschen Familienunternehmens nimmt grundsätzlich sogar in den engen Reihen einer Low-Cost-Fluggesellschaft Platz, wenn er die Auslandsniederlassungen seiner Firma besucht – egal, ob er allein fliegt oder mit Mitarbeitern. Einzige Ausnahme sind Strecken, auf denen keine solchen Flüge angeboten werden. Eine Regel, die für ihn selbst wie für alle anderen Mitarbeiter gilt.

Es liegt also maßgeblich am Verhalten der Führungskräfte, in welcher Form sie als Vorbilder wahrgenommen werden und wie ernst sie diese Vorbildfunktion nehmen. Ihre Glaubwürdigkeit wird auf diesem Weg wahrgenommen – und zum Maßstab für das Verhalten und Handeln der Mitarbeiter.

Wir stehen – so betrachtet – vor einem Paradigmenwechsel von der Holschuld zur Bringschuld. Statt theoretischer Verhaltensregeln, die den Mitarbeitern verordnet werden, überzeugen Führungskräfte durch vorbildliches, zweifelsfreies Verhalten. Auch so lässt sich Druck aus dem betrieblichen Miteinander nehmen.

Anonyme Befragungen sind hilfreich – und oft voller Überraschungen

Für jede Führungskraft stellt sich daher die Frage: Wie werde ich von meinen Mitarbeitern überhaupt wahrgenommen? Dabei können Selbsteinschätzung und Fremdeinschätzung sehr nahe beieinander liegen oder aber auch sehr weit auseinander gehen. Um diese Frage zu beantworten, sind eine anonyme Mitarbeiterbefragung zur Fremdeinschätzung und ein Fragebogen zur Selbsteinschätzung sicher hilfreich. Allerdings weise ich vorsorglich darauf hin, dass hier die Führungskraft auch überraschende Ergebnisse erhalten kann, die möglicherweise auch Frustpotenzial bieten.

Verlässlichkeit, Fairness, Freundlichkeit und Verständnis sind, neben vielen anderen, nur einige Eigenschaften, an denen sich Führungskräfte in ihrer Vorbildrolle messen lassen müssen – vom Anspruch hoher Fachkompetenz ganz abgesehen. Die wird in der Regel durch Studium und notwendige Weiterbildung erworben. Doch wie können die vorgenannten weichen Faktoren weiterentwickelt werden?

Die Antwort liegt auf der Hand, wenn wir die Ansprüche rückkoppeln, die wir Führungskräfte selbst im Alltag an Dritte stellen: Wir erwarten guten Service und effiziente Dienstleistung. Warum also nicht auch unsere eigene Aufgabe „Führung" als solche betrachten? Denn wir sind nichts anderes als Dienstleister, wenn wir unsere Mitarbeiter zum Erfolg führen. Der Unterschied zwischen „Servicekraft" und „Führungskraft" ist rein gehaltstechnisch, inhaltlich gibt es keinen. Denn die Aufgabe der Führungskräfte ist eben nicht reiner Selbstzweck: Sie sind für die Mitarbeiter da und nicht umgekehrt. Wen sollten sie denn sonst führen? Die Mitarbeiter sind die internen Kunden des Unternehmens. Wenn es gelingt, diese internen Kunden zufriedenzustellen, wird das Unternehmen stark davon profitieren. Denn in der Folge wird auch der Umgang mit den tatsächlichen Kunden zuverlässig und freundlich sein.

Vorbildlich auch im Umgang mit Kunden auftreten

Verlässlichkeit, Fairness, Freundlichkeit und Verständnis sind nicht nur Merkmale, die Mitarbeiter motivieren. Diese Merkmale schätzen genauso auch die Kunden des Unternehmens. In diesem Bereich ist es daher Aufgabe der Führungskraft, ein Vorbild im Umgang mit externen Kunden und Partnern zu sein.

Insgesamt werden an die Idealführungskraft sehr hohe Anforderungen auf völlig verschiedenen Feldern gestellt. Dieses Niveau zu erreichen und zu halten führt ganz automatisch in das gleiche lebenslange Lernen, wie es ein erfolgreiches Unternehmen von allen seinen Mitarbeitern heute erwartet. Der Ausbau der Fachkompetenz kann durch Schulung verbessert werden. Die Ausprägung der sozialen Kompetenzen und einer diesbezüglichen Vorbildfunktion ist aus meiner Erfahrung sehr stark von der Sichtweise und Einstellung der Führungskraft abhängig. Im einen oder anderen Falle wäre Führungskräften zu raten, ihr eigenes Ego etwas zurückzunehmen und an folgenden Satz zu denken: „Behandle deine Mitarbeiter so, wie du selbst gerne behandelt werden möchtest." Damit wäre für alle Beteiligten viel gewonnen.

Aus meiner Sicht (Waltraud Bergmüller)

Die Vorbildfunktion der Führungskraft ist unbestritten. Allerdings sollte man nicht vergessen, dass es die perfekte Führungskraft nicht geben kann, weil Menschen nun einmal nicht perfekt sind.

Gerechtigkeit   18

Ein unbezahlbares Kunstwerk

> Geld ist der falsche Maßstab, um Gerechtigkeit im Unternehmen walten zu lassen. Denn viele Eigenschaften und Talente von Mitarbeitern sind unbezahlbar. Die Wahrheit liegt eine Dimension höher: Genaues Hinsehen und Erkennen sowie nach bestem Gewissen gezeigte Anerkennung seitens einer Führungskraft werden zwar auch keine absolute Gerechtigkeit herstellen können, aber das Gefühl beseitigen, dass es im Unternehmen ungerecht zugeht.

„Wer zwei Menschen gleich behandelt, behandelt einen falsch." Dieser Satz stammt von dem österreichischen Neurologen und Psychiater Viktor Frankl. Die Aussage bestätigt letztlich die These: „Gleichmacherei bedeutet noch lange nicht Gerechtigkeit." Aber die Aussage macht auch sichtbar, in welchem schier unlösbaren Spannungsfeld sich Führungskräfte der verschiedensten Ebenen in ihrem häufig gut gemeinten Bestreben nach Gerechtigkeit bewegen.

Der einfachste Weg zu Gerechtigkeit im Unternehmen scheint vielfach jener zu sein, der ausschließlich mit monetären Faktoren gepflastert ist. In den meisten Fällen gelten die Höhe des Gehalts oder sonstige finanzielle Leistungen als Maßstab für einen gerechten Umgang mit Arbeitswille, Arbeitskraft und Arbeitsleistungen. In der Tat: Wenn dies die einzigen Faktoren wären, die den Mitarbeitern das Gefühl geben, im Unternehmen gehe es gerecht zu, dann könnte eine Führungskraft dem Anspruch „Gerechtigkeit" wohl leichter erfüllen, als es sich in der täglichen Praxis darstellt.

Geld ist kein Maßstab für Gerechtigkeit

Die tägliche Praxis – und sei es nur der Blick in den Spiegel – lehrt uns, dass diese Vorstellung grundlegend falsch ist. Zumal es nicht einmal dann so einfach wäre, wie es auf den ersten Blick erscheint, Gerechtigkeit herzustellen, wenn nur Geld als Maßstab dafür anzuwenden wäre.

Bei einem meiner früheren Arbeitgeber hatten sich die Mitarbeiter schon daran gewöhnt, dass das Unternehmen im Dezember jedes Jahres freiwillig jedem Mitarbeiter ein Monatsgehalt zusätzlich bezahlt. Als wieder einmal der geplante Termin zur Zahlung näher rückte, meldete sich der Betriebsrat zu Wort. Es sei zwar sehr lobenswert und auch angenehm, dass diese Sonderzahlung beibehalten werde, aber es sei nicht gerecht, dass jeder Mitarbeiter ohne Berücksichtigung seiner Leistung exakt jeweils ein 14. Gehalt erhalte.

Daraufhin wurde vereinbart, die Mitglieder des Betriebsrates sollen jeden Mitarbeiter eingruppieren. Mitarbeiter der Kategorie A erhielten nur 50 Prozent Sonderzahlung, B dagegen 110 Prozent usw. Nach ein paar Tagen bat der Betriebsratsvorsitzende um ein Gespräch, in dem er mitteilte, seine Betriebsratskollegen, wären doch dafür, dass jeder Mitarbeiter ein 14. Monatsgehalt in voller Höhe bekäme. Sie würden keine Möglichkeit sehen, das vorhandene Budget für die Sonderzahlung wirklich gerecht aufzuteilen.

Ähnlich problematisch ist eine gerechte Gestaltung der Gehälter. Wie in den meisten anderen Branchen, so gibt es auch im Bankbereich einen Tarifvertrag, in dem Tätigkeiten einzelnen Lohngruppen zugewiesen werden. Auf den ersten Blick erscheint die Sache relativ einfach. Sie ist es aber in der Praxis nicht einmal im Entferntesten.

Der Fußballsport mag als Beispiel dienen, um die Problematik zu veranschaulichen. In der gleichen Mannschaft spielen: der vorjährige Torschützenkönig der Bundesliga und Nationalspieler sowie ein Spieler, der aus der zweiten Liga zum Verein kam. Sie haben beide die gleiche Aufgabe, als Stürmer Tore für die Mannschaft zu erzielen. Die Aufgabe ist die gleiche, die körperliche Ausstattung auch. Wäre es gerecht, wenn beide dasselbe Einkommen hätten?

Eingruppierungen nach Tarifvertrag sind nur ein Hilfsmittel

Was damit zum Ausdruck kommen soll: Wenn zwei Mitarbeiter die identische Aufgabe haben, ist es selten der Fall, dass beide die zugewiesene Arbeit mit gleicher Qualität und Quantität erledigen. Sie erinnern sich: „Wer zwei Menschen gleich behandelt, behandelt einen falsch." So gesehen können die Eingruppierungsvorschläge aus den Tarifverträgen zwar eine Hilfe für die Gehaltsfindung sein und damit grobe Ungerechtigkeiten vermeiden – aber auch nicht mehr. Die Eingruppierungsvorschläge eines Tarifvertrages sollen für die Führungskraft ein Raster und willkommenes Hilfsmittel sein. Die letzte Instanz über gerechte Bezahlung aber wird stets die Beobachtungsgabe der Führungskraft und deren Gewissensentscheidung sein müssen.

Es gibt aber auch noch einige andere Aspekte, die das Gefühl der Mitarbeiter positiv oder negativ beeinflussen können, was die ihnen erwiesene Gerechtigkeit angeht. Das Schwierige daran ist, dass diese Faktoren nicht wie die Höhe des Gehalts messbar sind. Gemeint sind damit Werte wie Anerkennung, Lob oder das Einbeziehen in Entscheidungen der Führungskraft. Sich, im Vergleich zu anderen, nicht oder zu wenig anerkannt zu fühlen, schmerzt als empfundene Ungerechtigkeit. Dieser Schmerz führt zu Reaktionen. Im schlimmsten Fall zu der Haltung: „Ich brauche mich nicht mehr anzustrengen, es wird ohnehin nicht zur Kenntnis genommen."

Bei öffentlichem Lob ist Zurückhaltung geboten

Ähnlich ist es beim Lob. Ich halte mich daher mit öffentlichem Loben oder Loben vor anderen Mitarbeitern zurück. Denn das „Publikum" wird gedanklich einen Abgleich vornehmen und häufig zu dem Ergebnis kommen: „Eigentlich hätte ich dieses Lob auch verdient. Mir wird es aber vorenthalten." Dass danach ein Wettbewerb der guten Leistungen einsetzen möge, um der nächste zu sein, der öffentliches Lob empfängt, ist ein Irrglaube – nicht zuletzt deshalb, weil die Anlässe, die im Vorgesetzten den Impuls zum Lob auslösen, durch und durch relativ und frei von jedem Maßstab sind.

Punktesysteme und ähnliche Verfahren, die nur vordefinierte Leistungen honorieren, wiederum schränken wegen ihrer Festlegung auf bestimmte Bereiche den Spielraum für Auszeichnungen ein; sie verengen den Blick auf Vorgaben und lassen unberücksichtigt, was außerhalb des definierten Blickfelds liegt. Die Folge, so oder so: Demotivation.

Jedes fixierte Anreizsystem birgt großes Risiko, dass es individuelle Talente und Fähigkeiten übersieht und ausgrenzt. Zugleich bestraft es individuelle Schwächen überproportional hart, weil sich Einzelne darin immer unterlegen fühlen werden – und dies als ungerecht empfinden, weil ihre vielleicht vorhandenen positiven Eigenschaften nicht gewürdigt werden. Aus der gutgemeinten Geste wird auf diesem Weg ein zusätzliches Instrument, das Druck von oben nach unten erzeugt und damit das Gefüge im Unternehmen belastet.

Gerecht zu handeln ist eine Frage der inneren Überzeugung

Die gleichen Überlegungen sind angebracht, wenn es darum geht Einzelne in Entscheidungen einzubeziehen, wie zum Beispiel in eine Aufgabenverteilung. Das trägt zwar dazu bei, dass die Vorgehensweise für den Mitarbeiter transparenter und nachvollziehbarer wird. Es birgt jedoch auch wieder die Gefahr, dass nicht beteiligte Mitarbeiter sich im besten Fall von Kollegen auf gleicher Ebene bevormundet, im schlimmsten Fall ungerecht behandelt fühlen.

Gerechtigkeit ist eine in vielen Situationen durch und durch subjektive Einschätzung der Führungskraft auf der einen Seite und des Mitarbeiters auf der anderen. Wie kann es ein Vorgesetzter allen Mitarbeitern „recht machen"? Grundsätzlich gilt hier: Wenden Sie sich Ihren Mitarbeitern mit der inneren Überzeugung zu, gerecht zu handeln. Wenn diese innerliche Überzeugung nicht vorhanden ist, wirkt eine Führungskraft nicht authentisch.

Das merken und fühlen Menschen sehr schnell. Sollten Mitarbeiter Sie darauf aufmerksam machen, dass eine Entscheidung oder Verhalten nicht gerecht war, sollten Sie dies ernst nehmen und dem Mitarbeiter in einem Gespräch die Chance zu geben, den Sachverhalt aus seiner Sicht darzustellen. Oftmals sind danach die unterschiedlichen Ansichten schon ausgeräumt.

Aus meiner Sicht (Uwe Nagat)

Eines der wohl bekanntesten Aphorismen der deutschen Sprache lautet: „Allen Leuten Recht getan, ist eine Kunst, die niemand kann."

Recht oder Gerechtigkeit am Arbeitsplatz ist für eine Führungskraft eine heikle Aufgabe, die eigentlich kaum zu praktizieren ist.

Welche „Oberinstanz" entscheidet, was gerecht ist? Selbst Mitarbeiter untereinander können sich über Gerechtigkeit manchmal nicht einigen.

Wie soll sich da eine Führungskraft richtig entscheiden?

Wichtiger ist es jedoch in punkto „Gerechtigkeit", aber auch in den anderen Bereichen, dass die Tür zum Vorgesetzten offen steht und bei einer vermeintlichen Ungerechtigkeit ein Gespräch geführt wird, um diese auszuräumen.

Dabei sollte die Führungskraft als auch der Mitarbeiter seinen gesunden Menschenverstand benutzen, keine Emotionen. Damit, so denke ich, kommt man meistens zu einer gemeinsamen Lösung.

An einem Arbeitsplatz, an dem dieser Dialog praktiziert wird, entsteht ein Arbeitsklima des Vertrauens und der Anerkennung, bei dem es aber auch nicht immer gerecht zugehen muss. Es liegt aber an den jeweiligen Führungskräften, ob dieser offene und jederzeitige Dialog mit den Mitarbeitern geführt wird. Dieser Führungsstil ist zwar der schwierigste von allen, aber wenn man ihn so lebt, auch der effizienteste von allen. Durch die gegenseitige Wertschätzung entsteht ein Gefühl des Vertrauens.

Die Mitarbeiter stehen hinter ihren Vorgesetzen und die Vorgesetzten danken es ihren Mitarbeitern mit Vertrauen. Besser kann ein Unternehmen nicht geführt werden.

Aus meiner Sicht (Marlene Vogeser)

Jeder Mensch will, dass es im Leben gerecht zu geht. Dass diese Tugend nicht einfach umzusetzen ist, dessen bin ich mir sicher.

Die Bezahlung nicht stur nach den Eingruppierungsvorschlägen aus dem Tarifvertrag zu übernehmen, sondern diese als Hilfestellung zu verwenden, finde ich in Ordnung. Die Beobachtungsgabe und die daraus folgende Einschätzung sind wichtige Entscheidungskriterien. Kann allerdings jeder Mitarbeiter gleich begutachtet und bewertet werden? Schon räumliche Distanzen können die Beurteilung eventuell verzerren.

Gelegentlich kommt es vor, dass sich Kollegen untereinander vergleichen und zur Ansicht kommen: „Ich bin nicht gerecht bezahlt!" In solchen Fällen sollten auch Arbeitnehmer den Mut aufbringen und ein Gespräch mit dem Arbeitgeber suchen.

Menschliche Handlungen wie Anerkennung und Lob sowie das Einbeziehen in Entscheidungen sind wichtig im Umgang mit den Mitarbeitern. Dieses Vorgehen gerecht zu gestalten erfordert Fingerspitzengefühl. Da ist die Entscheidung, entsprechende Äußerungen gegenüber Einzelnen nicht öffentlich vorzunehmen, bestimmt der bessere Weg.

Kleinigkeiten im alltäglichen Dialog sollten ernst genommen werden, es kann sich eine versteckte Anspielung auf ein „vermeintliches Unrecht" beim Mitarbeiter dahinter verbergen. Zu signalisieren, dass eine Bereitschaft zum Gespräch besteht, ist ein gutes Zeichen.

Der deutsche Schriftsteller Theodor Storm sagte: „Autorität wie Vertrauen werden durch nichts mehr erschüttert als durch das Gefühl, ungerecht behandelt zu werden."
Dass dieses Gefühl nicht aufkommt, darum sollen wir uns alle bemühen.

Werte schaffen Werte

Ein Gastbeitrag von Ulrich Wickert

> Die Werte, nach denen wir leben, sind auch die Werte, nach denen wir arbeiten sollten. Das klingt selbstverständlich, ist es aber nicht. Denn Moral, so erleben wir es täglich in Wirtschaft und Gesellschaft, erscheint verhandelbar. In einem Vortrag am 12. Oktober 2012 zum 100-jährigen Bestehen der Raiffeisenbank Ichenhausen eG erläuterte der Fernsehjournalist Ulrich Wickert die Bedeutung von Ethik und Moral für eine funktionierende Gesellschaft – und forderte insbesondere die Wirtschaft dazu auf, hier keine ungerechtfertigten Freiheiten einzufordern. Sein Gastbeitrag in diesem Buch fasst die Kernaussagen dieses Vortrags zusammen.

Ethik und Moral – die Definition beider Begriffe ist einfach und überzeugend zu definieren. Ich halte mich dabei an Émile Durkheim, den französischen Ethnologen und Soziologen, und dessen Buch „Erziehung, Moral und Gesellschaft". Auf den Punkt gebracht definiert er dort Moral als die Summe der gesellschaftlichen Regeln, die das Zusammenleben in der Gesellschaft gestalten hilft und dauerhaft verbessern soll. Und wie kommen die Regeln zur Anwendung? Durch Erziehung – der Kleinen, aber auch der Großen. Die Konsequenz daraus heißt: Nicht wenn unser System sich ändert, sondern erst wenn sich unser Denken über die ethischen Regeln, die Werte, die Tugenden ändert, wird sich auch in der Gesellschaft etwas ändern.

Da ist es dann nicht mehr nur irritierend, sondern geradezu erschreckend, wenn ein Absolventenjahrgang einer wirtschaftswissenschaftlichen Fakultät – wie ich es selbst vor Jahren erlebt habe – nach meinem Festvortrag bei ihrer Abschlussfeier auf mich zukommt, ob wir das Thema „Werte" nicht noch gemeinsam diskutieren könnten. Sie hätten davon während ihres ganzen Studiums nichts gehört. Gleichwohl haben sie ein

Diplom bekommen, das ihnen die Eignung bescheinigt, in der Welt der Wirtschaft und der Finanzen verantwortliches Handeln zu übernehmen.

Kein Widerspruch zwischen Wirtschaft und Ethik

Für mich war dies der Anlass, mich als Journalist kritisch mit dem Thema „Werte" zu befassen. Der Ausbruch und der Verlauf der jüngsten Wirtschafts- und Finanzkrise haben mich dann noch bestärkt, das Feld von Wirtschaft und Ethik besonders intensiv zu studieren – vor allem unter dem Gesichtspunkt, dass angewandte Ethik für nichts anderes steht als für die in unserer Gesellschaft geltenden Regeln. Dabei bin ich zu der Überzeugung gelangt, dass sich „Wirtschaft" und „Ethik" nicht, wie von Karl Kraus einst zugespitzt, widersprechen, sondern sehr gut vereinbaren lassen. Sie gehören zusammen.

Es muss uns klar sein, dass die Wirtschaft ein sehr wichtiger Teil unserer Gesellschaft ist. Aber sie ist eben auch genau nur das: ein Teil. Als solcher kann sie sich nicht aus dem gesellschaftlichen Leben lösen und sich absoluter Freiheit von ethischen Regeln erfreuen. Die Regeln, die sich eine Gesellschaft gibt, gelten für alle Bereiche. Die jüngste Krise konnte entstehen, weil sich die Ökonomen in den vergangenen 30, 40 Jahren mit ihrem Anspruch gegenüber der Politik durchsetzen konnten, die Wirtschaft müsse frei sein von gesellschaftlichen Regeln, denn der Markt werde von der Vernunft geregelt.

Das ist natürlich grober Unfug. Dazu braucht man sich nur die Börse ansehen. Sie ist das Fieberthermometer von Menschen, die psychische Ängste haben.

Ich will nicht missverstanden werden: Freiheit an sich ist der größte aller Werte. Ohne Freiheit gibt es keine Toleranz, gibt es keine Gerechtigkeit, gibt es auch keine Solidarität. Freiheit ist die Voraussetzung für die meisten anderen Regeln. Unter den vielen Definitionen von Freiheit sticht eine ins Auge, die ich bei dem deutschen Philosophieprofessor Wolfgang Kersting gefunden habe: Freiheit sei zu definieren als „völlige ethische Unabhängigkeit des Handelnden". Letztlich bedeutet das nichts anderes, als dass ein Unternehmer, um größeren Gewinn zu machen, auch das Leben von Menschen aufs Spiel setzen oder opfern kann.

Das Schlimme daran ist: Dies ist tatsächlich so passiert. Beispiele gibt es aus vielen Bereichen, aber eine Branche sticht heraus: die Pharmaindustrie. Sie ist sehr wichtig – für die Gesundheit, für den Fortschritt, für den Standort. Wenn es dort neue Entwicklungen gibt und neue Märkte entdeckt werden, gelten Nebenwirkungen als Preis des Erfolges – und der Freiheit jener, denen neue Medikamente helfen.

Gewinnstreben ist ein legitimes Motiv

Um Missverständnissen vorzubeugen, weise ich darauf hin, dass es keinen Widerspruch zwischen Ethik und Gewinn gibt. Es kommt nur darauf an, wie ein Unternehmer diesen Gewinn macht. Gewinnstreben ist ein legitimes Motiv wirtschaftlichen Handelns. Aber finanzieller Profit ist nur ein Handlungszweck, kein endgültiges Ziel. Wobei es neben dem materiellen Gewinn auch noch andere Dinge gibt, die einem persönlich als gewinnbringend erscheinen. Es gibt Autoren, die schreiben Gedichte. Davon können sie nun wirklich nicht leben. Aber sie können beim Schreiben Lust empfinden und am Gelesenwerden Freude.

Sie kennen vielleicht die Geschichte dieses bekannten Malers, der zeit seines Lebens nicht ein einziges Bild verkauft hat. Er lebte einzig und allein vom Geld seines Bruders. Dann schnitt er sich aus Verzweiflung auch noch ein Ohr ab. Heute erzielen Bilder des Vincent van Gogh mehrstellige Millionenbeträge auf Auktionen. Ob dieser Gewinn der Verkäufer aufwiegt, was die Käufer an innerer Begeisterung empfinden? Oder gar die Freude van Goghs am Malen?

Viele von denen, die absolute Freiheit von ethischen Regeln für die Wirtschaft einfordern, berufen sich auf Adam Smith. Sie verdrängen dabei, dass Smith eigentlich ein Moralist war. Er sagt zwar, dass die Wirtschaft nicht durch Regeln geknebelt werden dürfe. Aber er fordert eben auch explizit, dass sich die Wirtschaft an die ethischen Regeln der Gesellschaft halten muss.

Freiheit bedeutet also, dass man seine Grenzen kennen muss. Grenzen, die die Freiheit anderer schützen. Das Programm, das sich die Raiffeisenbank Ichenhausen als „die etwas andere Bank" gegeben hat, nennt diesen Anspruch beim Namen und definiert ihn als Verantwortung gegenüber den Eigentümern – das sind die meisten Kunden – und als Verantwortung gegenüber der Gesellschaft. Das sind die Mitarbeiter, das sind die Kunden, das ist die Region, die Welt, in der wir leben. In Abwandlung des vorgenannten Zitats muss es also richtig heißen: „Die Grenzen der Freiheit für die Wirtschaft liegen in der Verantwortung des Handelnden."

Regeln sind nicht beliebig und verhandelbar

Deshalb müssen wir streng sein. Wir müssen immer wieder klar machen, dass die Regeln nicht beliebig und nicht verhandelbar sind. Das wird in der Politik vielfach noch nicht so gesehen und auch nicht in der Finanzwelt. Die semantische Unterscheidung zwischen der Realwirtschaft, in der greifbare Güter produziert werden, und der Finanzwirtschaft, in der dann offenbar irreale Werte im Mittelpunkt stehen, erschließt sich mir nicht. Was dem einen verboten ist, darf dem anderen nicht erlaubt werden. Beispiel: Der Anbau von Mohn ist erlaubt und führt zum Beispiel in der Form des von mir geschätzten Mohnkuchens zu sehr genießenswerten Erzeugnissen. Aus guten Gründen aber ist es verboten, aus Mohn Heroin herzustellen und dieses zu verkaufen. In der Finanzwelt dagegen werden Dinge erlaubt, von denen bekannt ist, dass sie der Gemeinschaft schaden. Wer sich seiner Verantwortung für die Gesellschaft bewusst ist, muss hier Regeln einfordern, die diesen Schaden verhindern.

Natürlich ist es wichtig, dass man Devisengeschäfte machen kann, um langfristig unternehmerische Sicherheit herzustellen. Aber es muss verboten werden, dass Hedgefonds oder große Finanzhäuser mit Devisen spekulieren, um bewusst Währungen anzugreifen und zu beschädigen. Davon profitieren wenige, während die Gemeinschaft in großem Stil und Umfang geschädigt wird.

Regeln, wie sie Émile Durkheim anspricht, entstehen aus Einsicht und Konsens. Einsicht darin, welcher Schaden ohne diese Regeln entsteht, und Konsens darüber, dass es für die Gemeinschaft gut ist, solchen Schaden abzuwehren. Unsere Erkenntnisse mögen sich verändern und unser Wissen mag wachsen, weil sich unsere Wirklichkeit verändert. Deswegen dürfen sich Regeln von Generation zu Generation auch verändern. Aber ihr Fundament bleibt stets die gemeinschaftliche Einsicht in ihren Nutzen für die Gesellschaft.

Regeln sind die Voraussetzung für Verantwortungsbereitschaft

Deshalb ist auch die Gemeinschaft und das Zugehörigkeitsgefühl des Einzelnen zu ihr so bedeutsam: Denn nur wer sich als Teil der Gesellschaft fühlt, wird ihre Regeln akzeptieren. Er wird auch die Verantwortung annehmen, die ihm die Gesellschaft zumutet. Wer sich nicht in der Gemeinschaft aufgehoben fühlt, wird die Regeln ignorieren. Und er wird seine Verantwortung nicht wahrnehmen. Umgekehrt wird ein Schuh daraus: Wer ethisch handelt, befolgt aus der Überzeugung heraus moralische Regeln, dass sie der Gesellschaft gut tun – nicht weil er bestraft wird, wenn er dagegen verstößt.

Verantwortung heißt aber auch: Wenn wir wollen, dass ethische Regeln angewendet werden, dann müssen wir etwas dafür tun. Wir müssen denjenigen, die gegen die Regeln verstoßen, klarmachen, dass sie damit der Gemeinschaft schaden. Der Weg dazu führt nicht über Maßregelung und Pedanterie, sondern über Vorbild, Überzeugung und Einsicht. Deshalb müssen wir uns nicht nur darüber Gedanken machen, wie wir Schaden von der Gesellschaft abwenden, sondern wir müssen auch aktiv das Positive in der Gesellschaft mobilisieren.

Moralisches Handeln ist überall möglich

Beispielhaft dafür sind Unternehmer, die ihre Mitarbeiter als Menschen respektieren – und ihre Kunden und ihre Lieferanten genauso. Dieser Respekt ist etwas anderes als das Streben nach Gewinn. Dieser Respekt steht dafür, dass Verantwortung erkannt, übernommen und gelebt wird. Die manchmal von Wirtschaftswissenschaftlern betriebene Differenzierung, derlei sei für inhabergeführte Firmen machbar, für eine Aktiengesellschaft aber nicht zulässig, weist in die falsche Richtung. Denn moralisches Handeln ist natürlich auch dort möglich, wo angeblich die Anteilseigner nur auf Ausschüttung von Gewinn fixiert sind.

Die Nahrungsmittelfirma Danone zum Beispiel setzt seit Jahrzehnten auf ein Ethik-Konzept, für dessen Umsetzung die Verantwortlichen zur Rechenschaft gezogen werden – bei ihrem Jahresbonus. Die Drogeriekette dm beschränkt sich auf eine Rendite von einem Prozent, investiert den Rest ins Unternehmen und zahlt Löhne über Tarif. Wenig bekannt ist, dass die Uhrenmarke Rolex einer Stiftung gehört, die viel Geld in Schulen und soziale

Projekte investiert. Wichtig ist, dass die Spitze des Unternehmens entsprechende Regeln vorgibt und klar macht, dass sie deren Einhaltung einfordert.

Kein Bereich der Gesellschaft darf deren Regeln ignorieren

Wirtschaft und Ethik gehören zusammen. Denn es kann keinen Bereich innerhalb einer Gesellschaft geben, der sich von den gesellschaftlich gewollten Regeln frei macht. Und die Wirtschaft muss wissen, dass es keine Sonderregelungen für sie gibt. Ethik muss ein Pflichtfach in jeder wirtschaftswissenschaftlichen Fakultät werden. Der Kodex, den wir einst mit dem Ehrbaren Kaufmann geschaffen haben, muss wieder zum Maßstab werden.

Die Wirtschaftswelt muss einsehen, dass „es eine Moral in der kapitalistischen Gesellschaft gibt (und es muss sie unbedingt auch in der kapitalistischen Gesellschaft geben)", sagt der französische Philosoph André Comte-Sponville, und diese Moral muss „ihren Ursprung, wie in jeder Gesellschaftsform, außerhalb der Wirtschaft haben". Dieses „Außerhalb", das sind wir, und die Möglichkeiten zu handeln sind groß. Dafür muss man weder Held noch Heiliger sein.

Flexible Arbeitszeiten

20

Freie Nachmittage auf Vertrauensbasis

> Unterschiedliche Interessenslagen können im Betrieb den Wunsch nach einer Flexibilisierung der Arbeitszeiten auslösen: diejenigen des Arbeitgebers wie auch die des Mitarbeiters. Sie befinden sich nicht notwendigerweise im Widerspruch zueinander, stimmen aber in den meisten Fällen auch nicht überein. Insofern gilt es, die Wünsche der Mitarbeiter und die betrieblichen Notwendigkeiten in Übereinstimmung zu bringen.

Grundsätzlich sind flexible Arbeitszeiten ein sehr gutes Mittel, um die Arbeitsbedingungen noch attraktiver zu gestalten, ohne zusätzliche Kosten zu produzieren und gleichzeitig die Mitarbeiterzufriedenheit zu erhöhen. Die klassische Form der Flexibilisierung, die gleitende Arbeitszeit, können wir in unserem Hause allerdings nicht anbieten, weil die Mitarbeiterzahl zu gering dafür ist. Deshalb entwickelten sich für die Mitarbeiter im Laufe der vergangenen zehn Jahre drei andere Möglichkeiten: freier Nachmittag, zusätzliche Reduzierung der Wochenstunden in Kombination mit dem freien Nachmittag sowie frei vereinbarte Tagesarbeitszeit.

Mitarbeiter verantworten ihre freien Tage selbst

Die Regelung „freier Nachmittag" wird auch an anderer Stelle dieses Buches angesprochen. Die Mitarbeiter haben die Wahl, ihre Mittagspause entsprechend zu verkürzen oder gegen Abend hin über die reguläre Arbeitszeit hinaus zu arbeiten. So erwerben sie ein Zeitguthaben, um sich einen Nachmittag oder auch Vormittag pro Woche frei zu nehmen. Die

Mitarbeiter der Abteilungen sprechen sich dann jeweils für die kommende Woche ab, wer wann frei nimmt.

Die Verantwortung dafür, dass die Auswahl der freien Vormittage oder Nachmittage auch den betrieblichen Erfordernissen Rechnung trägt, liegt ausschließlich bei den Mitarbeitern. Die Erarbeitung und Einhaltung der notwendigen Zeitguthaben wird nicht überwacht. Die Grundlage dafür heißt „Vertrauen zwischen Mitarbeiter und Führungskraft".

Planungssicherheit nimmt Druck von den Mitarbeitern

Die freie Wahl von Wochentag und Tageszeit für alle, die flexible Arbeitszeiten in Anspruch nehmen, befreit die Betroffenen vom Druck der Ungewissheit und der Last, Berufliches und Privates unter Zeitdruck ins Gleichgewicht zu bringen. Sie verschafft den Mitarbeitern vielmehr hohe Planungssicherheit für die Erledigung privater Dinge und damit eine zusätzliche Portion persönlicher Freiheit. Die Bandbreite der Möglichkeiten reicht dabei vom Kindergeburtstag über den sommerlichen Ausflug mit der Familie ins Freibad bis zum entspannten Alleinsein oder zur persönlich ausgewogenen Portionierung im Arbeits-Ruhe-Rhythmus.

Eine weitere Variante, die wir als Arbeitgeber einem Teil unserer Mitarbeiter angeboten haben, ist eine generelle Verkürzung der Wochenarbeitszeit auf 35 Stunden. Ausschlaggebend dafür war ein verringerter Arbeitsanfall in einem Geschäftsbereich, so dass die Mitarbeiter nach eigenen Aussagen nicht mehr ausgelastet waren. Bei Einführung hatten fast alle Mitarbeiter der betreffenden Abteilung dieses Angebot sofort angenommen, obwohl sich das Bruttogehalt entsprechend der Verkürzung reduzierte.

Abzuwägen war letztlich das eigentlich entscheidende Nettogehalt, bei dem sich das Einkommensminus deutlich geringer darstellte. Mit den Mitarbeitern gibt es eine gesonderte Vereinbarung, die einschließt, dass sowohl der Mitarbeiter, aber auch das Unternehmen berechtigt sind, kurzfristig wieder zur Regelarbeitszeit zurückzukehren und damit den alten Arbeitsvertragsinhalt wieder herzustellen.

Freie Tage in Abstimmung mit dem Team

Zusätzlich zu dieser 35-Stunden-Woche, die letztlich einen freien Vormittag oder Nachmittag bedeutet, kann aber auch noch die vorher erläuterte freie Nachmittag-Vormittag-Regelung beansprucht werden. Dies bedeutet entweder einen ganzen freien oder zwei halbe freie Wochentage – wiederum in Absprache innerhalb der Abteilung und unter Berücksichtigung der betrieblichen Gegebenheiten.

Diese Regelung gilt seit mehreren Jahren. In diesem Zeitraum ist es immer wieder vorgekommen, dass Mitarbeiter wegen erhöhtem Arbeitsaufkommen oder wegen Vertretungen in der Urlaubszeit von sich aus die reguläre Arbeitszeit wählten, um später wieder die 35-Stunden-Woche zu genießen.

Auch hier verzichten wir auf jede Form vermeintlich disziplinierender Druckmittel. Die Einhaltung der vereinbarten Arbeitszeiten wird weder mit der Stechuhr noch persönlich überwacht. Die Mitarbeiter stellen lediglich in eine „Wer ist da?"-Datenbank, auf die alle Zugriff haben, ihre Abwesenheit ein. Dies dient ausschließlich der gegenseitigen Information.

Bei der dritten Variante der Flexibilisierung ist eine von den Regelarbeitszeiten abweichende Anwesenheit von Mitarbeitern mit vollen Wochenstunden definiert. Auch sie wird von einigen Mitarbeitern beansprucht.

Zusätzliche Motivation für alle Mitarbeiter

Die verfügbaren Arbeitszeitvarianten werden von unseren Mitarbeitern sehr geschätzt. Würden sich in diesem Bereich Veränderungen ergeben oder gar die Regelungen wegfallen, träfe das die Mitarbeiter wohl hart. Wahrscheinlich wäre das für die Motivation der Mitarbeiter und damit für das Unternehmen keine gute Lösung.

Auch hier gilt: Die Mitarbeiter geben durch ihre Arbeitsleistung in hohem Maße zurück, was das Unternehmen in sie investiert. Das gilt für die reine Existenz dieser vorteilhaften Regelungen ebenso wie für die Tatsache, dass die Einhaltung der Zeiten nicht überwacht wird.

> **Aus meiner Sicht (Zenta Ruf)**
> Für mich persönlich bedeutet die Inanspruchnahme dieser Flexibilisierung eine große Bereicherung auf verschiedenen Ebenen. Sie gibt mir eine gewisse Freiheit zurück, die für Körper und Seele äußerst wichtig ist. In dieser freien Zeit kann ich nicht nur anfallende Haus- und Gartenarbeiten erledigen und diverse Termine wahrnehmen, sondern auch Stress abbauen und wieder Kraft tanken für den nächsten Arbeitstag.
> Ich stelle fest, dass dadurch meine Lebensqualität erheblich verbessert wird. Sofern es die betrieblichen Erfordernisse zulassen, möchte ich, trotz der Gehaltseinbuße, diese flexibilisierten Arbeitszeiten aus diesen mir wichtigen Gründen weiterhin beibehalten. Ich bin dankbar, dass es diese Möglichkeit gibt.

21 Teilzeitbeschäftigung

Qualifizierte Angebote bringen hohe Rendite

> Aus dem Wissen und der Qualifikation von Mitarbeitern, die über Teilzeit in das Unternehmen zurückkehren oder ihr Engagement reduzieren wollen, kann das Unternehmen reichlich Kapital schlagen – wenn es bereit ist, die entsprechende Stelle auf entsprechend hohem Niveau anzusiedeln.

Derzeit gibt es Deutschland 6,3 Millionen Menschen, die in Teilzeit beschäftigt sind. Davon sind 87 Prozent Frauen. Die Gründe für Teilzeitarbeit sind vielfältig. Die Gründung einer Familie ist in unserer Branche der häufigste Anlass dafür, dass sich Frauen Teilzeitarbeit wünschen. Was auch immer der gesellschaftliche Wandel bringen mag: Bei Männern ist es nicht anders. Auf jeden Fall macht es sich bezahlt, wenn ein Unternehmen sich mit diesem Thema befasst und entsprechende Angebote entwickelt. Denn grundsätzlich sind die Kosten der Teilzeitarbeitsplätze für das Unternehmen zwar etwas höher: Sie können sich aber unter dem Strich für den Arbeitgeber wie für die Teilzeitkraft als vorteilhaft erweisen.

Insbesondere bei jenen, die bereits in Vollzeit bei uns beschäftigt waren und anschließend in Form der Elternzeit eine Babypause einlegten, stehen wir einer anschließenden Teilzeitbeschäftigung sehr aufgeschlossen gegenüber. Unabhängig von den gesetzlichen Regelungen, die ohnehin bestehen, sollte dabei ausgiebig geprüft werden, mit welchen Aufgaben die frühere Vollzeitmitarbeiterin betraut wird. Gerade bei diesen Mitarbeiterinnen kann die Führungskraft ja deren Engagement und Fachkompetenz aus der Vergangenheit beurteilen und daraufhin eine fundierte Entscheidung treffen.

Bei Rückkehr die bestehende Qualifikation reaktivieren

Es macht wenig Sinn, qualifizierte Mitarbeiterinnen nur um des Teilzeitjobs wegen mit einer Arbeit zu beschäftigen, die deutlich unter deren Qualifikation liegt. Dies führt zu Frust, innerer Kündigung und daraus folgenden Minderleistungen. Unternehmen laufen dann Gefahr, auf Dauer eine unzufriedene Mitarbeiterin zu beschäftigen, die bei einem anderen Arbeitgeber anheuert, wenn die familiären Verhältnisse es wieder zulassen. Nicht zu vergessen die negative Wirkung auf andere weibliche Arbeitskräfte, die sich angesichts einer solchen Situation schon neu orientieren werden, bevor sich bei ihnen die Frage nach einer Teilzeitbeschäftigung stellt.

Unter diesem Aspekt sollte der Aufgabenbereich der Mitarbeiterin qualitativ gestaltet werden. Dabei empfiehlt sich ein geplantes und offensives Vorgehen, bei dem der Arbeitgeber von Anfang an seine Karten auf den Tisch legt. In einem Gespräch mit einer „Wiedereinsteigerin" mit Teilzeit in unserem Betrieb blickte ich in ein überraschtes Gesicht, als ich ihr eine sehr hochwertige Tätigkeit anbot, die für Teilzeit maßgeschneidert war. Noch überraschter war die Mitarbeiterin, als ich hinzufügte, sie könnte sich die vereinbarte Stundenzahl frei einteilen. Sie entschied sich dann für eine fixe Anwesenheit, was für unsere Bank auch in Ordnung war.

Vor dem Ruhestand die bestehende Qualifikation sichern

Nicht anders verhält es sich mit Mitarbeitern, die aus persönlichen Gründen, meistens ist es dann das vorgerückte Alter, ihre Arbeitszeit verringern möchten. Auch hier gilt es, für das Unternehmen die vorhandene Qualifikation zu sichern und das Wissen weiter verfügbar zu halten. Kreative Arbeitszeitregelungen, die sicherstellen, dass dieses Know-how im betrieblichen Alltag sowohl bei den Kollegen wie den Kunden ankommt, machen sich auf jeden Fall bezahlt. Gerade im Bankwesen, wo persönliche Beziehungen zu den Kunden ein wesentliches Element des Erfolgs darstellen und wo sich Vertrauen über Jahre aufgebaut hat, lassen sich auf diese Weise auch Übergangs- und Übergabephasen glaubwürdig und harmonisch gestalten.

Eine weitere Erfahrung, die wir gerade bei Mitarbeiterinnen in Teilzeitbeschäftigungen machten: Sie sind meist sehr flexibel, was Urlaubs- oder Krankheitsvertretungen betrifft. Hier bringen diese Mitarbeiterinnen oftmals die Bereitschaft mit, fallweise über die vereinbarte Stundenzahl hinaus, befristet sogar ganztags zu arbeiten. Gleiches gilt für ältere Teilzeitbeschäftigte, die mit gleicher Münze honorieren, was ihnen ihr Unternehmen an Loyalität entgegenbringt.

Aus unserer Sicht beweist sich auch hier: Unser Entgegenkommen, indem wir eine anspruchsvolle Teilzeitbeschäftigung zur Verfügung stellten, kommt in Form von Engagement und Flexibilität mehr als zurück.

Aus meiner Sicht (Hildegard König)

Ich wollte bereits in der Elternzeit wieder in meinem Beruf arbeiten, um den Anschluss nicht zu verlieren. Ausgehend von 15 Wochenstunden sind mir verschiedene Bereiche angeboten worden sowie die Möglichkeit, die Arbeitszeit komplett frei zu wählen - egal ob halbe oder ganze Tage, und auch jede Woche anders. Ich habe mich für drei Vormittage entschieden mit der Option, diese bei Bedarf zu tauschen.

Die Einarbeitung in einen neuen Bereich ist mir leichtgefallen. Die EDV, die Mitarbeiter und die internen Abläufe waren mir bekannt.

Der Wiedereinstieg mit geringer Stundenzahl ist für mich eine gute Basis für eine spätere Aufstockung der Arbeitszeit. Für mich lassen sich so Familie und Beruf optimal vereinbaren.

Aus meiner Sicht (Annemarie Hutner)

Ich stimme den Aussagen voll zu. Vor allem gegenseitiges Entgegenkommen von beiden Seiten, Arbeitgeber und Arbeitnehmer, ist bei einer Teilzeitbeschäftigung sehr wichtig. Allerdings möchte ich noch hinzufügen, dass die Flexibilität bei der Teilzeitbeschäftigung nur möglich ist, wenn bei Urlaubs- bzw. Krankheitsvertretungen auch für die eventuell erforderliche Kinderbetreuung gesorgt werden kann.

Urlaubsplanung

22

Verantwortung liegt in der Hand des Teams

> Von oben verordnete Urlaubsregeln oder von Vorgesetzten vermeintlich „geklärte" Konflikte bei Urlaubswünschen haben stets negative Nebenwirkungen. Wer Mitarbeiter mit in die Verantwortung nimmt und sie selbst einen Konsens über eine gerechte Lösung entwickeln lässt, erhält in der Regel das bessere und produktivere Ergebnis.

Die Planung der „schönsten Wochen des Jahres", den Urlauben, ist insbesondere für den Mitarbeiter von großer Bedeutung. Auch wenn die Abwesenheit von Fachkräften vom Arbeitsplatz die Belange des Unternehmens stark berührt, so sind dessen Interessen – wie es die entsprechenden Paragrafen im Arbeitsrecht regeln – zu Recht eine kleine Stufe unterhalb angesiedelt. Die Sensibilität des Themas gebietet es auf jeden Fall, die Angelegenheit durchdacht, gut vorbereitet und präzise anzugehen.

Für Vorgesetzte nur selten ein „Schönwetter-Job"

Dabei gibt es durchaus unterschiedliche Systeme, wer im Haus Urlaube plant, steuert und letztendlich genehmigt. Aus meiner Kenntnis erfolgt die Planung in vielen Unternehmen hoheitlich. Die Mitarbeiter können zwar für ihren Jahresurlaub zeitliche Wünsche äußern; ob diese in Erfüllung gehen, entscheiden letztlich andere. Diese Vorgehensweise ist solange einfach, wie sich keine Überschneidungen ergeben, derentwegen Betriebsabläufe belastet oder gestört würden. Wenn dies jedoch der Fall ist, dann wird es für einen Vorgesetzten schwierig eine Entscheidung zu treffen.

Wie auch immer eine Entscheidung ausfällt und auch aus der Sicht der Führungskraft sachlich richtig und fair ist, ja selbst wenn sie zusätzlich entsprechend kommuniziert wird, gibt es trotzdem immer „Verlierer" mit allen „Risiken und Nebenwirkungen". Der Mitarbeiter, der zurückstehen muss, weil die Führungskraft so entschieden hat, wird häufig die Gründe für die Entscheidung nicht als sachlich gerechtfertigt betrachten, gelegentlich sogar eine Bevorzugung anderer unterstellen. Das Ergebnis aus dieser Meinung: „Mein Vorgesetzter behandelt mich unfair und nicht gerecht." Solche Gedankengänge führen sicher nicht zu mehr Motivation. Je nach Persönlichkeit drücken sie stattdessen mehr oder weniger stark auf die Arbeitsleistung.

Diskrepanz zwischen den Vorstellungen „oben" und den Wünschen „unten"

Bei dieser Art der Urlaubsplanung stellt sich zudem eine ganz andere Frage: Weiß die Führungskraft denn wirklich besser als die Mitarbeiter, welche Kapazitäten zum Beispiel in der Haupturlaubszeit tatsächlich erforderlich sind? Eine Überlegung, die auch in anderen Bereichen berechtigt ist, erweist sich hier als besonders kritisch: Der Transfer von Wünschen und Vorstellungen, die an der Spitze herrschen, ist nicht notwendigerweise das angemessene Verfahren, um den Bedarf an der Basis zu decken.

Ein weiterer Nachteil aus dieser Vorgehensweise könnte sich ergeben, wenn es zum Beispiel durch Krankheiten zu unkalkulierbaren Engpässen kommt. Mehrarbeit für jeden einzelnen verbliebenen Mitarbeiter wäre notwendig, aber der Eine oder die Andere wird dann vielleicht denken: Der „da oben" soll jetzt mal sehen, wie er damit klar kommt. Schließlich liegt die Verantwortung für die Planung bei der Führungskraft. Um es recht zu verstehen: Dies sind allzu menschliche, verständliche Reaktionen und keine böswilligen Unterstellungen. Wer ehrlich sein eigenes Karrieregewissen erforscht, wird schnell feststellen, dass ihm selbst solches Denken nicht fremd war oder gar bis heute noch ist.

Entscheidung im Team führt zu akzeptiertem Konsens

Wir haben uns vor diesem Hintergrund für eine Variante der Urlaubsplanung entschieden, die wir seit vielen Jahren erfolgreich in unserem Unternehmen praktizieren: Wir übertragen die Verantwortung für die Urlaubsvertretungen auf die Mitarbeiter. Sie sprechen sich untereinander in den Abteilungen ab, in welcher Zeit welche Kolleginnen und Kollegen in Urlaub gehen. Diese Vorgehensweise stellt zusätzlich Anforderungen an die Teamfähigkeit der Mitarbeiter. Denn auch bei dieser Art Planung sind immer Kompromisse erforderlich, um einen Konsens zu finden, der den Wünschen aller Mitarbeiter so weit wie möglich gerecht wird.

Aber dieser Konsens erfolgt in Freiheit und Unabhängigkeit, frei von steuernder Einflussnahme der Führungsebene. Dass die Mitarbeiter sich nicht fremdbestimmt fühlen – dies ist der herausragende Aspekt dieses Verfahrens.

Die praktische Umsetzung ist denkbar einfach: Sobald man sich im Team verständigt hat, werden die Urlaubswünsche zusammen mit der Vertretungsregelung vom jeweiligen Mitarbeiter nur noch in eine Datenbank eingetragen. Dort erfolgt die Genehmigung durch die Führungskraft. Dies ist reine Formsache.

Vertrauen wird mit gelebter Verantwortung honoriert

Die Führungskraft überträgt bei diesem Verfahren direkt ihr Vertrauen auf die Mitarbeiter. Mit ganz hoher Wahrscheinlichkeit führt dies auch dazu, dass mit dieser Freiheit verantwortungsvoll umgegangen wird.

Die Erfahrung der vergangenen zehn Jahre in unserem Haus zeigt einen höchst positiven Nebeneffekt: Kommt es trotz sinnvoller Urlaubsplanung zu Engpässen, werden die Mitarbeiter ihrer Verantwortung gerecht und bemühen sich selbstständig um Lösungen. Schließlich haben sie die Aufgabe einer funktionierenden Urlaubsplanung selbst übernommen.

Aus meiner Sicht (Iris Donnhäuser)

Die flexible Urlaubsplanung ermöglicht es jedem Mitarbeiter, seine individuellen Urlaubswünsche zu verwirklichen. Innerhalb des Teams werden die Urlaubswünsche besprochen und bei etwaigen Überschneidungen oder unerwarteten personellen Engpässen wird eine Problemlösung zusammen erarbeitet.

Eine weit vorausschauende Urlaubsplanung oder Urlaubssperren, wie etwa in der Weihnachtszeit oder zum Jahreswechsel, entfallen somit.

Einzelne nicht genommene Urlaubstage können sogar mit in das neue Jahr übertragen werden, ohne dass sie verfallen. Durch diesen Vertrauensbonus der Führungskraft ist die Motivation gestärkt, den Urlaubs- und Vertretungsplan im Sinne aller Mitarbeiter zu verwirklichen.

Aus meiner Sicht (Daniela Heller)

Ein weiterer Vorteil im Vergleich zu anderen Unternehmen ist, dass der Urlaubsplan nicht schon im Januar komplett eingeteilt sein muss. Somit kann durch das von der Geschäftsleitung entgegengebrachte große Vertrauen in die Urlaubsgestaltung der Mitarbeiter immer wieder flexibel auf die jeweiligen Urlaubswünsche der Kollegen und die abteilungsspezifischen Gegebenheiten eingegangen werden.

Zu den absoluten Stoßzeiten, etwa während der Weltsparwoche und vor dem Jahresabschluss, wird aus Fairness und Solidarität in den jeweils stark frequentierten

Abteilungen (zum Beispiel Schalter, Zweigstellen, Rechnungswesen, Marktfolge Aktiv) kein Urlaub eingetragen.

Bei Engpässen, wie sie zum Beispiel durch Krankheit entstehen, wird durch die hohe Flexibilität der Mitarbeiter auch abteilungsübergreifend für Ersatz gesorgt, indem etwa Kollegen der Zweigstellen Tätigkeiten am Schalter übernehmen.

Als Resümee ergibt sich, dass es in den formellen Gruppen unseres Hauses mit der Urlaubsplanung keine Schwierigkeiten gibt und für alle Aufgaben unserer Bank ausreichend Personal zur Verfügung steht.

Kontrolle im Sinne von Überwachung   23

„Du bekommst, was du zählst."

> Gesetzlich vorgeschriebene Kontrollen sind das eine, die Überprüfung der Arbeitsleistung das andere. Führungskräfte, die in beiden Fällen den gleichen Maßstab anlegen und ausschließlich auf Zahlen fixiert sind, neigen dazu, Wesentliches zu übersehen. Zudem signalisieren sie ihren Mitarbeitern eine besonders demotivierende Eigenschaft: Führung mit Misstrauen.

Grundsätzlich ist hier aus meiner Sicht eine Unterscheidung zwischen zwei Arten von Kontrollen notwendig. Da gibt es zunächst jene, die sich aus den täglichen Arbeitsabläufen ergeben und teilweise sogar durch Vorschriften und Gesetze geregelt sind: Das ist im Bankbereich, sicher aber auch in anderen Branchen, zum Beispiel in der Lebensmittel- oder chemischen Industrie, häufig der Fall. Diese Vorgänge verstehe ich nicht als Kontrolle der Mitarbeiter im Sinne von Überwachung; sie sollten auch nicht für diesen Zweck herhalten.

Unverhältnismäßigkeit wird zur Plage

Derartige Kontrollen werden, soweit sie nicht zusätzlich aufgesetzt und unnötig ausgedehnt werden, von Mitarbeitern zwar vielleicht manchmal als lästig empfunden, führen aber im Normalfall nicht zur Demotivation. Umfang und Aspekte dieser Kontrollen sind den Mitarbeitern ja bekannt und erzeugen insofern kein Misstrauen. Trotzdem sollte versucht werden, auch die sachlich begründeten Kontrollvorgänge auf das geringstmögliche Maß zu verdichten. Die Kontrollen sind für das Unternehmen in jedem Falle Kostenfaktoren. Sie werden zur Plage, wenn Aufwand und Umfang der Kontrollen in keinem Verhältnis mehr zum Ergebnis stehen.

Ein Beispiel. Der Inhaber eines Handelsbetriebes kontrolliert, zusätzlich zu seinen Führungsaufgaben, lückenlos jede Ausgangsrechnung persönlich. Auf meine Frage, wie denn der Ertrag, sprich die Quote der aufgedeckten Fehler sei, erzählte er mir, es sei schon einmal vorgekommen, dass dem Kunden 330 Euro zu wenig in Rechnung gestellt wurden. Anscheinend misstraut dieser Vorgesetzte bezüglich der Qualität der Arbeit seinen Mitarbeitern sehr stark, obwohl trotz seiner weitgehenden Kontrollen bisher keine großartigen Fehler und Fehlerquellen erkennbar sind.

Verunsicherte Mitarbeiter arbeiten weniger effizient

Neben dem Aspekt, dass er als Firmeninhaber seine Arbeitszeit effektiver nutzen könnte, führt dieses Verhalten zur Demotivation der Mitarbeiter und zu einem Rückgang der Arbeitsleistung. Die Mitarbeiter selbst werden vorsorglich schon die erstellten Rechnungen ein zusätzliches Mal prüfen und verursachen damit weiteren Zeitaufwand.

Insofern sollten systembedingte Kontrollen effizient sein und sich zum Beispiel auf Stichproben stützen. Deren Umfang gehört einmal festgelegt und gelegentlich überprüft und angepasst. Damit ist dem Kontrolldrang der Führungskraft Rechnung getragen. Den Mitarbeitern wäre hinreichend bekannt, dass ihre Arbeitsqualität geprüft wird. Das Unternehmen spart Kosten.

Zum konkreten Fall: Die Mitarbeiterfluktuation in der zuständigen Abteilung des Unternehmens ist, wie nicht anders zu erwarten, hoch.

Damit kommen wir zur zweiten Art von Kontrolle: die Überwachung des Verhaltens von Mitarbeitern. Ich meine damit nicht die Qualität der Arbeit, sondern die Kontrolle all dessen, was nicht direkt mit der korrekten Abwicklung des täglichen Geschäftes zu tun hat. Eine wesentlich anspruchsvollere und schwierige Aufgabe also.

Eine moderate Form der Überwachung sind die Zeiterfassungssysteme. In manchen Branchen sind sie betriebsnotwendig und zweifelsfrei sinnvoll. Wie sonst sollte auch der Mitarbeiter selbst bei gleitender Arbeitszeit den Überblick über sein Zeitkonto behalten? Fragwürdig ist die Nutzung von Zeiterfassungssysteme dort, wo es weder Gleitzeit gibt, noch Überstunden, sofern nicht ausdrücklich angeordnet, bezahlt werden. Häufig ist dies in kleineren Betrieben der Fall, vor allem für die Mitarbeiter in den Büros.

Zeiterfassung liefert keine Aussagen zur Effizienz von Mitarbeitern

Ich kenne eine Führungskraft aus der Finanzbranche, die jeden Monat intensiv die Ausdrucke der Zeitkonten seiner Mitarbeiter analysiert. Es gibt dort weder gleitende Arbeitszeit, noch werden nicht angeordnete Überstunden bezahlt. Nachdem beim Studium der Konten auffiel, dass es durchaus Mitarbeiter gab, die gerade mal ihr Zeitsoll erfüllten, andererseits aber auch solche mit 10 oder noch mehr Überstunden im Monat, glaubte die betreffende Führungskraft handeln zu müssen. Allen Mitarbeitern, die nicht wenigstens vier Stunden Mehrarbeit pro Monat auf dem Zeitkonto hatten, wurden aufgefordert, mindestens diese zu erbringen.

Die Führungskraft bekam anschließend genau das, was sie wünschte und was sie zählte – und fühlte sich dabei auch noch gut. Jene Mitarbeiter, die zu Mehrzeit (aber nicht Mehrarbeit) aufgefordert waren, verteilten ihre Jobs intelligent auf die zusätzlichen 240 Minuten und sortierten gleichzeitig die Vorbildfunktion, die Glaubwürdigkeit und die Kommunikationsbereitschaft ihres Vorgesetzten unter „mangelhaft" ein. Insbesondere jene, bei denen Intelligenz und Effizienz Hand in Hand gingen, waren ab diesem Zeitpunkt von ihrem Chef abgekoppelt.

Emotionale Rechenfehler verzerren das Bild der Realität

Wo liegt der Denkfehler beim geschilderten Verfahren? Der Irrtum dieses Vorgesetzten besteht offenkundig darin, dass er annimmt, dass alle Mitarbeiter, die viele Mehrstunden vorweisen können, fleißig sind, die mit wenigen Überstunden logischerweise weniger fleißig. Die Realität sieht vermutlich ganz anders aus. Die nach Stunden und Minuten gemessene Präsenz der Mitarbeiter sagt lange nichts über deren Effizienz und Intensität in ihrem Aufgabenbereich aus.

Ein Zeiterfassungssystem kann nicht die Aufgabe der Führungskraft übernehmen, zu beurteilen, welche Wirksamkeit und Arbeitsleistung ein Mitarbeiter erbringt. Man muss schon genauer hinsehen, warum der eine Mitarbeiter weitgehend normale Arbeitszeiten auf dem Konto hat und ein anderer außerordentlich viele Mehrstunden nachweist.

Wenn die Führungskraft im geschilderten Fall dann auch noch die Vergütung, zumindest zum Teil, an den Überstunden festmacht, ist die Demotivation mancher Mitarbeiter vorgegeben. Aus einem an sich harmlosen Überwachungsinstrument, das im Übrigen in der genannten Konstellation überhaupt nicht gebraucht würde, entsteht eine klassische Fehlsteuerung im Gehaltsgefüge.

Anzahl wahrgenommener Termine garantiert nicht unbedingt Erfolge

Nun zu einer etwas weitergehenden Form der Überwachung. Im Vertrieb gilt die eingängige und von der Wahrscheinlichkeit her schlüssige Maxime: „Je mehr Termine, umso mehr Abschlüsse." Gegen diese Feststellung gibt es überhaupt nichts einzuwenden. Wenn dann eine Führungskraft von ihren Marktmitarbeitern täglich mindestens fünf Termine fordert, liegt das für mich auch noch im Rahmen.

Ich glaube zwar nicht, dass der Vorgesetzte auf diesem Weg dem Ziel eines größeren Vertriebserfolgs näher kommt. Aber er erreicht sein persönliches Ziel: „Du bekommst, was du zählst" – in diesem Falle die Anzahl der vorgegebenen Termine.

Fragwürdig wird für mich das Ganze dann, wenn in diesem Fall vom Mitarbeiter die Freischaltung seines digitalen Terminplaners für den Vorgesetzten verlangt wird. Wenn es denn dabei bliebe… Immer wieder, so wurde mir bekannt, nimmt der Vorgesetzte die Gelegenheit wahr und stöbert im Terminkalender des Mitarbeiters.

Häufig führt dies dazu, dass der Mitarbeiter mit telefonischen und persönlichen Rückfragen der Führungskraft bezüglich der geplanten Inhalte des Kundentermins konfrontiert wird. Abgesehen von der Zeit, die dem Mitarbeiter verloren geht, ist diese Vorgehensweise nicht vertrauensfördernd und wirkt demotivierend.

Selektive Wahrnehmung entwertet Kontrollverfahren

Ähnlich verhält es sich in einem mittelständischen Betrieb, dessen geschäftsführender Inhaber jeden Montagmorgen sein Führungsteam zur Gesprächsrunde um sich sammelt. Kopf für Kopf, Abteilung für Abteilung fragt er dann den Stand der Arbeiten und die Pläne für die kommende Woche ab. An und für sich ein gescheites Instrument, um am Beginn der Arbeitswoche den Status quo zu erheben und das ganze Team abteilungsübergreifend auf den neuesten Stand zu bringen. Der Schönheitsfehler liegt allerdings darin, dass der Chef bei dieser Gelegenheit nur Fortschritte hören will und keine Probleme.

Mitarbeiter, die über Verzögerungen, Störungen, Fehler oder unbotmäßiges Kundenverhalten berichten, bekommen – vor Publikum – einen Anraunzer und eine Erinnerung, wie wichtig effizientes und störungsfreies Arbeiten für das Wohlergehen des Betriebs und alle seine Glieder sei. Der Abgesang dieser Maßregelung mündet meistens in den Satz: „Ich will so etwas nicht mehr hören. Stellen Sie das ab!"

Die Schlaueren im Team haben sich das zu Herzen genommen. Sie berichten nicht mehr über solch unerwünschte Vorgänge. Die Allerschlauesten sorgen sogar dafür, dass sie jeden Montagmorgen eine gute Nachricht zur Hand haben, die den Chef begeistert. Dann fragt er auch nicht mehr weiter, was sonst noch ansteht. Im Extremfall gelingt es sogar, die gleiche gute Nachricht im Abstand von mehreren Wochen mehrfach zu verkaufen: einmal als Ankündigung, dass jetzt ein Abschluss geglückt ist, später als Statusmeldung, man habe mit den Arbeiten daran begonnen – und irgendwann auch noch als Bericht, dass die Sache jetzt erledigt ist. Sie haben für den Druck, der auf sie ausgeübt wird, ein Ventil zum Ablassen entwickelt, aus dem Richtung Chef bei genauem Hinsehen nur noch heiße Luft entweicht.

Ein anderer Fall von massiver, missbräuchlicher Kontrolle liegt schon viele Jahre zurück. Heutzutage wäre das Ganze wohl auch rechtlich fragwürdig. Eine Führungskraft schaltete sich ständig auf Telefongespräche ihrer Mitarbeiter auf und hörte bei deren Gesprächen mit. Weil jeder im Betrieb dies wusste, waren Privatgespräche ohnehin kein Thema. Die damalige Führungskraft machte aus ihren Lauschangriffen keinen Hehl. Ganz im Gegenteil: Nach Telefongesprächen mit Kunden wurden die Mitarbeiter teilweise zu Kritikgesprächen oder Rapport über die Inhalte zur Führungskraft gerufen. Ein geradezu obskurer Fall von eigentlich nicht vorstellbarer Kontrolle.

Die Fluktuation in diesem Unternehmen war den Verhältnissen entsprechend.

Lauschangriff & Co. deuten auf massive Führungsschwäche hin

Wenn eine Führungskraft derlei Überwachungsmaßnahmen einsetzt, leidet sie aus meiner Sicht entweder an einem krankhaften Kontrollzwang. Oder aber ihre Mitarbeiter geben tatsächlich zu solchen Maßnahmen Anlass. Dann hat sie in ihrer Personalbeschaffung und -entwicklung versagt. Ich gehe in diesem Fall von der ersten Möglichkeit aus, sie tritt in der freien Wildbahn auch häufiger auf.

Fazit: Niemand möchte ständig gerne kontrolliert werden. Denn daraus lässt sich sehr schnell mangelndes Vertrauen ableiten. Vertrauen ist das Gegenteil von Misstrauen, gleichzeitig einer der wichtigen Faktoren für die Motivation eines Mitarbeiters.

Bei ständiger Kontrolle, vor allem einer von jener Art, die das Verhalten des Mitarbeiters und nicht die Routineabläufe des täglichen Geschäfts betreffen, besteht häufig die große Gefahr, dass die Mitarbeiter ihre Leistung zurückfahren oder zur kreativen Gestaltung bei der Leistungsdarstellung übergehen.

Weniger Kontrolle heißt, in jemanden Vertrauen setzen. Vertrauen ehrt, so sagt der Volksmund. Wer sich geehrt fühlt, der will bis auf wenige Ausnahmen diese Ehre auch bestätigen. Wenn sich im Unternehmen tatsächlich Ausnahmen ergeben, dann ist eine angemessene Reaktion der Führungskraft natürlich wichtig und erforderlich.

> **Aus meiner Sicht (Kerstin Kamp)**
>
> „Vertrauen beruht auf Gegenseitigkeit" - ich bin mir sicher, dass Vertrauen ein sehr wichtiger Baustein der Unternehmensführung ist. Wie sollte ich als Mitarbeiter sonst Vertrauen in die Unternehmensführung haben, wenn mir auch keines entgegengebracht wird?
>
> Selbstverständlich sind Kontrollen in gewissen Bereichen notwendig. Es gibt gerade im Bankenwesen unausweichliche Vorschriften und Gesetze, die es einzuhalten und deren Einhaltung es zu überwachen gilt. Jedoch braucht man dabei nicht über das Ziel hinaus zu schießen.
>
> Ziel zum Beispiel der Zeiterfassung ist in meinen Augen die Dokumentation der tatsächlichen Arbeitszeit – verbunden mit der Möglichkeit des Mitarbeiters, das Zeitkonto auszugleichen. Man kann die Zeiterfassung aber auch als Kontrollsystem einsetzen, mit dem Ziel, Mitarbeiter zu überwachen. In vielen Firmen ist es in der Praxis leider gängig, dass Mitarbeitern geleistete Überstunden gestrichen werden und die tatsächliche Arbeitsleistung nicht anerkannt wird. Dies wird von Mitarbeitern als Überwachung empfunden, die Motivation lässt nach. Mitarbeiter haben dann das Gefühl, dass sie lediglich an ihrer Anwesenheit gemessen werden, nicht aber an ihrer Arbeitsleistung.
>
> Durch übermäßige Kontrolle werden außerdem Ängste vor Fehlern geschürt. Der innerliche Druck und die Unsicherheit steigen an, die Arbeitsleistung sinkt. In diesem Fall hätte die Kontrolle ihr eigentliches Ziel vollkommen verfehlt, eine effektive und qualitativ hochwertige Arbeit sicherzustellen.

Bei uns werden der freie Nachmittag wie auch die Urlaubsplanung direkt unter den Kollegen abgestimmt. Für mich ist die Möglichkeit, einen halben Tag in der Woche frei zu haben, genial und erleichtert auch für private Erledigungen vieles. Das System funktioniert prima, da Überschneidungen oder Probleme direkt und unbürokratisch im Team gelöst werden können. Der Vorgesetzte kann sich darauf verlassen, dass die Absprache funktioniert und muss nur in Ausnahmefällen eingreifen.

Das Vertrauensprinzip, wie es bei uns gelebt wird, gefällt mir am besten.

Aus meiner Sicht (Stefan Pehl)

Zum Thema Kontrolle ist mir sofort ein Sprichwort eingefallen: „Vertrauen ist gut, Kontrolle ist besser." Ich finde, dieses Sprichwort stimmt auch – aber nur in eingeschränkten Bereichen.

„Vertrauen ist gut – Kontrolle ist besser" gilt in meinen Augen für alles, was durch Gesetze festgelegt ist oder was innerhalb fester Rahmenbedingungen unveränderlich bleiben muss und soll. Diese Begrenzung ist unabdingbar, um einem Unternehmen einen festen Rahmen zu geben. Sie dient bildlich gesprochen als „Leitplanke" für das alltägliche Arbeiten. Abweichungen davon könnten einen Schaden für das Unternehmen oder auch für den einzelnen Mitarbeiter bedeuten. Deshalb sind hier Kontrollen notwendig und werden von Arbeitnehmern auch akzeptiert. Anders sieht es innerhalb dieser „Leitplanke" aus. Wenn es um die individuelle Arbeitsgestaltung geht, finde ich, muss man das Sprichwort umdrehen: Kontrolle ist gut – Vertrauen ist (viel) besser!

Die Freiheit zu haben, sich bei einer Fülle von „To Dos" eigene Prioritäten zu setzen oder anfallende Probleme selbstständig zu lösen, stellt für mich nicht nur eine Herausforderung dar, sondern sie ist auch Ansporn, die Arbeitsziele zur besten Zufriedenheit zu erreichen. Zudem sehe ich es als Anerkennung meiner Fachkompetenz, wenn nicht jeder Schritt kontrolliert und diskutiert wird, sondern meine Vorgesetzten und Kollegen mir hier Vertrauen in meine Arbeit schenken.

Vermutlich ist es für eine Führungskraft, die der „Basis" nahe steht, einfacher auf Kontrollen zu verzichten. Wenn ein Chef seine Mitarbeiter und die Arbeitsabläufe gut kennt, kann er die Qualität der Arbeitsleistung auch ohne ständige Überwachung realistisch einschätzen. Das kann ein großer Vorteil für eine kleinere Bank und ein kleineres Unternehmen sein. Ich kann für mich sagen: Zu viel Kontrolle frustriert, Vertrauen motiviert.

Anerkennung

24

Auf die richtige Währung kommt es an

> Anerkennung wird als einer der wichtigsten Motivationsfaktoren überhaupt definiert. Anerkennung stärkt und bestätigt das Selbstwertgefühl des Menschen. Anerkennung beschränkt sich jedoch bei weitem nicht auf das Lob, wie oft der Einfachheit halber angenommen wird. Sie spiegelt sich in vielen Facetten des täglichen Miteinanders – also in der Regel in vermeintlichen Kleinigkeiten.

Es ist schon viele Jahre her, da begegnete mir in einem Fachbuch der anregende Hinweis, wie motivierend ein Lob sei. Der Autor des Buches legte mir nahe, einen Zettel auf den eigenen Schreibtisch zu legen, auf dem mit dicken Buchstaben das Wort „Lob" geschrieben steht. Es sollte mich als junge Führungskraft ständig daran erinnern zu loben.

Natürlich tat ich das dann auch. Mit mäßigem Erfolg, so konnte ich nach geraumer Zeit feststellen. Heute weiß ich, was ich damals falsch machte. Ich lobte zu viel und nicht in den richtigen Situationen. Ich verteilte Lobe um ihrer selbst willen, nicht als Antwort auf eine Leistung.

Inflationäres Lob führt zum Wertverlust

Ein Mitarbeiter, der dafür gelobt wird, dass er Routinearbeiten im Rahmen seines Aufgabenbereichs erfüllt, ist letztlich eher verwundert über so viel Anerkennung und wird dazu neigen, dieses Lob als Floskel abzutun. Gleiches wird eintreten, wenn ein Lob formelhaft vorgebracht wird. Zudem könnte ein Lob für eine ganz normale Arbeitsleistung Mitarbeiter auch auf den Gedanken bringen, die Führungskraft traute dem Gelobten nicht einmal die ordentliche Bearbeitung von Routinetätigkeiten zu.

Finanzleute kennen die Gefahren einer Inflation: Zahlungsmittel verlieren an Wert. Betrachtet man das Loben wie eine Währung, erkennt man leicht, was droht, wenn zu viel davon in Umlauf kommt: Alles, was inflationär ist, verliert sehr schnell seinen Wert. Um das richtige Maß zu finden, sollte man sich darauf konzentrieren, dass die Führungskraft wirklich nur bei tatsächlich außergewöhnlichen Leistungen lobt.

„Danke" als Zeichen gegenseitiger Anerkennung

Jetzt gleich ins Gegenteil zu flüchten, führt allerdings auch nicht weiter. Ein schwäbisches Sprichwort besagt: „Wenn i nix sag, isch g`lobt gnua!" Übersetzt in das Hochdeutsche: „Wenn ich nicht tadele, ist das Lob genug." Derartiges mag als Ausbund an Sparsamkeit durchgehen, hat aber mit guter Führungsqualität nichts zu tun.

Wenn heutzutage ein Mitarbeiter für mich einen Auftrag ausführt, dann bekommt er von mir fast immer schon bei der Auftragserteilung, sicher aber dann, wenn der Vorgang erledigt ist, ein ehrliches „Danke".

Dabei habe ich das Gefühl: Dieses Zauberwort wird schon als Anerkennung empfunden, weil es wohl Führungskräfte in vielen Unternehmen nicht mehr im Wortschatz führen. Im Laufe der Jahre konnte ich auch feststellen, dass unsere Mitarbeiter untereinander immer häufiger das Wort „Danke" benutzen. Ein Zeichen der gegenseitigen Anerkennung.

Wenn der Mitarbeiter den Chef lobt

Eine ganz besonders schwierige Situation kann dann eintreten, wenn Mitarbeiter die Führungskräfte loben. Wie empfindet das die Führungskraft? Auch da gilt: „Es kommt darauf an." In einem Klima der Offenheit und gegenseitigem Vertrauen zwischen Mitarbeiter und Führungskraft wird sich der Chef über ein Lob oder ein positives Feedback freuen. Auch Führungskräfte sind nur Menschen – und Anerkennung ist ein menschliches Bedürfnis.

Anders sieht die Sache aus, wenn die genannten Kriterien von Offenheit und Vertrauen nicht wirklich gegeben sind. Dann kann das eigentlich gut gemeinte Lob des Mitarbeiters nicht nur verpuffen, sondern in das Gegenteil umschlagen und in den Ruch von Heranwanzen und Schleimerei kommen.

Im Rahmen einer Tagung hatte ich zufällig am Rande mitbekommen, wie ein Mitarbeiter seinen Vorgesetzten für die Qualität seines Vortrages lobte. Die eindeutige Körpersprache der Führungskraft signalisierte mir, mich schleunigst räumlich von den beiden zu entfernen. Ich hatte durchaus das Gefühl, dass der Mitarbeiter es mit dem Chef ehrlich gemeint hatte. Was ist schief gelaufen? Von unten nach oben zu loben, ist zumeist eine ganz gefährliche Angelegenheit für den Lobenden, auch wenn es noch so gut und ehrlich gemeint war.

Höchstwahrscheinlich verfügte der Vortragsredner über ein so hohes Selbstwertgefühl, dass er ein Feedback seiner Meinung nach nicht benötigte und das schon gar nicht von unteren Hierarchiestufen. Nicht auszudenken, wenn in den Aussagen des Mitarbeiters auch noch ein Ansatz von Kritik enthalten gewesen wäre. Nach dem Motto: „War gut, aber ….." Lediglich ein braves Klatschen nach dem Vortrag hätte dem Mitarbeiter wohl manches erspart. Das Verhalten des Chefs in dieser Situation lässt auch den Schluss zu, dass er auch im täglichen Geschäft an Feedback nicht interessiert ist.

Billige Worte haben keinen Wert

Richtig loben ist eine der schwierigeren Methoden der Motivation. Ganz einfach deswegen, weil es nicht nur darauf ankommt, in welchen Situationen gelobt wird, sondern noch mehr davon abhängt, welche „Währung" der Gelobte bevorzugt. Der Satz ist allgemein bekannt: „Der Chef hat mich gelobt, aber dafür kann ich mir nichts kaufen." Entweder ist dieser Mitarbeiter aus seiner Sichtweise nicht angemessen bezahlt oder er ist monetär getrieben. Wer also Zeichen der Anerkennung verteilen möchte, ist gut beraten, differenziert zu denken und zu handeln.

Er kann dazu eine „Wechselstube" aufsuchen und sich dort Valuta beschaffen, die nicht ganz so schwierig in der Ausführung ist und eine größere und dauerhaftere Wirkung erzielt als das Loben. Auf dem Tableau finden sich interessante Alternativen.

Während ein Lob ein einmaliger Vorgang zu einem bestimmten Termin und einem entsprechenden Anlass ist, spielen gegenseitiger Respekt, Akzeptanz und das Gefühl, an Entscheidungsprozessen mitwirken zu können, eine viel größere Rolle im Unternehmensgeschehen. Denn sie werden täglich von neuem gelebt – oder sie finden erst gar nicht statt. Ihre anerkennende Wirkung ist deshalb weit größer und von dauerhafter Natur.

Gerade Respekt und Akzeptanz verdienen hier unsere besondere Aufmerksamkeit. Was verbirgt sich hinter dem Begriff „Respekt" im täglichen betrieblichen Geschehen? Es ist eine Mischung aus Wertschätzung, Interesse, Aufmerksamkeit, Freundlichkeit und Höflichkeit gegenüber anderen. Dabei sollten keine Unterschiede im Umgang mit Personen in welcher Hierarchiestufe auch immer gemacht werden.

Wahrnehmung individueller Stärken bewirkt oft mehr als ausgesprochenes Lob

Im Rahmen der Vorbereitung der Powerpoint-Präsentation für einen meiner Vorträge wollte ich dies auch bildlich darstellen. Deshalb bat ich unseren Hausmeister, mit ihm ein gemeinsames Foto machen zu dürfen, das uns im Gespräch zeigt. Er war begeistert, wollte aber unbedingt zuerst noch einen frischen Arbeitsmantel holen. Während der Aufnahmen fragte er mich, welchen Zweck denn diese Bilder hätten. Ich sagte ihm, dass ich diese in meinen Vortrag einbauen werde, der nächste Woche in Innsbruck terminiert ist. Im Laufe des Tages erzählten mir dann mehrere Mitarbeiter, dass unser Hausmeister stolz berichtet habe, sein Bild werde in Innsbruck für einen Vortrag verwendet. Für ihn war dies auch eine Form von Anerkennung.

Auch an anderer Stelle zeigt sich in Begegnungen mit unserem Hausmeister, wie vielschichtig Respekt ist. Oft, wenn ich morgens pünktlich auf den Parkplatz fahre, treffe ich schon auf diesen Mitarbeiter. Gemäß dem Prinzip „Freundlichkeit und Höflichkeit" heißt dann: Der Hausmeister bekommt von mir ein freundliches „Guten Morgen, Herr ...." Und ich höre ihm aufmerksam zu, wenn er mir erklärt, was er im Laufe des Tages an Arbeiten plant. Schon durch dieses ehrliche Zuhören empfängt er Wertschätzung und damit Anerkennung. Ein Lob, so mein Eindruck, erwartet er überhaupt nicht. Ihm ist wichtig, wahrgenommen und in seiner (Dienst)Leistung wertgeschätzt zu werden.

Das ist seine „Währung".

Akzeptanz zählt mehr als Toleranz

Anerkennung kann auch durch Akzeptanz zum Ausdruck kommen. Akzeptanz geht einen Schritt weiter als Toleranz. Sie bedeutet, das Verhalten oder zum Beispiel die beruflichen Ziele eines Mitarbeiters so zu akzeptieren, wie sie sind – und in das eigene Verhalten, die eigenen Ziele zu integrieren. Natürlich darf das Verhalten nicht gegen die Regeln des Betriebes verstoßen. In diesem Fall ist Akzeptanz völlig unangebracht und bedarf auch im Extremfall entsprechender Sanktionen.

Ein Beispiel dafür, bei dem bestimmtes Verhalten akzeptiert wird: Es gibt wohl in jedem Unternehmen Mitarbeiter, die sich nicht an freiwilligen betrieblichen Veranstaltungen, wie Betriebsausflügen oder Betriebsfesten beteiligen möchten. Die Gründe hierfür können vielfältig sein und sollten letztlich bei den Führungskräften auf Verständnis und Akzeptanz stoßen. So liefern sie auch eine Art Anerkennung für die Verhaltensweisen des Mitarbeiters. In diesem Fall Akzeptanz zu zeigen ist für die Führungskraft nicht sehr schwierig und für das Unternehmen nicht von großer Bedeutung.

Eine etwas andere Situation ergibt sich im folgenden Fall: Ein Mitarbeiter ist aus Sicht der Führungskräfte sehr gut geeignet und qualifiziert, eine andere, sogar höherwertige Position im Unternehmen zu übernehmen. Im Gespräch mit dem Mitarbeiter stellt sich heraus, dass er selbst sich zutraut, die neue Aufgabe erfolgreich zu bewältigen. Aber – er fühlt sich in seiner bisherigen Tätigkeit so wohl, dass er diese auf keinen Fall aufgeben will. Hier gilt es für die Führungskräfte Akzeptanz zu zeigen, sonst verlieren sie einen zufriedenen Mitarbeiter oder setzen in einer wichtigen Position auf jemand, der damit vielleicht unglücklich und nicht mehr motiviert ist. Bleibt alles beim Alten, ist dies unter diesen Vorzeichen auch eine Form von Anerkennung. Der Mitarbeiter empfindet Akzeptanz und Wertschätzung, da er zwar nicht den Plänen des Unternehmens zustimmt, aber trotzdem seine „geliebte" bisherige Tätigkeit behalten kann.

Anstelle eines Fazits zu einem Kapitel, das wegen der Unterschiedlichkeit der Menschen und der möglichen Interaktionen sowieso nie vollständig sein kann, stehen einige Ausführungen zu Themen, die weit verbreitet unter der Rubrik „Anerkennung" und damit Motivation geführt werden.

Sonderzahlungen dienen oft nur dem Kontoausgleich

Wie heißt es oftmals in Schreiben an Mitarbeiter, denen von den Führungskräften eine Sonderzahlung zugestanden wird: „In Anerkennung Ihrer besonderen Leistungen für das Unternehmen erhalten Sie eine Sonderzahlung in Höhe von ..." Der Mitarbeiter verbucht derlei für sich in der Regel nicht unter „Anerkennung", sondern als gerechten Ausgleich für seine möglicherweise tatsächlich überdurchschnittliche Arbeitsleistung. Einen großen Motivationsschub wird man auf diesem Wege nicht auslösen. Viel wahrscheinlicher ist es, dass sich die Geste nur als „Kontoausgleich" darstellt.

Ähnliches gilt für die Zahlung von variablen Vergütungen oder Bonuszahlungen. Meistens bewirken die Systeme, mittels derer die Höhe dieser Vergütungen bestimmt wird, nicht das, was sich das Unternehmen als Ziel vorstellt. Eine höhere Motivation der Mitarbeiter? Vielleicht kurzfristig, aber sicher nur so lange, bis der Grenznutzen hinsichtlich des Einkommens des Mitarbeiters erreicht ist.

Bonussysteme führen auf Irrwege

Außerdem sind die Systeme zur Ermittlung variabler Vergütungen sehr häufig anfällig für Missbrauch und Fehlsteuerungen im Vertrieb. Auf der Kundenseite können sie zur Betreuung „am Ziel vorbei" führen, weil dann möglicherweise nicht mehr nach Kundenbedarf verkauft wird, sondern danach, welche Folgen die jeweiligen Produkte im Bonussystem haben. Das ist vergleichbar mit der Buchung eines Fluges von München nach Paris über Johannesburg, nur um in den Genuss von möglichst vielen Meilen zu kommen.

Unter dem Aspekt „Anerkennung und Motivation" halte ich monetäre Anreize daher für bestenfalls bedingt wirksam. Folglich bleibt erstens nur die Alternative eines aus Mitarbeitersicht wirklich angemessenen Fixgehaltes – und zweitens die Beschäftigung von Mitarbeitern, deren Motivation nicht allein vom Geld getrieben ist.

> **Aus meiner Sicht (Brigitte Krüger)**
> Anerkennung und Lob eines Mitarbeiters sehe ich persönlich als einen wichtigen Punkt im Arbeitsleben. Aber wie unser Autor das so treffend beschreibt, muss nicht jeden Tag und zu viel gelobt werden.
> Ein kleines Lächeln zeigt mir manchmal schon: „Schön, dass Sie heute wieder da sind."
> Und das motiviert einen viel mehr als tausend Worte, die nur so dahin geredet werden. Es ist bestimmt nicht einfach, einen goldenen Mittelweg zu finden, um alle Mitarbeiter gleich zu behandeln. Aber ich denke, dass in unserem Unternehmen unsere

Führungskräfte einen guten Weg eingeschlagen haben. So mancher Chef könnte sich bei uns etwas abschauen.

Wenn ich als Mitarbeiter das Gefühl habe, ich werde anerkannt und meine Arbeit wird geschätzt, dann kann das nach meiner Einschätzung für alle Seiten nur Vorteile haben.

Aus meiner Sicht (Rosamunde Walder)

Durch den professionellen Führungsstil und das kompetente Aussprechen von Lob und Anerkennung sowie von Danke und Bitte hat sich meine Motivation, erteilte Arbeitsaufträge zügig zu erledigen, erhöht. Ich arbeite seit fast 40 Jahren in dieser Branche und habe auch schon einen anderen Führungsstil kennengelernt. Damals habe ich die geforderten Aufträge auch schnell erledigt, dies aber mit weniger Freude.

Schön finde ich, dass ich nun um Erledigungen „gebeten" werde und dies nicht nur delegiert wird – und freue mich über ein „Dankeschön". Somit erledige ich auch Dinge, die mir nicht aufgetragen werden, die ich aber als selbstverständlich erachte und die ich gern übernehme.

Ich denke: Gelegentliches ehrliches Lob erfreut den Chef wie den Angestellten gleichermaßen.

Es ist viel wertvoller, stets den Respekt der Menschen als gelegentlich ihre Bewunderung zu haben. (Jean-Jacques Rousseau)

Anerkennung für Engagement

25

Lobesreden ziehen keine Motivation nach sich

> Die öffentliche Auszeichnung von Mitarbeitern, die Besonderes geleistet haben, gilt vielfach als probates Mittel für Führende, um die Geführten zur Nachahmung zu motivieren. Die praktische Erfahrung lässt an der Wirksamkeit solcher Maßnahmen nachhaltig zweifeln.

Der Vorgesetzte stellt sich hin und hält vor großem Publikum eine Lobrede auf einen Mitarbeiter. Auszeichnung, Anerkennung und Würdigung einer herausragenden Leistung – ein Vorbild für das ganze Team. Neue Motivation, so das Ziel des Lobredners, erfüllt den Raum und alle darin Anwesenden. Tatsächlich? Fühlt sich der öffentlich Gelobte wirklich angespornt, noch besser, noch effizienter zu werden? Verspüren die anderen das gleiche Wirken dieser Botschaft? Man darf daran zweifeln – und tatsächlich gehen die Meinungen der Fachleute ziemlich weit auseinander.

Wie würden Sie reagieren oder was würden Sie empfinden, wenn Ihr Kollege aus der gleichen Abteilung für sein Engagement bei einer Betriebsveranstaltung ausdrücklich und öffentlich gelobt wird? Die meisten Menschen führen hier gedanklich einen Abgleich durch: In welcher Form hat er oder sie mehr geleistet als ich? Warum wird der Chef eigentlich darauf aufmerksam? Ich hätte auch mehr geleistet, wenn nicht dies oder das eingetreten wäre. Meine Leistung hat offenbar noch nie jemand zur Kenntnis genommen – geschweige denn zum Anlass für ein öffentliches Lob.

Es mag sein, dass ein Teil der Mitarbeiter das Engagement des prominent Gelobten anerkennt. Dabei kommt es auch darauf an, wofür die Anerkennung ausgesprochen wird. Ist die gewürdigte Leistung in Zahlen messbar oder unterliegt sie der subjektiven Einschätzung der Führungskraft?

Wie motivierend ist öffentliches Lob – und für wen?

Selbst wenn Fakten die Leistung untermauern, bestätigt dies noch lange nicht, dass der Gelobte sich mehr engagiert hat als der Rest der Mannschaft. Handelt es sich um einen Vertriebsmitarbeiter, dann könnte er vielleicht den lukrativeren Kundenstamm haben als andere. Natürlich muss das nicht so sein, aber ausgeschlossen kann es auch nicht werden.

So gibt es wirklich keine befriedigende Antwort auf die Frage: Für wen ist diese öffentliche Hervorhebung überhaupt motivierend?

In unserem Unternehmen steht im Hinblick darauf, dass es keine Einzel- oder Produktziele und ebenfalls keine Art von vertriebsorientierter Vergütung gibt, der Teamgedanke im Vordergrund. Damit stellt sich für uns die Frage der öffentlichen Anerkennung des besonderen Engagements und Erfolgs Einzelner nicht. Im Gegenteil: Wir betrachten sie als demotivierend.

Auch wenn ich über unser Unternehmen hinausblicke, sehe ich weniges, was für diese Art von Hervorhebung spricht – seien es nun Rennlisten, „Mitarbeiter des Monats"-Auszeichnungen oder Veranstaltungen mit Ehrungen. Unter dem Strich bringt nichts davon einen Motivationszuwachs im gesamten Mitarbeiterportfolio.

> **Aus meiner Sicht (Martina Schäffler)**
>
> Eine öffentliche Hervorhebung der Leistungen Einzelner findet in unserem Unternehmen nicht statt.
>
> Bei der Beurteilung des Erfolgs eines Mitarbeiters spielen so viele unterschiedliche Faktoren eine Rolle, dass eine solche Vorgehensweise meiner Meinung nach nie wirklich gerecht sein kann. Andernfalls würde dies auf Dauer beim Rest der Belegschaft wohl eher zu Neid und Frustration als zu einer Motivationssteigerung führen.
>
> Für mich als Mitarbeiter ist es wichtiger, im täglichen Umgang miteinander - sowohl unter Kollegen als auch mit den Vorgesetzten - zu spüren, dass meine Arbeit geschätzt und meine Leistung anerkannt wird.

Würdigung besonderer Anlässe

26

Ehre, wem Ehre gebührt

> Künstliche Anlässe, um Mitarbeiter zu loben und zu beglückwünschen, sind zu vermeiden. Natürliche Anlässe dagegen verdienen das Augenmerk und die Sorgfalt der Vorgesetzten. Was unter Verwandten und Freunden selbstverständlich ist, darf auch im Berufsleben seinen Platz haben: Gratulationen zu Geburtstagen und Jubiläen gehören genauso wie die Anerkennung für berufliche Fortschritte einfach dazu.

Vor einiger Zeit erzählte mir ein Bekannter, dass sein Chef ihm seit seiner Berufung vor fünf Jahren nicht einziges Mal zum Geburtstag gratuliert hat, obwohl das Chefbüro nur ein Stockwerk über ihm liegt. Dabei arbeiten mein Bekannter und der Vorgesetzte während des Jahres durchaus erfolgreich zusammen. Ist es Gedankenlosigkeit des Chefs oder im schlimmsten Falle sogar Absicht? Ist es denn so schwierig, dem Mitarbeiter eine kleine Wertschätzung entgegenzubringen, indem man ihm mit Handschlag zum Geburtstag gratuliert? Im Verlauf des Gesprächs mit meinem Bekannten stellte sich jedoch heraus, dass sein Vorgesetzter insgesamt eine ganz eigene Anschauung von Führung und Mitarbeitermotivation hat.

Nicht viel besser, vielleicht sogar abwertend ist es, telefonisch oder gar mittels E-Mail zu gratulieren, obwohl die Führungskraft im gleichen Stockwerk oder zumindest im gleichen Gebäude arbeitet. Auch diese Variante ist wohl jedem von uns schon einmal begegnet – mit dem Gipfel der vermeintlichen Originalität, dass der Glückwunsch nicht einmal mehr über die „Haus-E-Mail" kam, sondern als Glückwunschkarte aus einem „Sozialen Netzwerk".

Persönliche Begegnungen wirken stärker als digitale Kontakte

Dies ist kein Plädoyer gegen die Kommunikation über das Internet. Sondern eine Erinnerung daran, wie stark eine persönliche Begegnung wirkt. Ein freundliches Händeschütteln, ein ehrlich gemeinter Glückwunsch und die Übergabe eines kleinen Geschenkes, das für alle Mitarbeiter gleich ist – so halten wir es in unserem Unternehmen. Bei runden Geburtstagen besuchen wir unsere Mitarbeiter auch zuhause. Auch andere Familienereignisse wie Geburten, Hochzeiten oder Sterbefälle verdienen ebenfalls eine unaufdringliche, ehrliche Anteilnahme der Vorgesetzten. Sie sind ein deutliches Signal: „Ich nehme Sie nicht nur als Funktion im Betrieb wahr, sondern stets auch als Mensch."

Ein ganz besonderer Anlass ist ein Betriebsjubiläum von Mitarbeitern. Am Tag des Jubiläums besucht ein Mitglied der Geschäftsleitung den Mitarbeiter an seinem Arbeitsplatz, um zu gratulieren und unseren Dank auszusprechen. Auch hier gibt es ein kleines Geschenk.

Gute Vorbereitung macht Anerkennung glaubwürdig

Diese Begegnungen erfolgen unter vier Augen. „Öffentlich" gewürdigt wird die langjährige Tätigkeit des Mitarbeiters im Rahmen der Weihnachtsfeier des jeweiligen Jahres, wobei in kurzen Reden auf die Tätigkeit und Verdienste jedes Jubilars einzeln eingegangen wird. Neben einem Rückblick auf die berufliche Entwicklung des Mitarbeiters und anerkennenden Worten hinsichtlich seiner Leistungen fließen dabei auch manchmal kleine Anekdoten aus den vergangenen Jahren ein.

Diese kleinen Geschichten tragen durchaus zur Erheiterung bei, sind aber mit großem Bedacht zu formulieren und abzuwägen. Gute Vorbereitung zahlt sich aus. Emotionsgeladenes Heraussprudeln, und sei es noch so gut gemeint, kann beim Empfänger völlig falsch ankommen. Ich erlebte das vor vielen Jahren einmal, als ein Vorgesetzter die Ehrung der Mitarbeiter übernahm, für die er zuständig war. In freier Rede legte er los und verrannte sich dabei eher in eine Büttenrede, als dass er eine ernst zu nehmende Ehrung und Würdigung der Betriebsjubiläen zustande gebracht hätte. Entsprechend gedrückt war im Anschluss die Stimmung an diesem Abend.

Wertschätzung liegt in der ehrlichen Absicht begründet

Deshalb ist es empfehlenswert, im Falle der Ehrungen grundsätzlich ein Redemanuskript zu erstellen. Nur so ist eine fein ausdifferenzierte Wortwahl gesichert. Diese ist notwendig, weil sowohl der Geehrte als auch die anderen Mitarbeiter und Jubilare sehr genau zuhören. Auch Übertreibungen gehören nicht in solche Reden, weil die Zuhörer dafür ebenfalls ein gutes Gespür haben und es im Zweifelsfall auch besser wissen.

Wertschätzung empfindet der Geehrte nur, wenn er selbst das Gefühl hat, dass die Worte des Vorgesetzten tatsächlich ehrlich gemeint sind. Der Umfang des einzelnen Redemanuskripts sollte sich auch an der Betriebszugehörigkeit orientieren. Ein 40-jähriges Betriebsjubiläum muss ausführlicher gewürdigt werden als die 10-jährige Betriebszugehörigkeit.

Ich habe auch schon erlebt, dass mich Mitarbeiter nach den Ehrungen um mein Redemanuskript baten, das ich ihnen natürlich dann auch zur Verfügung stellte. Zu welchem Zweck sie es wohl brauchten?

Was natürlich überhaupt nicht passieren darf: dass ein Jubilar vergessen wird. Bei einem früheren Arbeitgeber ist mir das passiert, die Liste der Jubilare, die ich aus der Personalabteilung erhalten hatte, war nicht vollständig. Es fehlte eine geschätzte Mitarbeiterin, was ich natürlich zum Zeitpunkt meiner Reden nicht wissen konnte. Als ich die Ehrungen und damit den offiziellen Teil der Weihnachtsfeier beendete, begleitete mich anstatt abschließendem Beifall ein kollektives Schweigen aus dem Plenum.

Nach kurzer Zeit rief mir jemand zu, die Mitarbeiterin X hätte ich vergessen. Obwohl ich das Missgeschick zumindest nicht allein zu verantworten hatte, wäre ich am liebsten im Boden versunken. Selbstverständlich entschuldigte ich mich in aller Form bei der Mitarbeiterin, aber wirklich gut machen konnte ich diesen peinlichen Fehler natürlich nicht mehr.

Umso mehr beruhigt mich inzwischen bei jeder Weihnachtsfeier im Anschluss an die Ehrungen der abschließende Beifall, ist es doch der wahrscheinlichste Beweis, dass niemand vergessen wurde.

Einer Würdigung bedürfen natürlich auch außergewöhnliche Fortbildungsabschlüsse von Mitarbeitern, nicht nur, aber insbesondere, wenn diese Maßnahmen sogar noch in der Freizeit des Mitarbeiters absolviert wurden. Die Glückwünsche und die Bekanntmachung im Unternehmen über das Intranet sind selbstverständlich. Je nach Gewichtung der Fortbildung veranlassen wir dann auch einen entsprechenden Zeitungsbericht in der regionalen Presse.

Aus meiner Sicht (Martin Botzenhart)

Ich kann dem oben Geschriebenen eigentlich nur zustimmen. Da ich vor kurzem auch erst Geburtstag hatte, weiß ich, wie motivierend ein Geschenk mit einer kleinen Grußkarte sein kann. Gerade auch die Ehrungen der Jubilare an der Weihnachtsfeier zeigen den Mitarbeitern, dass sie ein fester und geschätzter Bestandteil des Unternehmens, der Bank sind. Darum möchte ich diese Aufmerksamkeiten in der Bank nicht missen.

Aus meiner Sicht (Angelika Hruby)

Wie der Umgang mit besonderen Anlässen in unserer Bank praktiziert wird, finde ich sehr gut. Als Mitarbeiter freut man sich doch, wenn der Vorgesetzte zum Gratulieren bei Geburtstag, Ehrung oder sonstigen Festtagen persönlich am Arbeitsplatz vorbeischaut und man dabei auch noch mit einer kleinen Aufmerksamkeit bedacht wird. Die Ehrung für das Betriebsjubiläum bei der jährlich stattfindenden Weihnachtsfeier findet hier auch in einem ganz besonderen feierlichen Rahmen statt.

Neueinstellungen

27

Das erste Gespräch beginnt ganz persönlich

> Gelegenheiten, eine neue Kollegin oder einen neuen Mitarbeiter schon vor Arbeitsantritt von der menschlichen Seite kennenzulernen, sind im traditionellen Einstellungsprocedere nicht vorgesehen und so gut wie nicht vorhanden. In unserer Bank haben wir einen Weg gefunden, der dies – bevor ein Vertrag unterschrieben wird – unkompliziert möglich macht und beiden Seiten das spätere Miteinander spürbar erleichtert.

Einen großen Stellenwert genießt in unserem Hause die Neueinstellung von Mitarbeitern. Äußerst selten geht es dabei um das Füllen von Lücken: Letztmals im Jahre 2009 kündigte ein Mitarbeiter sein Arbeitsverhältnis mit unserer Bank. In der Regel suchen wir neue Kräfte, um unser Wachstum abzubilden: Infolge des gestiegenen Geschäftsumfangs hatten wir in den vergangenen Jahren verschiedentlich Bedarf für neue Mitarbeiter.

Grundsätzlich werden in diesen Prozess die Mitarbeiter der betreffenden Abteilung einbezogen. Handelt es sich zum Beispiel um eine mögliche Stellenbesetzung wegen Elternzeit, stellen sich alle Beteiligten die Frage: Benötigen wir Ersatz? Oder sehen wir Möglichkeiten, durch Umbesetzungen diese Zeit zu überbrücken?

Wenn dies nicht der Fall ist, ist seitens der Personalverantwortlichen zu klären, welche Qualifikationen eines Bewerbers erforderlich sind, um den Ansprüchen der freien Stelle zu genügen. Nachdem die Bank eine relativ große Zahl von Blindbewerbungen erhält, wird zunächst selektiert, ob sich unter diesen geeignete Bewerber befinden. Bleibt dies ohne Ergebnis, werden die Mitarbeiter eingeladen, mit ihnen bekannten, in Frage kommenden Personen zu sprechen. Bisher hat sich aus einer der beiden Optionen immer eine Lösung angeboten.

Erstes Gespräch mit einem Vorstandsmitglied

Die ausgewählten potenziellen neuen Mitarbeiter werden dann zu einem ersten Gespräch mit einem Vorstandsmitglied eingeladen. Diese Termine finden zuhause bei der Führungskraft statt. Diese Vorgehensweise hat zwei Vorteile: Zum einen müssten Bewerber beim Vorstellungsgespräch in den Räumen des Unternehmens damit rechnen, dass sie erkannt werden und dies bis zu ihrem aktuellen Arbeitgeber durchdringt. Zum Anderen wird das Gespräch in einer viel entspannteren Atmosphäre ablaufen als im Büro der Führungskraft. Meist erfolgen zwei oder sogar noch mehr Einladungen, damit beide Seiten, Mitarbeiter und Führungskraft, sich tatsächlich eingehend unterhalten haben.

Die Führungskraft trifft anschließend eine Entscheidung, welcher Bewerber den Mitarbeitern als eventueller neuer Kollege vorgeschlagen wird. Auf Initiative der Führungskraft trifft sich der Bewerber dann mit seinen möglichen künftigen Kollegen aus der Abteilung, der er angehören soll, in einem frei wählbaren Restaurant zu einem gemeinsamen Essen und Kennenlernen. Die Kosten dafür trägt die Bank.

Am nächsten Tag berichtet ein von der Gruppe beauftragter Teilnehmer der Führungskraft über die Erkenntnisse aus der Zusammenkunft. Sind die Eindrücke von dem künftigen Kollegen oder der Kollegin positiv, erfolgt der Abschluss eines Arbeitsvertrages. Wenn nicht, kommt es mit dem nächsten, von der Führungskraft vorselektierten Bewerber, zum identischen Ablauf.

Nicht nur fachliche, auch menschliche Seite von Anfang an im Blick

Diese Vorgehensweise bei der Neueinstellung von Mitarbeitern scheint auf den ersten Blick aufwendig. Sie bietet bei genauerem Hinsehen aber auch große Vorteile. Sowohl die Führungskraft, aber vor allem auch die Mitarbeiter, sind auf diese Weise eingehend an der Auswahl des künftigen Kollegen beteiligt. Sie lernen von Anfang an nicht nur die fachliche, sondern auch die menschliche Seite kennen. Sie erhalten eine tragfähige Grundlage für ein Urteil, ob die neuen Kollegen sich auch in die Denkweise und Struktur des Unternehmens einfügen.

Die Integration dieses Mitarbeiters verläuft in der Regel dadurch problemlos. Nachdem sowohl Führungskraft als auch Mitarbeiter die Entscheidung für diesen Bewerber trafen, werden sie dem neuen Kollegen auch fraglos ihre ganze Unterstützung in der Einarbeitung zukommen lassen. Denn die Beteiligten wollen schließlich vermeiden, eine Fehlentscheidung getroffen zu haben.

Dies ist ein in unserem Haus inzwischen bewährter Weg, Druck aus dem Unternehmen und der gemeinsamen Arbeit zu nehmen – Druck, der aus Unsicherheit und Fremdheit schnell entsteht. Denn auch der Bewerber hat ja den Vorteil, dass er seine zukünftigen Kollegen beurteilen und beschnuppern kann, um damit seine Entscheidungsfindung abzurunden und sich auf das künftige Miteinander einzustellen.

Mit-Arbeit nimmt Druck von allen Beteiligten

Die Neueinstellung eines Mitarbeiters stellt in einem Unternehmen eine große und oftmals entscheidende Investition dar. Umso mehr verwundert es mich manchmal, wenn mir bekannt wird, dass selbst in kleineren Unternehmen die Geschäftsleitung ihren neuen Mitarbeiter der mittleren Führungsebene nicht vor dem ersten Arbeitstag kennenlernt. Die Auswahl erfolgte durch die Personalabteilung.

Das spricht einerseits für ein großes Vertrauen in deren Fähigkeiten: Es signalisiert andererseits aber erstens eine große Distanz zu dem, was man unter Mit-Arbeit idealerweise versteht, und zweitens ein weitgehendes Desinteresse an den menschlichen Qualitäten und Fähigkeiten. Die Wahrscheinlichkeit, diese zu einem späteren Zeitpunkt noch kennenzulernen, ist äußerst gering. Die Wahrscheinlichkeit, dass sich im Verhältnis zwischen beiden unnötig Druck aufbaut, ist auf jeden Fall deutlich größer.

Aus meiner Sicht (Florian Eisenlauer)

Ich selbst wurde genau auf diese Art und Weise in die Raiffeisenbank Ichenhausen aufgenommen. Auch wenn etwas ungewöhnlich, war das Gespräch bei der Führungskraft im eigenen Wintergarten von einer lockeren und ungezwungenen Atmosphäre geprägt. Um keine Gerüchte bei Kollegen oder Bekannten aufkommen zu lassen, war dieser Termin kaum jemandem bekannt. Dieses offene Entgegenkommen endete in einem sehr informativen Austausch und sogar mit einer Verabschiedung des Papageis meines jetzigen Vorgesetzten.

Von großer Bedeutung in einer solchen Situation sind neben der Führungskraft aber auch die „zukünftigen Kollegen/-innen", die ich in gemeinsamer Runde kennenlernen durfte. Durch diese Vorgehensweise wusste ich genau, was auf mich zukommt, und der Grundstein für einen erfolgreichen Einstieg war gelegt.

Aus meiner Sicht (Manuel Roth)

Für die meisten Menschen stellt ein Jobwechsel eine große Veränderung dar. Denn durch einen Arbeitgeberwechsel verlässt man im Regelfall sein gewohntes Umfeld und stellt sich neuen, teilweise auch unbekannten Herausforderungen. Damit man als neuer Mitarbeiter diese Herausforderungen gut meistern kann, ist es wichtig, sich im neuen Unternehmen wohl zu fühlen. Als Bewerber ist es zwar möglich, im Vorfeld Informationen und Statistiken über einen potenziellen Arbeitgeber zu sammeln, aber ein Einblick in die Unternehmenskultur erweist sich oft als schwierig.

Hier öffnet ein Treffen mit den möglichen neuen Arbeitskollegen die Chance, die Menschen kennenzulernen, die hinter dem Unternehmen stehen. Denn sie sind es schließlich, die die Unternehmenskultur prägen und eine angenehme Arbeitsatmosphäre schaffen, in der es sich letztendlich erfolgreich arbeiten lässt. Natürlich kann aus einem einzigen Treffen keine abschließende Beurteilung der Persönlichkeiten hervorgehen. Aber das Kennenlernen der Kollegen vor dem eigentlichen Arbeitsbeginn erleichtert den Start. Denn am ersten Arbeitstag auf bereits bekannte Personen zu treffen, gab mir als neuer Mitarbeiter ein Stück Sicherheit für die ersten Schritte im neuen Unternehmen.

Gemeinsame Aktivitäten

28

Der Weg in die Freizeit ist mit Freiwilligkeit gepflastert

> Gemeinsame Aktivitäten von Mitarbeitern und Führungskräften in der Freizeit sind keine Voraussetzung für „Führen ohne Druck" – sie sind die Folge davon. Befohlenes Vergnügen bei einem Biergartenbesuch wirkt genauso unglaubwürdig wie eine vermeintliche „Gleichheit auf Zeit" beim verordneten Radausflug. In einem entspannten Miteinander der täglichen Arbeit dagegen gedeihen einladende Ereignisse von selbst.

Aktivitäten außerhalb der Arbeitszeit werden in unserem Unternehmen ohne die Beteiligung Dritter organisiert und im Vorfeld bereits weitgehend mit den Mitarbeitern abgestimmt. Wir achten dabei darauf, dass niemand aus dem Kreis der Mitarbeiter den Eindruck hat, er sei zur Teilnahme gezwungen. Dies leitet sich aus der Wortwahl der über Intranet formulierten Einladung ab. „Wer möchte …?", oder „Wer hat Lust….. am …… mit uns zu einer/einem Bergwanderung, Radtour, Besuch im Fernsehstudio, Weihnachtsmarkt, Betriebsausflug o. ä. aufzubrechen?" Die Kunst liegt in der Deutung der Antworten: Wer dabei ist, hat die Einladung angenommen. Wer nicht dabei ist, hat vermutlich schon etwas anderes oder besseres vor. Er ist auf jeden Fall <u>nicht</u> dagegen mitzumachen.

Ich betrachte die gemeinsamen Aktivitäten außerhalb der gewöhnlichen Arbeitszeit als sehr positiv. Denn bei dieser Gelegenheit zeigen sich die Mitarbeiter meist noch offener und entspannter, die Gespräche und der Gedankenaustausch untereinander lösen sich von der betrieblichen Ebene.

Führungskräfte gewinnen durch ihre Teilnahme

Wichtig dabei ist, dass sich insbesondere die Führungskräfte an den Veranstaltungen so weit wie möglich beteiligen. Meist kennen sich die Mitarbeiter untereinander bereits sehr gut, während sie die Führungskraft außerhalb der Büros nicht wirklich einschätzen können. Die Führungskräfte sollten solche Veranstaltung als große, doppelte Chance nutzen: Sie lernen die Mitarbeiter besser kennen und umgekehrt.

Das – und nicht mehr – sollte an Erwartungen in gemeinsame Aktivitäten gelegt werden. Was darüber hinausgeht, ergibt sich vielleicht zufällig, darf aber nicht Gegenstand strategischer Planung oder überzogener Vorstellungen sein. Auf diesem Weg zum Beispiel außerhalb der Arbeitszeit die Motivation der Mitarbeiter zu steigern, erweist sich aus meiner Sicht als wirkungslos, wenn gleichzeitig viel wichtigere Führungsinstrumente im täglichen Geschäft vernachlässigt werden.

Gemeinschaftliche Aktivitäten wirken im Idealfall als Verstärker dessen, was schon an Positivem im Unternehmen vorhanden ist. Sie können sich auch nur entwickeln, wenn das Organisationsklima ohnehin schon sehr gut ist. Und wäre das Klima schlecht? Dann würden die Mitarbeiter entweder aus Desinteresse nicht teilnehmen oder sich zur Teilnahme an einer pseudo-freiwilligen Veranstaltung gezwungen sehen. Dann führen solche Veranstaltungen zu einer Verstärkung des Negativen im Unternehmen.

Befohlene gemeinsame Freizeit läuft ins Leere

Liegen die Aktivitäten in diesem Spektrum, dann lässt sich das in der Regel auch schon an den Worten der Einladung erkennen. „Am …. um …… Uhr treffen sich die Mitarbeiter der Abteilung ……. zu einem gemeinsamen Besuch des Weihnachtsmarktes in ….. Um Teilnahme wird gebeten!" Ein großer Erfolg wird diese gemeinsame Freizeitaktivität selbst unter heftigster Zufuhr von Glühwein nicht mehr werden.

Bleibt noch das strategisch geplante Miteinander: Außerhalb der gewöhnlichen Arbeitszeit werden in manchen Unternehmen oftmals auch sogenannte Teambuilding-Maßnahmen mit professionellen Coaches durchgeführt. In unserem Unternehmen haben wir damit keine Erfahrung. Insofern kann ich über den Mehrwert solcher Veranstaltung keine Aussagen machen.

Aus meiner Sicht (Reinhold Siegner)

Während des Jahres werden in unserem Unternehmen immer wieder verschiedene Aktivitäten außerhalb der Arbeitszeit angeboten. Zum einen werden diese Events von der Geschäftsleitung organisiert und bezahlt, wie zum Beispiel unsere Betriebsausflüge, die legendären Bergwanderungen oder auch der Besuch beim Bayerischen Rundfunk. Zum anderen organisieren die Mitarbeiter immer wieder auf eigene Faust Aktivitäten, wobei hier die Kosten selbst oder aus der Gemeinschaftskasse bezahlt werden. Hierzu zählen unsere Theaterbesuche, das Gockel- und Schnitzelessen, eine Stadtführung, der

Besuch eines Weihnachtsmarktes oder die gemeinsamen Skifahrten und noch andere mehr.

Es ist unerheblich, von wem die Einladung ausgesprochen wird: Ich habe nie das Gefühl, dass ich an einer solchen Veranstaltung teilnehmen muss. Vielmehr freue ich mich jedes Mal, wenn ich teilnehmen kann, da bei diesen Zusammenkünften der Umgang mit den Kollegen außerhalb des Arbeitsumfeldes und die Geselligkeit immer im Vordergrund stehen. Ich finde es ganz interessant, dass man in einer solchen lockeren Atmosphäre auch mit den Führungskräften unserer Bank mal ganz ungezwungen über private Dinge sprechen kann. Hierbei erfährt man, zum Beispiel bei einer Bergwanderung, ganz beiläufig, dass auch ein Vorstand zu Hause Rasen mähen muss oder dass man mit den gleichaltrigen Kindern die gleichen Freuden und Probleme hat.

Für die Zukunft wünsche ich mir, dass wir noch viele gemeinsame Aktivitäten unternehmen. Ich würde mich ganz besonders freuen, wenn es endlich mal mit einer gemeinsamen Radtour in einen schönen Biergarten klappen würde.

29 Mitarbeiterbefragung

Wollen Sie das wirklich wissen?

> Wer seine Mitarbeiter zum Klima im Unternehmen befragt und ihrer individuellen Zufriedenheit auf den Grund geht, erhält mit den Ergebnissen wertvolle Hinweise zur weiteren Entwicklung, Veränderung und Verbesserung. Damit sich das Investment lohnt, ist die Bereitschaft der Führungskräfte vorausgesetzt, diese Ergebnisse anzunehmen, auch wenn sie negativ ausfallen.

Im Jahre 2009 nutzten wir in unserem Unternehmen erstmals das Führungsinstrument „Mitarbeiterbefragung", wobei uns dabei ein glücklicher Zufall zu Hilfe kam.

Im Verlauf dieses Jahres nahmen, nicht zuletzt wegen der Finanzkrise, in den Medien die Attacken auf die Vertriebssteuerung der Banken und die Bankmitarbeiter selbst stark zu. Wir reagierten darauf, indem wir eine Journalistin von „ZEIT online" zu uns einluden. Sie konnte sich zwei Tage in unserer Bank frei bewegen und, ohne Beisein eines Dritten, mit jedem Mitarbeiter Einzelgespräche führen. Der Artikel, der daraus entstand, war sehr positiv. Er wurde zum Grundstein einer bundesweiten Wahrnehmung unserer Bank durch Printmedien.

Ausgehend von diesem Artikel kam ich in Kontakt mit Dr. Rüdiger Hossiep von der Ruhr-Universität Bochum. Er schlug eine Mitarbeiterbefragung in unserem Hause vor, um wissenschaftlich fundiert festzustellen, ob die Mitarbeiterzufriedenheit und das Organisationsklima in unserer Bank tatsächlich überdurchschnittlich hoch seien. Die zusammengefassten Ergebnisse sind nachstehend in einer Grafik dargestellt.

Abgleich von Wahrnehmung und Wirklichkeit

Durch die Mitarbeiterbefragung ergab sich für uns die Möglichkeit festzustellen, ob denn die „gefühlte" Zufriedenheit und das „gefühlte" gute Klima sich auch in einer anonymen Befragung bestätigen würden. Häufig irren sich Führungskräfte gewaltig, was die eigene Einschätzung und Fremdeinschätzung betrifft.

Durch die Befragung erhielten wir einen konkreten Ist-Zustand, auf dem sich aufbauen ließ. Die Ergebnisse bewegten sich zwar auf einem vergleichsweise außerordentlich hohen Niveau. Die bedeutete jedoch nicht, dass es keine Ansatzpunkte für Verbesserungen gab. In dem Impuls zum Weitermachen und Verbessern liegt schließlich der praktische Wert einer solchen Befragung.

Wir hatten auch den Eindruck, dass es für die Mitarbeiter motivierend war, im Rahmen von rund 150 Einzelfragen ihre Meinung zu äußern und ihre Bewertung abzugeben. Die Teilnahme an der Umfrage war für die Mitarbeiter freiwillig, ausnahmslos jeder hatte die Einladung dazu angenommen.

Als die Ergebnisse der Umfrage feststanden, stellten Dozenten der Ruhr-Universität Bochum sie den Mitarbeiter in einer ausführlichen Präsentation vor. Darüber hinaus erhielt mittels E-Mail jeder Mitarbeiter anschließend die detaillierten Originalergebnisse, wie wir sie von der Uni-Bochum erhalten hatten.

Auf negative Ergebnisse vorbereit sein – und auf den Umgang damit

Auch wenn wir in unserem Fall guten Grund hatten, auf positive Ergebnisse zu hoffen: Mit dem Führungsinstrument „Mitarbeiterbefragung" gilt es sehr sorgsam umzugehen. Wenn eine derartige Befragung in Auftrag gegeben wird, müssen sich die Führungskräfte darüber im Klaren sein, dass es im Abgleich der Perspektiven von Führenden und Geführten stets möglich ist, dass die Ergebnisse negative Überraschungen bringen. Deshalb sollte die Führungsmannschaft dieses Instrument nur einsetzen, wenn der ausgeprägte Wille besteht, tatsächlich mögliche Schwachstellen aufzudecken und anschließend Verbesserungen vorzunehmen. Im Extremfall kann eine Mitarbeiterbefragung auch zu einer „Abrechnung" mit dem Management genutzt werden.

Absolut kontraproduktiv ist eine Mitarbeiterbefragung dann, wenn die Ergebnisse unveröffentlicht in einer Schublade verschwinden. Mir sind aus jüngerer Zeit zwei Fälle bekannt, in denen dies geschah. Eine Vorgehensweise, die darauf hindeutet, dass es dem Management gar nicht darum ging, Schwachstellen gezeigt zu bekommen und daran zu arbeiten. Noch schwerer wiegt der Vertrauensverlust bei den Mitarbeitern. Das Signal vor und während der Befragung war: „Wir beziehen die Mitarbeiter ein und fragen, was wir besser machen können."

Die Nichtveröffentlichung der Ergebnisse suggeriert die Botschaft: „Eure Meinung interessiert uns nur, wenn die uns genehmen Ergebnisse herauskommen. Verändern wollen (oder können) wir ohnehin nichts." Ein wahrhaft gelebter Beitrag zur Demotivation der

Mitarbeiter – die sich natürlich auch ihre Gedanken darüber machen, warum für diese anscheinend überflüssige Aktion Zeit und Geld investiert wurden, das an anderer Stelle fehlt.

Wiederholung bestätigt positives Zeugnis der Mitarbeiter

Im Jahre 2012 wiederholten wir in Zusammenarbeit mit der Ruhr-Universität Bochum die Befragung zur Mitarbeiterzufriedenheit und zum Organisationsklima. Wir erweiterten den Umfang noch um das Thema „Commitment", also die Verbundenheit mit dem Unternehmen. Hatten wir zum Thema „Mitarbeiterzufriedenheit und Organisationsklima" 2009 noch einen Wert von 90,1 Prozent der Idealbank erreicht, konnten wir uns 2012 sogar noch minimal auf 90,2 Prozent steigern. Die Wiederholung solcher Befragungen schließt auch eine Art von Controllingfunktion ein. In unserem Fall wird deutlich, dass die Werte von 2009 keine Zufallsergebnisse waren und sind.

Das Thema „Commitment" wurde als zusätzliche Befragung aufgenommen, weil Aussagen nur über die Zufriedenheit der Mitarbeiter noch keinen Aufschluss über verschiedene andere wichtige Faktoren geben (Abb. 29.1). Die Befragung brachte Ergebnisse zu den Bereichen: Wie stark ist die emotionale Bindung der Mitarbeiter? Wie hoch ist ihre Identifikation mit den Werten und Zielen des Arbeitgebers (Abb. 29.2)? Wie beurteilen sie die Zukunftsfähigkeit des Unternehmens? Oder: Wie schätzen sie unsere Attraktivität als Arbeitgeber ein?

Auch bei dieser Umfrage erreichten wir im Vergleich weit überdurchschnittliche Werte, die allerdings in einigen Bereichen noch verbessert werden können. Die Bereitschaft unter den Mitarbeitern, daran mitzuwirken, ist wegen des offenen Umgangs mit den vorigen Umfrageergebnissen sehr hoch. Dazu trägt aber auch bei, dass sich dieses Instrument nahtlos und glaubwürdig in das gelebte Miteinander im Unternehmen einfügt.

Unter dem Strich sind diese Mitarbeiterbefragungen für die Unternehmensführung ein wertvolles Instrument. Sie befreien uns von dem Druck, beim Urteil über den Binnenzustand unseres Unternehmens unseren subjektiven Eigen-Einschätzungen ausgeliefert zu sein (siehe Abb. 29.1 und 29.2).

Aus meiner Sicht (Roberta Naserke)

Die Ausführungen von Herrn Kronawitter zur Mitarbeiterbefragung sind zutreffend. Auch wir Mitarbeiter sehen die Befragung als ein gutes Instrument der Personalführung. Wahrscheinlich ist die Verbundenheit zu unserer Bank deshalb so hoch, weil jeder jeden kennt und unsere Bank eine Bank der kurzen Wege ist.

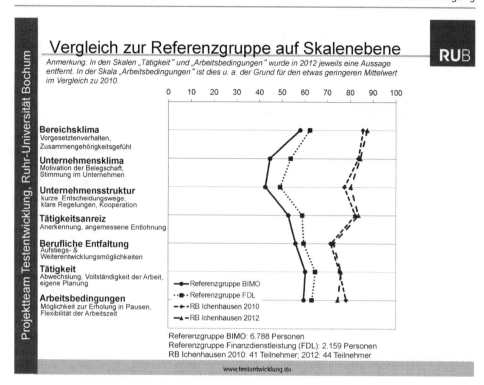

Abb. 29.1 Im Vergleich mit anderen Arbeitgebern aus der Finanzbranche schneidet die Raiffeisenbank Ichenhausen bei der Mitarbeiterbefragung durch die Ruhr-Uni Bochum hervorragend ab

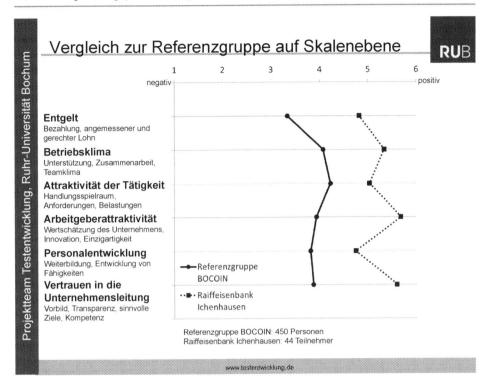

Abb. 29.2 Bei der Identifikation mit dem Unternehmen zeigen die Mitarbeiter der Raiffeisenbank Ichenhausen weit überdurchschnittliche Werte

Führungskräfte-Bewertung

30

Nur absolute Anonymität liefert ein ehrliches Bild

> Ehrlichkeit ist eine Frage der Diskretion. Wenn Mitarbeiter sich sorgen müssen, dass ihr Werturteil über Vorgesetzte öffentlich wird und ihnen zum Schaden gereicht, entstehen in entsprechenden Befragungen nutzlose Zerrbilder. Gute Führungskräfte erkennen die Differenz zwischen Eigen- und Fremdwahrnehmung und arbeiten daran.

Für jede Führungskraft ist es von großer Wichtigkeit, ein Feedback zum eigenen Führungsverhalten zu bekommen. Im täglichen Geschäft ist es indes eher selten, dass ein Vorgesetzter ehrliches Feedback bekommt. Dies lässt sich meist nur durch eine anonyme Mitarbeiterbefragung verwirklichen. Auf diese Weise dürfen die Mitarbeiter ihre Führungskraft bewerten und können zum Ausdruck bringen, welche Eigenschaften oder Verhaltensweisen sie an ihrem Vorgesetzten vielleicht schon lange stören.

Der kritische Faktor einer Mitarbeiterbefragung – nicht nur wenn es um Führungskräfte-Bewertung geht – ist die tatsächliche und gefühlte Anonymität. Wird diese, subjektiv oder objektiv, nicht gewährleistet, sind die Ergebnisse wertlos.

Ein Mitarbeiter eines großen deutschen Unternehmens erzählte mir kürzlich von einer Mitarbeiterbefragung, die über das firmeneigene Intranet ablief. Die hausintern veröffentlichten Ergebnisse der Befragung waren für die Firma sehr gut, obwohl die Zufriedenheit der Mitarbeiter in Gesprächen untereinander eher Gegenteiliges erahnen ließen. Stimmung und Umfrageergebnisse stimmten in der subjektiven Wahrnehmung der „Untergebenen" nicht überein.

Misstrauen macht sich sofort bemerkbar

Was könnte der Grund hierfür sein? Der Mitarbeiter erklärte mir, warum seiner Meinung nach die Umfrage keine realistischen Werte lieferte. Er und seine Kollegen waren skeptisch, ob die Aussagen der Mitarbeiter nicht in irgendeiner Weise nachverfolgt werden konnten, weil die Umfrage über das eigene Intranet lief. Sie zweifelten an der Anonymität ihrer Aussagen. Originalton: „Ich bin doch nicht blöd und riskiere meinen Arbeitsplatz."

Es führt kein Weg und kein Interpretationsspielraum daran vorbei: Für die Werthaltigkeit der Umfrageergebnisse ist das zentrale Kriterium, dass die Mitarbeiter keinen Druck verspüren dürfen, das bestimmte Ergebnisse erwünscht sind. Sie dürfen daher auch keine Ängste haben, wie und mit welchen Begleitinformationen Befragungsdaten übermittelt und gespeichert werden. Auch bei der Auswertung der Daten dürfen nicht die geringsten Zweifel bestehen, dass die Anonymität gewährleistet wird.

Distanz zu kritischen Ereignissen im Unternehmen wahren

Damit eine Mitarbeiterbefragung Erfolg verspricht und aufschlussreiche Ergebnisse liefert, sollte sie zudem auf keinen Fall in Zeiten durchgeführt werden, in denen anderweitige außerordentliche Maßnahmen in der Firma, wie zum Beispiel Mitarbeiterentlassungen oder Fusionen, für Zündstoff sorgen. Selbst eine noch so sorgfältige Fragestellung führt dann zu unzuverlässigen Ergebnissen.

Eine Führungskraft, die von den Mitarbeitern Feedback erhält, wird sich von vornherein darüber klar sein müssen, dass es beim Abgleich von Fremdeinschätzung und Selbsteinschätzung oft zu Differenzen kommt. Meistens werden diese Differenzen eher negativ als positiv ausfallen. Daher sollte sich die Führungskraft bereits vor Feststehen der Befragungsergebnisse innerlich darauf einstellen und Ideen entwickeln, in Zukunft an den Schwachpunkten der Umfrageergebnisse zu arbeiten.

Abgleich zwischen Selbstbild und Fremdbild

Unsere Mitarbeiter hatten die Möglichkeit und die Aufgabe, mir in einer anonymen Befragung durch die Ruhr-Universität Bochum Feedback zu geben. Dadurch bot sich für mich die Chance, Fremdeinschätzung und Selbsteinschätzung abzugleichen und an den Ergebnissen zu arbeiten. Die Ergebnisse sind in Abb. 30.1 dargestellt.

Als ich diese Auswertungen zum ersten Mal sah, war mein erster Gedanke: „Wie kannst du dich nur so selbst überschätzen?" Aber bekanntlich ist die Gefahr groß, als Führungskraft beim Vergleich von Fremdbild und Selbstbild daneben zu liegen. Nachdem ich dann die Erläuterungen zur Befragung gelesen hatte, war mir schon wieder etwas wohler. Alle Werte in der Fremdeinschätzung lagen oberhalb der sogenannten Normverteilung.

Abgleich zwischen Selbstbild und Fremdbild

Abb. 30.1 Beim differenzierten und detaillierten Blick auf Selbst- und Fremdbild ergeben sich wertvolle Ansatzpunkte zur Reflektion und Verbesserung (Beispiel: Ernst Kronawitter)

Bei den Werten, bei denen ich mich überschätzt hatte, wurde mir klar: Das waren genau jene, auf die ich großen Wert lege. Offenbar ist es mir bisher nicht gelungen, die Werte „Mitarbeiterorientierung" und „Verlässlichkeit" in noch höherem Maße zur restlosen Zufriedenheit der Mitarbeiter zu gestalten.

Aus meiner Sicht (Karl Feike)

Eine ehrliche, anonym geführte Mitarbeiterbefragung spiegelt neben der Zufriedenheit der Mitarbeiter auch deren Kritikfähigkeit wider, die dem Vorstand und den Führungskräften wertvolle Anhaltspunkte geben kann. Es gibt leider Unternehmen – wie auch in dem Buchausschnitt dargestellt – denen die Meinung der Mitarbeiter egal ist, die sich aber durch eine „andere Art" der Mitarbeiterbefragung ein repräsentativ gewolltes positives Meinungsbild verschaffen. So kann sich aber kein Mitarbeiter in das Unternehmen einbringen – geschweige denn etwas verändern. Im Gegenteil: Sie entfernen sich immer mehr von „ihrem" Unternehmen. Dabei spielt natürlich auch das allgemeine Betriebsklima eine Rolle.

Kleinere Unternehmen haben noch einen entscheidenden Vorteil. Denn sie können, falls die Verantwortlichen es zulassen, im persönlichen Gespräch mit dem Mitarbeiter eine bessere Feinsteuerung und eine gegenseitige Vertrauensbasis herstellen. Dies wird hier in unserer Bank wirklich gelebt. Ich finde, dass sich damit die Verantwortlichen bei der eigenen Selbst- und auch Fremdeinschätzung auch leichter tun.

Fehlerkultur im Unternehmen

31

Fehler sind nur dann unverzeihlich, wenn sie sich wiederholen

> Der Umgang mit Fehlern und Schwächen gehört zu den schwierigsten Aufgaben einer Führungskraft. Das betrifft sowohl die Fehler der Mitarbeiter als auch jene, die man an sich selbst feststellt. Aus der Wechselwirkung beider Komponenten und deren Integration in den betrieblichen Alltag ergeben sich die Grundlagen einer vernünftigen Fehlerkultur. Dazu braucht es einen wachen Verstand und etwas Gelassenheit.

Bestimmte Entwicklungen in unserer Gesellschaft, insbesondere das Fehlverhalten öffentlich wahrnehmbarer Vorbilder, haben ganz allgemein den Eindruck entstehen lassen, dass Vertuschen, Durchmogeln und Kleinreden akzeptable Verhaltensweisen sind – oder zumindest solche, deren Sanktionierung sich in Grenzen hält. Das ist der erste Aspekt, den eine Führungskraft zu berücksichtigen hat, wenn sie sich Gedanken zur einer „Fehlerkultur" macht. Der zweite Aspekt betrifft Sanktionen, so sie dann doch erforderlich werden. Dazu habe ich an anderer Stelle in diesem Buch Stellung genommen.

Fehler offen anzusprechen erleichtert Bewältigung und künftige Vermeidung

Wer Mühe und Umstände vermeiden will, tut gut daran, Fehler zu vermeiden – oder wenigstens alles dafür zu tun, dass sich Fehler vermeiden lassen. Die Erfahrung in unserer Bank zeigt, dass dies vor allem dann leicht fällt, wenn Fehler unmittelbar und offen angesprochen werden. Dabei ist es egal, ob dies von Seiten dessen geschieht, der den Fehler begangen hat, oder von Seiten dessen, der ihn wahrnimmt. Die besondere Sorgfalt, die uns als Angehörigen der Finanzwirtschaft auferlegt ist, erlaubt eigentlich gar kein anderes Verfahren. Denn nur, wenn Fehler schnell korrigiert oder abgestellt werden, lässt sich dauerhaft Schaden von den Kunden und vom Unternehmen abwenden – und vom einzelnen Mitarbeiter erst recht.

Der ständige Dialog miteinander und das Prinzip der offenen Tür bei den Vorgesetzten tragen das Ihrige dazu bei, dass die Besprechung von Fehlern genauso leicht und unkompliziert über die Bühne geht, wie das Besprechen von Erfolgen. Sie bringt vor allem eines voran, das Fehler schon im Ansatz vermeiden hilft: dass einer, der sich in einem Punkt unsicher fühlt oder nicht genau Bescheid weiß, lieber erst mal einen erfahrenen Kollegen um Rat fragt, statt „Pi mal Daumen" etwas durchzuboxen, nur damit es vom Tisch ist. Wie im Straßenverkehr endet dieses „Es wird schon irgendwie gehen" in einer Bank meistens fatal; vermutlich gilt dies in fast jeder Branche, die Konsequenzen sind nur unterschiedlich schlimm.

Delegieren und Vertagen sind nicht erlaubt

Für die Führungskraft besteht die Herausforderung in einer offenen und kommunikativen Atmosphäre darin, dass sie den erkannten (oder bekannten) Fehler annehmen und sich sofort damit auseinandersetzen muss. Delegieren gilt nicht, vertagen auch nicht. Das Prinzip „Es gibt keine Fehler durch Handeln, es gibt nur Fehler durch Unterlassen" mag hier als guter Leitfaden dienen. Wer genau über diesen Satz nachdenkt, wird erkennen, wie viele Möglichkeiten des Unterlassens im Raum stehen. Die folgenreichste davon: Wer es unterlässt zu verhindern, dass ein Fehler ein zweites Mal geschieht, verursacht mehr Unheil als jener, der den Fehler zum ersten Mal gemacht hat. Denn er legt den Grundstein für Folgefehler und Irrtümer und macht so die Korrektur schwieriger, aufwendiger und unglaubwürdiger. In der Summe mündet die „Fehlerkultur" in einem Unternehmen wie unserem in einen Teil des Selbstverständnisses der Organisation wie jedes Einzelnen. Das Vertrauen in die Kernkompetenz jedes Mitarbeiters ist nicht denkbar ohne das Vertrauen in seine Fähigkeit, auch mit Schwierigkeiten und Fehlern richtig umzugehen. Das Gespräch mit den Vorgesetzten ist nur dann offen und förderlich, wenn darin nicht nur Erfolge, sondern auch Probleme und Schwächen angesprochen werden.

Das Prinzip der offenen Tür offenbart seinen wahren Vorteil vor allem in den kritischen Momenten – indem man den Schritt durch diese Tür ohne Angst und Vorbehalt unternimmt. Das Miteinander in den Teams, gestärkt auf vielerlei Weise, lädt zur Offenheit auch dann ein, wenn man den anderen einen Fehler eingesteht – aus dem Zwang wird dann eine Chance.

Lösungskompetenz lebt von gemeinschaftlicher Verantwortung

Am größten aber ist der Vorteil, der entsteht, weil Fehler nicht über materiellen Druck sanktioniert werden. Das erhöht die Bereitschaft, unbeschwert mit ihnen umzugehen. Es legt die Grundlage dafür, dass alle Beteiligten gemeinsam einen Weg finden, „dass so etwas nicht noch einmal passiert". Es stärkt dauerhaft das Bewusstsein für Verantwortung und die Lösungskompetenz. Womit sich, ganz von selbst und ohne viel Papierkram, eine Fehlerkultur entwickelt, die für alle gleich verständlich, gleich akzeptabel und gleich umsetzbar ist.

Eine Überlegung drängt sich in diesem Zusammenhang auf. Wer sich über die Fehlerkultur in (s)einem Unternehmen Gedanken macht, sollte sich zunächst darüber klar werden: Wie definiere ich Fehler? Ein Fehler kann dann auftreten, wenn von den geschriebenen oder auch ungeschriebenen Regeln und Normen versehentlich, hoffentlich nicht absichtlich, abgewichen wird. Dabei sind Fehler im Verhalten des Mitarbeiters streng von den sachbezogenen Fehlern zu unterscheiden. Bei verhaltensbezogen Fehlern hat eine Führungskraft mit Sanktionen zu reagieren. Im günstigsten Fall ist dies durch ein Gespräch mit einem Mitarbeiter erledigt. Natürlich bemessen sich Art und der Umfang der Sanktionen am Gewicht des Verstoßes. Eine Abmahnung wegen einmaliger Unpünktlichkeit ist ebenso unangemessen wie das Ausbleiben jeder Reaktion, wenn ein Mitarbeiter während der Arbeitszeit in angetrunkenem Zustand seinen Vorgesetzten im Beisein von Kunden beleidigt, was ich tatsächlich einmal erlebte.

Sanktionen bei unkorrektem Verhalten sind notwendig. Die Führungskraft sollte sich aber dabei immer bemühen, die Verhältnismäßigkeit zu wahren.

Ursachenforschung stößt Lernprozess an

Völlig konträr dazu bewerte ich die Sanktionen von Fehlern, die den Mitarbeitern bei der Abwicklung des täglichen Geschäftes passieren. Ich setze immer voraus, dass Mitarbeiter so gut wie nie mit Absicht Fehler machen. Insofern muss sich die Führungskraft darüber Gedanken machen: Woraus ist der Fehler entstanden? In welcher Situation ist der Fehler entstanden? Wurde diese Art Fehler schon öfter festgestellt? Ist er nur bei dem einen Mitarbeiter oder doch verschiedenen Mitarbeitern aufgetreten? In dem Augenblick, in dem sich die Führungskraft Gedanken macht und Ursachenforschung betreibt, beginnt der Prozess im Unternehmen, aus gemachten Fehlern zu lernen. Liegt es an den Arbeitsabläufen? Resultiert der Fehler aus einer unzureichenden Qualifikation der Mitarbeiter? Oder ist der Mitarbeiter dem Arbeitsanfall nicht gewachsen?

Viele ähnliche Fragen werden folgen. Eine Führungskraft zeichnet sich in diesem Augenblick nicht durch die Kenntnis der vermeintlich richtigen Antworten aus, sondern mit der Bereitschaft und dem Vermögen, die richtigen Fragen zu stellen. Dabei darf eine gemeinsame, möglichst emotionslose, Ursachenforschung zusammen mit dem Mitarbeiter kein Tabuthema sein.

„Kontoausgleich" ist falscher Weg zur Vermeidung künftiger Fehler

Entscheidend ist es, einen Weg und Maßnahmen zu finden, die das Auftreten desselben Fehlers mit hoher Wahrscheinlichkeit verhindern. Sanktionen mögen zwar den Anschein eines Kontoausgleichs „Gerechtigkeit gegen Fehlverhalten" suggerieren, sind aber zur Problemlösung nicht nur ungeeignet, sondern in den meisten Fällen kontraproduktiv.

Vor Jahren informierte mich ein Mitarbeiter darüber, dass eine Kollegin durch einen Eingabefehler in die EDV beim Verkauf von Wertpapieren eines Kunden einen Schaden von 150 Euro verursacht hatte, den sie dem Kunden aus eigener Tasche bezahlen wolle. Die Kollegin hatte anscheinend deswegen die ganze Nacht „kein Auge zugetan". In einem Gespräch mit der Mitarbeiterin wurde klar, dass es sich einfach um einen Flüchtigkeitsfehler handelte. Wie es sich gehört, erstattete die Bank dem Kunden diesen Betrag, verbunden mit einer angemessenen Entschuldigung. Weitere Maßnahmen waren nicht erforderlich, da es sich nicht um einen Fehler im System handelte. Irren ist menschlich! Sanktionen gegen die Mitarbeiterin sind nicht erfolgt und wären auch nicht gerechtfertigt gewesen.

Nachtarocken hat mit Fehlerkultur nichts zu tun

In einem Mitarbeiterkommentar an anderer Stelle des Buches wird darüber berichtet, dass wir für unsere Kunden selbst konzipierte Produkte in Abstimmung mit den Marktmitarbeitern auflegen. Die Ausstattung dieser Bankprodukte wird unter Berücksichtigung der gegebenen und künftigen Verhältnisse am Kapitalmarkt festgelegt. Ergeben sich wider Erwarten kurzfristig gänzlich andere Situationen an den Märkten, kann das Produkt unverkäuflich sein. Das ursprüngliche Konstrukt stellt sich somit zwar im Nachhinein als falsch heraus, war aber zum ursprünglichen Zeitpunkt unter Berücksichtigung aller Aspekte so getroffen worden. Kann eine Führungskraft da von Fehlern sprechen? Wenn sie das tut, erstickt sie sukzessive die Innovationsfähigkeit im Unternehmen, weil die Mitarbeiter dadurch demotiviert werden.

Trotzdem habe ich es im Laufe meines Berufslebens nicht selten erlebt, dass Entscheidungen, die auf Annahmen in der Zukunft beruhten, von Mitentscheidungsträger später mit der Bemerkung, „ich wusste gleich, dass das falsch war", abgetan wurden. Derlei ist keine Fehlerkultur. Derlei ist dumme Besserwisserei und disqualifiziert den Kommentator, dessen Kompetenz wohl nicht ausreicht, um berechtigte Bedenken bereits vor der Entscheidung nachdrücklich glaubhaft zu machen.

Aus meiner Sicht (Achim Krist)

Die Fehlerkultur in einem Unternehmen wird aus meiner Sicht vor allem vom Umgang mit drei zentralen Fragestellungen bestimmt. Die Priorisierung dieser Fragen ist maßgeblich für einen positiven und konstruktiven Umgang mit Fehlern, Fehlverhalten, Misserfolgen etc.

1. Wer hat den Fehler begangen, ist verantwortlich für den Misserfolg, wer „hat Schuld"?
2. Was können alle Beteiligten unternehmen, um die Auswirkungen und Konsequenzen aus dem Fehler möglichst zu eliminieren bzw. zu minimieren?
3. Was kann, was muss unternommen werden, damit sich dieser Fehler nicht wiederholt?

Die Grundvoraussetzung für eine positive Fehlerkultur liegt meines Erachtens darin, dass die Frage 1 – „Wer hat Schuld?" – nach Möglichkeit gar nicht gesondert (siehe unten Frage 3), vor allem aber nicht als hohe Priorität, thematisiert wird. Wenn eine Führungskraft zuallererst einen Schuldigen sucht, wird das mit Sicherheit nicht zu einem offenen Umgang mit Fehlverhalten und Misserfolgen führen, sondern eher dazu, dass Fehler möglichst verschwiegen oder vertuscht werden. Ein Mitarbeiter wird in einem solchen Klima wohl kaum einen Fehler selber eingestehen. Auch von Seiten der Kollegen werden Fehlverhalten eher totgeschwiegen, da man ja nur ungern einen Kollegen „anschwärzt".

Aus meiner eigenen Erfahrung ist es am besten, wenn die Frage 2 die höchste Priorität genießt. Die Mitarbeiter unserer Bank sind sehr motiviert, die Auswirkungen von Fehlern zu korrigieren, da die Schuldfrage nicht thematisiert wird. In diesem Zusammenhang ist es sehr wichtig, hier den Teamgedanken in den Vordergrund zu rücken. Des Öfteren sind bei der Fehlerbehebung, je nach Auswirkung, mehrere Mitarbeiter und ggf. auch Führungskräfte eingebunden – nach dem Motto: Wer kann am besten/einfachsten dazu beitragen, die Auswirkungen zu eliminieren oder zu minimieren? Hier helfen auch Mitarbeiter gerne mit, die mit der Entstehung des Fehlers gar nichts zu tun haben. Jeder trägt seinen Teil dazu bei, um einen Fehler oder Misserfolg „auszubügeln" und folgt somit dem gesamten Ziel, als Bank möglichst erfolgreich zu sein.

Nach der Fehlerbehebung oder ggf. auch schon zeitgleich ist vor allem die Führungskraft mit der Lösung von Frage 3 beschäftigt. Handelt es sich nur um einen Flüchtigkeitsfehler oder um ein grundsätzliches Problem, ggf. einen Fehler im Ablauf, in den Systemen oder den vorgegebenen Prozessen? Im Rahmen dieser Ursachenforschung wird dann möglicherweise die Frage nach dem Verantwortlichen für den Fehler zu stellen sein. Wobei hier klar die zukünftige Vermeidung des gleichen Fehlers im Vordergrund steht und nicht eine mögliche Sanktionierung des (erstmaligen) Fehlverhaltens. Je nach der individuellen Situation können bzw. müssen dann Mitarbeiter in die zukünftige Fehlervermeidung einbezogen werden. Was kann und soll jeder betroffene Mitarbeiter beitragen, damit sich der gleiche Fehler nicht wiederholt? Nach einer positiven Lösung dieser Frage unter Einbindung der Mitarbeiter ist dann der Fehlerprozess beendet.

32 Feedback an die Mitarbeiter

Checklisten sind schlechte Gesprächsbegleiter

> Grundsätzlich unterscheidet sich Feedback von Kritik dadurch, dass Feedback nicht an einer einzigen Situation ausgerichtet ist und nicht nur Kritik, sondern gleichzeitig auch Anerkennung enthalten kann. Trotzdem gelten für das Feedback-Geben die identischen Regeln, wie für ein Kritikgespräch.

Für Mitarbeiter bedeutet die Rückmeldung durch die Führungskraft viel. Wie zufrieden ist der Vorgesetzte mit mir? Wie beurteilt die Führungskraft die Qualität meiner Arbeit? Wie bewertet er mein Verhalten? Zum Teil können Mitarbeiter selbst einschätzen, in welchem Maß ihre Arbeitsleistung den Erwartungen des Vorgesetzten und damit des Unternehmens entspricht. Doch oftmals klaffen zwischen der Selbstwahrnehmung und der Fremdeinschätzung große Unterschiede. Dann wird die Fremdwahrnehmung zu einer hilfreichen Unterstützung werden, vorausgesetzt der Feedback-Geber hält sich an gewisse Spielregeln und der Feedback-Nehmer ist für das Feedbackgespräch bereit.

Gespräche müssen Mehrwert erbringen

Allein an der Gesprächsführung des Feedback-Gebers muss erkennbar sein, dass das Gespräch für den Mitarbeiter einen tatsächlichen, persönlichen Mehrwert erbringen soll. Dazu gehört, dass sich der Vorgesetzte wertschätzend, taktvoll und nicht verletzend ausdrückt. Anerkennung und Kritik sind konkret zu benennen und mit Beispielen zu unterlegen. Feedback durch den Vorgesetzten sollte nur auf eigenen Beobachtungen und nicht auf Gerüchten, auf Mutmaßung oder auf Interpretation aufbauen. Insofern schließen sich Botschaften, die „man" oder „wir" übermitteln, grundsätzlich aus.

Es ist sicherlich auch von Vorteil, Sachverhalte nur dann als Fakten anzuführen, wenn sie eindeutig messbar sind. Aussagen, die darauf gründen, dass „mein Eindruck ist" oder „mein Gefühl sagt", haben keinen Wert. Echte Fakten geben dem Feedback-Nehmer eine ehrliche Chance, um zu argumentieren und seine Sicht der Dinge darzustellen. Letztlich sollte am Ende des Gesprächs idealerweise ein Konsens erreicht werden. Ein Konsens dahingehend, dass der Mitarbeiter auf Grund des Fremdbildes seine Stärken bestätigt sieht, aber auch gewillt ist, an den gezeigten Verbesserungspotenzialen zu arbeiten. Wenn beide Beteiligte dieses Ziel im Verlaufe des Gesprächs erreichen, dann werden der Mitarbeiter wie auch der Vorgesetzte motiviert an ihren Arbeitsplatz zurückkehren.

Die Umfrage eines renommierten Instituts[1] brachte zutage, dass ein großer Teil der Führungskräfte und der Mitarbeiter die vielfach üblichen Jahresgespräche, die in der Regel gleichzeitig auch noch als Feedback-Gespräch betrachtet werden, scheuen und für unnütz halten. Häufig werden dabei vom Vorgesetzten im Gespräch Checklisten abgearbeitet, deren Ergebnisse dann zur Beurteilung des Mitarbeiters herangezogen werden. Es sind auch Unternehmen bekannt, bei denen die ausgewerteten Ergebnisse der Checklisten als Bemessungsgrundlage für die Verteilung von Gehaltssonderzahlungen oder Bonuszahlungen dienen. Da stellt sich die Frage: Ist es führungstechnisch sinnvoll, dem Mitarbeiter nur gegen Jahresende die Chance auf Feedback zu geben? Oder sollte dies nicht idealerweise über einen permanenten, während des ganzen Jahres andauernden Prozess erfolgen, der dann auch nicht von Checklisten gesteuert ist?

In unserem Unternehmen gibt es für Feedback keine Checklisten und keine geplanten Jahresgespräche. Feedback ist ein ganzjähriges Thema.

Allerdings ist hinzuzufügen, dass in den mit der Uni Bochum durchgeführten Mitarbeiterbefragungen zu der Frage „Mein Vorgesetzter gibt mir ausreichend Feedback" ein vergleichsweise schwächerer Wert festgestellt wurde.

Daran gilt es für uns zu arbeiten.

Aus meiner Sicht (Wolfgang Schmidt)

Feedback gehört aus meiner Sicht zu einer der wichtigsten Aufgaben einer Führungskraft. Dabei kommt es neben einem offenen und ehrlichen Austausch auch auf eine gewisse Kritikfähigkeit und Aufnahmebereitschaft der Mitarbeiter für solche Rückmeldungen an. Meine Wahrnehmung ist jedoch, dass die Fähigkeit, aus solchen Gesprächen etwas Positives zu gewinnen, in unserer Gesellschaft immer seltener anzutreffen ist. Umso wichtiger ist das Gespür der Führungskraft, auf das jeweilige Gegenüber in geeigneter Art und Weise einzugehen. Ob ein solches Einfühlungsvermögen jedoch lernbar ist, sei dahingestellt.

Aus meiner Erfahrung kann ich bestätigen, dass insbesondere in größeren Unternehmen das Feedback oftmals auf ein einzelnes Gespräch im Jahresrhythmus beschränkt ist

---

[1] Pressemitteilung der Metaberatung GmbH vom 6.11.2012 „Umfrage: 55 Prozent der Deutschen fühlen sich vom Chef falsch bewertet" www.presseportal.de/pm/104897/2357443/umfrage-55-prozent-der-deutschen-fuehlen-sich-vom-chef-falsch-bewertet-experten-kritisieren

und dieses dann nicht selten über Bonifikationen entscheidet. Fazit der Beobachtungen dort: Je einsichtiger bzw. kritikfähiger sich der Mitarbeiter verhält, desto niedriger das finanzielle Bonbon. Kein Wunder also, dass der jeweilige Mitarbeiter ein Feedback nicht wirklich annimmt und daraus einen eigenen Nutzen ziehen will oder kann.

Gesprächskultur

33

Ortswechsel verhelfen zum Perspektivwechsel beim Dialog mit Mitarbeitern

> Wo finden in der Regel Gespräche mit Mitarbeitern statt, die nicht telefonisch möglich sind? Antwort: zumeist im Büro der Führungskraft. Haben Sie schon mal darüber nachgedacht, welchen Unterschied es für den Mitarbeiter und für Sie als Vorgesetzten machen würde, hin und wieder zur Besprechung einer Sachfrage sich im Büro des Mitarbeiters zu verabreden?

Schon in der Entstehung eines Gesprächstermins ergibt sich ein großer Unterschied. Chef ruft an: „Herr Huber, können Sie bitte mal zu mir ins Büro kommen!" Wobei das Wort „bitte" leider nicht in jedem Fall zur Gepflogenheit der Führungskraft gehört. Die unterschwellige Botschaft, die mit derartigen Einladungen verbunden ist, lautet: „Setzen Sie sich in Bewegung, meine Zeit ist zu kostbar, um sie im Treppenhaus zu vergeuden."

Die andere Variante geht so: „Herr Huber, ich möchte gern mit Ihnen ein paar Minuten über das Thema ‚XYZ' sprechen. Kann ich dazu gleich zu Ihnen kommen?"

Was löst die Variante 2 beim Mitarbeiter aus? Wenn sie noch nicht oft praktiziert wurde, hat die Führungskraft zweifellos für einen Überraschungseffekt gesorgt. Wobei durchaus beim Mitarbeiter auch ein Misstrauen aufkeimen mag: „Will der nicht nur reden, sondern auch meinen Arbeitsplatz kontrollieren?"

Mitarbeitern beim Gespräch den „Heimvorteil" gewähren

Dieses Misstrauen legt sich spätestens im Gespräch, indem sich die lautere Absicht des Vorgesetzten eindeutig darstellt. Der Mitarbeiter wird die Situation zu Recht als Wertschätzung durch die Führungskraft einordnen: „Der Chef lässt nicht nur kommen, er kommt auch zu mir in mein Büro." Der Mitarbeiter genießt in diesem Falle den „Heimvorteil" der gewohnten Umgebung und empfindet dabei ein gewisses Gefühl der Sicherheit. Zudem verläuft die Kommunikation des Mitarbeiters mit seinem Vorgesetzten dann in den meisten Fällen wesentlich entspannter als in manchen Chefbüros. Durch ihre komfortable Ausstattung symbolisieren sie meist deutlich, dass Führungskraft und Mitarbeiter doch nicht auf Augenhöhe kommunizieren können – und bauen damit einen Druck auf, der den Wert des Gesprächs unnötig einschränkt.

Durch Gespräche im Büro des Mitarbeiters und eben nicht im Chefbüro wird auch plausibel signalisiert, dass es in dem Gespräch um Themen des täglichen Geschäftes geht. Im Kern stehen der Mitarbeiter und seine Arbeit. Außerdem schützt ein solches Verfahren vor unguten Nebenwirkungen in den Augen der Kollegen. Ansonsten könnte es heißen: „Oh, der Huber musste beim Chef antreten".

Natürlich können nicht alle Besprechungen im Büro oder am Schreibtisch des Mitarbeiters stattfinden. Die gewohnte Umgebung für diese Gespräche hin und wieder zu wechseln, ist ein Akt der Anerkennung und der Wertschätzung für den Mitarbeiter. Sie bedeutet gleichzeitig, dass die Autorität der Führungskraft nicht von Symbolen wie dem „Chefbüro" abhängig ist. Letztlich erweitert der Ortswechsel auch den Horizont des Vorgesetzten und gibt ihm mitunter die Chance, die Dinge aus einem anderen Blickwinkel, sprich: mit veränderter Perspektive zu betrachten.

Aus meiner Sicht (Georg Seitz)

Also ich 1978 heiratete, stand auf unserer Einladungskarte folgender Spruch von Michael Quoist: „Wer den anderen liebt, lässt ihn gelten, so wie er ist, wie er gewesen ist und wie er sein wird." Übersetzt für unser Unternehmen heißt das: Wer den anderen schätzt, lässt ihn gelten, so wie er ist, wie er gewesen ist und wie er sein kann.

Durch diesen gefühlvollen Umgang macht das Arbeiten in unserem Unternehmen jeden Tag aufs Neue zu einem Erlebnis. Jeder Mitarbeiter ist von sich aus bestrebt, ehrgeizig und erfolgreich zu arbeiten, ohne dem anderen weh zu tun.

Besuche am Arbeitsplatz

34

Der „kleine Dienstweg" etwas anders: Führungskraft auf Wanderschaft

> Gesellen machen sich auf die Walz, um ihr Wissen zu erweitern und im Gespräch mit Kollegen neue Erfahrungen zu sammeln. Ähnlich empfehlenswert ist es für Vorgesetzte, sich auf ihre Mitarbeiter zu zu bewegen und mit ihnen bei regelmäßigen Besuchen an ihrem Arbeitsplatz einen vertrauensvollen Dialog zu beginnen. Der sollte aber nicht im Small-Talk enden oder in der Beliebigkeit versanden, sondern offen sein für Wünsche, Kritik und Anregungen.

Eine anfangs für die Mitarbeiter gewöhnungsbedürftige Form der Kommunikation ist der Besuch des Vorgesetzten am Arbeitsplatz des Mitarbeiters. Gerade wenn dies bis dahin eher selten oder gar nicht der Fall war, sollte man diesen Schritt sehr behutsam unternehmen. Das Erstaunen der Mitarbeiter ist der Führungskraft ganz sicher, wenn sie zum ersten Mal seit langer Zeit oder überhaupt an dessen Arbeitsplatz auftaucht.

Sicher ist auch das Misstrauen der Mitarbeiter: Ist dies ein Überwachungsbesuch? Selbst wenn die Führungskraft im Rahmen dieses „wandering around" irgendwelche Auffälligkeiten entdeckt – und gerade zu Beginn ist dies sehr wahrscheinlich – sollten diese nicht angesprochen oder schon gar nicht kritisiert werden. Allzu schnell entsteht sonst der Eindruck, der Vorgesetzte wäre auf Kontrollgang. Dies ist aber ganz und gar nicht Sinn dieser Rundgänge.

Im Idealfall ein Meilenstein auf dem gemeinsamen Weg

Vielmehr bietet sich der Führungskraft die Chance, auf diesem Weg die Mitarbeiter besser kennenzulernen. Probleme oder Verbesserungsvorschläge werden von den Mitarbeitern bei einem gelegentlichen Besuch eher angesprochen als in der Gruppe. Voraussetzung für das Gelingen ist, dass sich die Führungskraft wirklich für die Mitarbeiter interessiert. Der Prüfstein hierfür: Wenn seitens der Mitarbeiter Probleme angesprochen werden, muss auch etwas geschehen. Dann ist es ein Meilenstein auf dem gemeinsamen Weg. Wenn diesen Informationen aber vom Vorgesetzten in der Folge offenbar keine Bedeutung zugemessen und auch nicht nachgegangen wird, wird es zum Stolperstein.

Auf jeden Fall muss eine Führungskraft in Vorleistung gehen, was die Kommunikation bei solchen Anlässen angeht. Mitarbeiter werden nicht beim ersten Besuch ihren Vorgesetzten mit Informationen oder Themen überschütten. Die persönliche Ebene, inhaltlich gut vorbereitet, eignet sich gut, um das Eis zu brechen.

Was sollte zum Beispiel die Führungskraft daran hindern, etwas den Schleier der Unnahbarkeit zu lüften, indem sie einem Mitarbeiter vom geplanten Urlaubsziel oder einer sportlichen Aktivität am vergangenen Wochenende erzählt? Was sollte sie daran hindern, den Mitarbeiter zu seiner Meinung zu einem betrieblichen Geschehen zu fragen?

Über alles kann gesprochen werden, wichtig ist nur, dass die Führungskraft ehrliches Interesse an der Person des Mitarbeiters und dem Gesprochenen zeigt. Das ist eine Frage der inneren Einstellung und der persönlichen Disziplin. Im schlimmsten Fall – bei Banalitäten oder aufkeimender Langeweile – muss man eben für kurze Zeit über seinen Schatten springen.

Anknüpfungspunkte im Alltag des Mitarbeiters finden

Wie so oft im Leben zahlt es sich aus, mit offenen Augen und Ohren durchs Leben zu gehen und Hinweise zu erkennen. Sei es der Aufkleber am Auto, der einen Mitarbeiter als Fan eines bestimmten Vereins ausweist, sei es die Notiz in der Tageszeitung, aus der ein ehrenamtliches Engagement hervorgeht. Dies sind die Anknüpfungspunkte, die auf ein ehrliches Interesse hindeuten, das über fachliche Belange hinausgeht und die Individualität des Einzelnen schätzt.

Führungskräfte werden staunen, welche Wirkung solche Besuche an den Arbeitsplätzen haben. Im Laufe der Zeit werden Mitarbeiter erkennen, dass die Führungskraft mit lauteren Absichten auftaucht. Die Informationen, die eine aufmerksame Führungskraft in der Folge bekommt, sind sehr wertvoll.

Doch Vorsicht: Gemeint sind dabei nicht Informationen über Fehlverhalten anderer Mitarbeiter oder sonstiges persönliches Verfehlen anderer. Dies wäre höchst kontraproduktiv. Entsprechende Versuche heißt es schon im Ansatz zu erkennen und abzuwehren. Ein ehrliches „Mir geht es hier um Sie, nicht um die anderen" ist besser als eine vermutete Einladung zum Anschwärzen.

Gemeint sind hier in erster Linie Aussagen der Mitarbeiter zu Sachfragen aus der Praxis, die der Führungskraft nunmehr ungefiltert zur Verfügung stehen. Hier bieten sich unmittelbare und sehr konkrete Ansatzpunkte, um im Unternehmen etwas zu verändern oder zu verbessern. „Lernende Firmen" zeichnen sich durch Beweglichkeit aus – und die kann gern auch „zu Fuß" beginnen.

Formloser Gesprächsverlauf vermeidet offiziellen Charakter

Für die Mitarbeiter bietet sich in solchen Gesprächen die Chance, die Führungskraft etwas besser kennenzulernen, ohne dafür einen Anlass suchen zu müssen. Die Unmittelbarkeit des Gesprächs und sein formloser Verlauf laden dazu ein, auch Überlegungen oder Vermutungen auszusprechen, ohne dass diese gleich offiziellen Charakter erhalten. Bei Bedarf lassen sich aber im persönlichen Gespräch vor allem betriebliche Wünsche, Ideen oder Probleme völlig informell ins Spiel bringen. Das Wort vom „kleinen Dienstweg" kommt so zu einem ganz neuen Sinn.

Am wenigsten als Kontrollgang empfinden es Mitarbeiter, wenn die Besuche zu einem regelmäßigen Termin stattfinden. Sofern Mitarbeiter das Gefühl haben, die Führungskraft meint es ehrlich, wird ein „jour fixe" daraus – und eine als angenehm und förderlich empfundene Gewohnheit. Bleibt der Besuch der Führungskraft dann einmal aus, sind Rückfragen der Mitarbeiter über den Verbleib des Vorgesetzten die Konsequenz. Spätestens dann kann die Einführung des Führungsinstruments „Management by wandering around" als gelungen bezeichnet werden.

Aus meiner Sicht (Andrea Tischmacher)

Dieser direkte Kontakt mit dem Vorgesetzten war auch für mich ungewöhnlich und neu. Mit der Zeit merkt man allerdings, dass kein „Kontrollgang" dahinter steckt, sondern echtes Interesse an den Mitarbeitern besteht. Beide Seiten können beim Austausch von Informationen nur profitieren. Persönlich gesehen trägt es mitunter zu einem guten Betriebsklima bei.

„Offene Türen" bei Führungskräften

Fürs Gespräch mit dem Chef gibt es keine Warteliste

35

> Unter offenen Türen ist selbstverständlich nicht im wörtlichen Sinne gemeint, dass die Führungskräfte immer ihre Türen offen stehen lassen. Der Begriff steht für die Bereitschaft, dass Vorgesetzte jederzeit für die Mitarbeiter zu sprechen sind.

An anderer Stelle des Buches wurde bereits darauf verwiesen, dass sich Führungskräfte als Dienstleister gegenüber ihren Mitarbeitern verstehen sollen. Es stellt sich nun die Frage: Wie professionell wirken Führungskräfte, bei denen selbst in kleineren Betrieben, Gesprächstermine für Mitarbeiter Glückssache sind oder eines offiziellen Antrags bedürfen? Mir sind Unternehmen bekannt, bei denen Mitarbeiter wochenlang auf einen Gesprächstermin bei der Geschäftsleitung warten.

Mit dem Bild der „Führungskraft als Dienstleister" sind solche Zustände nicht vereinbar. Sie geben zugleich ein schlechtes Vorbild ab, wenn von Mitarbeiter erwartet wird, dass sie Kunden gegenüber als Dienstleister auftreten. Kontraproduktiv sind sie sowieso: Vielleicht benötigt der Mitarbeiter den Gesprächstermin wegen einer Sache, die seine Kunden betrifft. Was dann? Führen heißt doch: „den Mitarbeitern zum Erfolg zu verhelfen".

Die Chefbüros sollten deshalb für die Mitarbeiter ohne vorherige Terminabsprache ständig „offen" sein, sofern die Führungskraft nicht mit Telefonaten oder bereits vereinbarten Terminen belegt ist. Möglich ist es auch, Zeiträume festzulegen, die für nicht geplante Gespräche zur Verfügung stehen.

Offene Tür soll nicht zur Rückversicherung bei Entscheidungen einladen

Es gilt nur einem vorzubeugen: der Neigung zur Rückdelegation von Verantwortung. Wenn die Führungskraft großes Vertrauen in ihre Mitarbeiter hat und diese mit großzügigen Kompetenzen ausgestattet sind, sollen diese auch wirklich selbstständig entscheiden und nicht noch einmal eine „Garantie" beim Vorgesetzten abfragen. Ist diese Voraussetzung geklärt, wird letztlich die Besucherfrequenz im Chefbüro nicht allzu hoch sein und sich auf Ausnahmefälle und Grundsatzentscheidungen beschränken.

Für die Mitarbeiter ist es wichtig, die Gewissheit zu haben, dass im Bedarfsfalle die Führungskraft in schwierigen Situationen zeitnah mit Rat und Tat zur Verfügung steht. Dies befreit sie von dem Druck, im Zweifelsfall allein zu stehen und Fehler zu riskieren.

Je länger sich diese Bereitschaft in der Praxis bewährt, desto seltener wird sie in Anspruch genommen. Denn sie gibt den Mitarbeitern ein Gefühl der Sicherheit. Sind dann wirklich einmal Entscheidungen zu treffen, die Kundenverbindungen tangieren und ein schnelles Mitwirken der Führungskraft gefragt ist, werden umgekehrt keine Zweifel oder Berührungsängste die Mitarbeiter davon abhalten, dieses Mitwirken sofort abzurufen.

Von Führungskräften darf auch erwartet werden, dass sie, falls notwendig, auch ein offenes Ohr für außerbetriebliche Probleme der Mitarbeiter haben. Auf diese Gesprächstermine kann die Führungskraft sogar stolz sein, weil der Mitarbeiter durch das Ansprechen privater Anliegen oder Probleme ein großes Vertrauen signalisiert. Gerade in Verbindung mit den „Besuchen am Arbeitsplatz" entsteht hierfür ein Klima des Vertrauens und der Nähe, die der gemeinsamen Arbeit im Unternehmen sehr förderlich ist.

> **Aus meiner Sicht (Sarah Neuburger)**
>
> Ein ehrliches Gespräch und vor allem das Wissen, jederzeit auf offene Ohren bei der Führungskraft zu stoßen, gibt mir persönlich ein gutes Gefühl. Da ich aktuell in einer Geschäftsstelle der Bank tätig bin, ist für mich ein Austausch umso wichtiger. Hierbei können individuelle Anliegen besprochen und Meinungen ausgetauscht werden. Je nach Bedarf kann ich mit einer Hilfestellung oder auch mit einem konstruktiven Feedback rechnen.
>
> In diesem Bezug möchte ich auch den regelmäßigen Austausch zwischen den jungen „Einsteigern" und dem Vorstand erwähnen. Regelmäßig findet ein gegenseitiger Austausch statt, bei dem beinahe ausschließlich Themen angesprochen werden, die uns alle betreffen. Somit können wir Einsteiger voneinander lernen und zusätzlich auf einen erfahrenen Rat zurückgreifen.
>
> Besonders hervorheben möchte ich noch, dass es für mich etwas sehr besonderes und nicht selbstverständlich ist, zu wissen und zu spüren, dass hier auch seitens der Führungskraft großes Interesse an solchen Gesprächen besteht.

36 Die Leidenschaft auf das Team übertragen

Ein Gastbeitrag von Georg W. Moeller

> Die Gelegenheit, Druck aus der Führung von Mitarbeitern herauszunehmen, beginnt dort, wo die Führungskraft selbst sich falsch verstandener Leidensfähigkeit entzieht und nach Freude am Führen strebt. Diese Überzeugung vertritt Georg W. Moeller, der seit 1994 ein Hotel vor den Toren Münchens führt, und an der Zufriedenheit seiner Gäste erkennt, wie gut sich seine Mitarbeiter von ihm geführt fühlen.

Ein hochangesehener Professor der Medizin beklagt sich über die schwindende Moral, die hohe Fluktuation in seinem Ärztestab und die schier aussichtslos werdende Möglichkeit, talentierte Nachwuchskräfte als Fachärzte zu rekrutieren. Professor K., Leiter der Gastroenterologie an einer bayerischen Universitätsklinik, ist zum Jammern aufgelegt. Immer wieder bringt er im privaten Kreis diese beklagenswerte Situation in die Runde der alten Herrn ein, die sich zum regelmäßigen Gedankenaustausch im Club treffen. Der Mediziner resümiert, dass zu seinen Zeiten alles ganz anders war. Damals war es für ihn als Assistenzarzt eine Selbstverständlichkeit, täglich 14 bis 15 Stunden zu arbeiten ohne auch nur ein Sterbenswörtchen der Klage gegenüber Vorgesetzten oder Kollegen zu äußern, dass er gestresst oder überanstrengt sei.

Er gesteht, zu Hause der Partnerin schon das Herz ausgeschüttet zu haben. Im Dienst habe er allerdings immer vorbildlich im Einsatz für die Patienten seinen Mann gestanden. Wochenenddienste über 72 Stunden habe er ohne wesentliche Entspannungspausen klaglos hingenommen. Das Lamento des Mediziners wird in der Clubatmosphäre des Hotels, in dem sich die alten Herren treffen, von Unternehmern und Führungskräften gemeinsam aufgenommen und bestätigt. Nur mit vollem Einsatz wäre das Arbeitspensum zu erledigen. Ihre Arbeitsplätze wären eben nur etwas für die ganz Harten und für die Elite der Gesellschaft, die wirklich etwas vorantreiben wolle.

Skepsis in der Runde

Der selbstständige Hotelier in dieser Runde hält nachdenklich inne und fragt ein wenig zynisch, was genau denn die Klagenden auch wirklich voran brächte. Etwa das jeweilige Geschäft oder die versklavten Führungskräfte und Mitarbeiter? Raunen und Räuspern ist hörbar. Alle die hier vertretenen Clubmitglieder setzen sich in ihren Sesseln zurecht, verändern ihren entspannten Gesichtsausdruck und schauen irritiert in Richtung des Hoteliers, der offenbar die Einheitsmeinung der Runde nicht teilen kann. Dr. v. Z., Sozius einer international tätigen Anwaltskanzlei für Steuerrecht pflichtet zunächst der Allgemeinheit bei. Dann wendet er sich aber Herrn M., dem Hotelier, zu und wirft in einer ähnlich zynischen Weise das Argument zurück, wie er denn seinen Hotelbetrieb leite. Dr. v. Z. mutmaßt, dass Herr M. seinen Betrieb wohl auf der Basis einer 35 Stundenwoche, womöglich via Mobiltelefon und vom Auto aus führt.

Die Runde ist komplett verwirrt, als der Hotelier eines Stadthotels leidenschaftlich mit dem Kopf nickt und bestätigt, dass diese Vermutung einen großen Wahrheitsgehalt beinhalte. Die ersten Reaktionen aus der Clubrunde kommen aus dem Abwehrlager. Vermutungen, dass es natürlich in einem Hotelbetrieb keine derart hohe Verantwortung wie an einem Operationstisch gäbe oder dass die meisten juristischen Fälle einer intensiven Recherche- und Konstruktionsphase bedürfen, sollen die Aussage des Hoteliers, der zunächst nicht weiter zu seinen Ausführungen befragt wird, entkräften. Es entzündet sich ein verbales Feuerwerk an Argumenten, warum die kolossale Beanspruchung der Führungskräfte nun mal so sei wie sie ist.

Hilft nur Härte?

Der Mediziner wirft die Begründung in die Runde, bereits seine Chefs hätten vor 25 Jahren als Vorbild gedient, wären stets im Klinikum gewesen und hätten schon zu dieser Zeit ihren Jungärzten versichert, dass der Kliniker einen der härtesten Berufe gewählt habe und neben dem klinisch-medizinischen Anspruch auch noch strengste disziplinare Führung von diesen Menschen gefordert sei. Nur mit Härte und manchmal brutaler Direktive könne man so seine Mannschaft auf Zack halten, bekundet der Unternehmer eines Farbenherstellers. Angst zu verbreiten, würde Aufrührer und Faulpelze bei der Stange halten und ihnen ein Optimum an Einsatz abverlangen. Diese Marschrichtung würde er auch bei den Abteilungsleitersitzungen seinen Führungskräften vermitteln. Diese würden diese harte Hand ebenfalls befürworten und nach unten weitergeben. So führe er seit zwei Jahrzehnten erfolgreich seine Firma. Alle anderen modernen Schnickschnack-Managementmethoden werden ausschließlich von irgendwelchen Trainern oder Hochschulprofessoren gelehrt, die aber allesamt keine Führungsverantwortung zu tragen hätten und somit im grauen Alltag gar nicht mitreden können.

Dem Hotelier M. platzt an dieser Stelle der Kragen. Es hält ihn nicht weiter im Sessel. Er stellt der Gesprächsrunde die Frage, ob der alte patriarchalische Führungsstil tatsächlich der einzige sein könne, der Personalverantwortliche ihrer Aufgabe als Vorbild, als Leitfigur im Unternehmen gerecht würde. Mit wie viel Freude gehe denn ein jeder morgens in seinen Dienst? Herr M. fordert an dieser Stelle seine Gesprächsteilnehmer auf, sie mögen sich einmal auf einem gedachten Zahlenstrahl von Null bis Zehn den Punkt markieren, der den Grad der täglichen Freude am Beruf wiedergibt. Er gibt vor, dass die Null für den absoluten Frustfaktor stehe und die Zehn für die größtmögliche Lust auf Arbeit, Führung, Innovation und die Zukunft.

Große Bestürzung macht sich breit, als fünf von sieben Gesprächsteilnehmern ihre dauerhafte Freude an der Führungsaufgabe zwischen Zwei und Vier auf dem angenommenen Zahlenstrahl angeben. Der Hotelier wirft die Frage auf, welche Schätzungen von den Gesprächsteilnehmern abgegeben werden. Wie stark würde wohl diese dauerhafte Unzufriedenheit vertikal vom Firmenlenker abwärts bis ins kleinste Kettenglied der Belegschaft durchschlagen? Große Ratlosigkeit setzt ein und die aufkommende Nachdenklichkeit weicht der eingangs geschilderten Abwehrhaltung. Erklärungen, dass Führung eben kein Zuckerschlecken und nichts für Weicheier sei, verlieren aber zusehends an Kraft.

Wo bleibt die Freude an der Arbeit?

Ein bislang stiller Zuhörer dieser Runde, ein Architekt, notiert gesammelte Informationen auf ein kleines Blatt Papier und fragt den Hotelier ruhig und mit Bedacht, wie er denn seine Freude an der täglichen Arbeit einschätze. Dieser räumt ein, dass sein Elan und die Begeisterung für seine Führungsaufgabe schwanken, aber dauerhaft bezeichnet er diese Einschätzung zwischen sieben und acht auf dem Zahlenstrahl. Die großen Redeführer aus Klinik und Steuerkanzlei unterstellen dem Hotelier eine falsche, viel zu optimistische Einschätzung und sehen diese Eigendiagnose im Bereich der Utopie.

Mittlerweile hat sich der ursprünglich ruhige Architekt körperlich wahrnehmbar, im Sessel aufgerichtet und ist nunmehr zu den ganz aktiven Diskutanten aufgerückt. Er sagt, ihn würde nicht das Horrorszenario der anderen interessieren, sondern vielmehr dieses Geheimnis, wie er es nennt, das hinter dem Führungsstil des Hoteliers liegt. Auch der Architekt ärgere sich immer wieder über sich selbst, dass er zu wenig Empathie für seine Arbeit als Führungskraft entwickeln könne und er häufig lustlos bis frustriert seiner Aufgabe nachgehe. Er vermute sogar, dass sein beruflicher Erfolg erheblich gesteigert werden könne, wenn er denn nur zuversichtlicher, toleranter und seinen Mitarbeitern gegenüber positiver eingestellt wäre.

Der Hotelier berichtet von seinem Vorbild, dessen bekanntem Führungsstil er seit Jahren nacheifern würde. Er berichtet von einem namhaften deutschen, äußerst erfolgreichen Drogerieunternehmer. Er selbst habe unter Despoten gelitten und er sei in seiner Ausübung als erfolgreiche, aufgeschlossene Führungskraft im Angestelltenverhältnis behindert worden. Mürrische, unstet denkende und handelnde Vorgesetzte hätten seine Kreativität, seinen Optimismus und sein Talent, Menschen zu führen, bremsend beeinflusst. Die Folge seien drastischer Leistungsverfall, eigene Unzufriedenheit, Perspektivlosigkeit gewesen, die ungefiltert, wenn gleich auch ungewollt, an das ganze Team weitergegeben worden waren.

Der Hotelier hat zu dieser Zeit des Managens nur pariert oder funktioniert. Stimmungen im gesamten Team seien stets angespannt und destruktiv gewesen. Mit dieser „Stimmungsseuche", wie Herr M. sagt, habe das gesamte Team sogar Einfluss auf den Gästekreis genommen, denn diese hätten die miserable Atmosphäre gespürt. Es sei zu vielen Konflikten, Beschwerden und Abwanderungen zur Konkurrenz gekommen.

Aufmerksamkeit auch für persönliche Angelegenheiten

Seither habe der Hotelier den Beschluss zur Verselbstständigung getroffen. In seinem eigenen Betrieb herrsche von seiner Kommandokanzel, dem Chefbüro, bis ins kleinste Kettenglied in der Spülküche oder den Reinigungsbetrieb absolute Meinungs- und Entscheidungsfreiheit. Jeder Morgen werde zunächst im Rahmen eines Rundganges durch alle Abteilungen zelebriert. Der Unternehmer kümmert sich und interessiert sich nicht nur für fachliche Anliegen, Vorschläge, Beschwerden, sondern auch um die ganz persönlichen Angelegenheiten seines Teams.

Er suche bewusst die Nähe zu seinen Mitarbeitern, weil diese am Tagesgeschäft, das heißt an den Gästen, am nächsten dran sind und Stimmungen aufnehmen. Kritik, aber auch Innovationen für Veränderungen und Optimierungen werden sehr wach und aufmerksam vom Team wahr genommen, kurzfristig auf Plausibilität geprüft und wiederum als Vorschlag für eine Leistungsverbesserung dem Hotelier kommuniziert.

Diese Nähe dem Teamkollegen gegenüber empfiehlt Herr M. auch seinen Abteilungsleitern und fördert stets aufs Neue die direkte Kommunikation und Aufforderung zum eigenständigen, verantwortungsvollen Denken und Handeln. Selbst der Auszubildende erfährt bereits in der Probezeit sein Recht, so weit, wie er sich traut, eigene Verantwortung und Leitungsfunktion wahrzunehmen. Der Hotelier berichtet, dass er noch nie auch nur annähernd vor die Situation gestellt worden sei, dass ein Teammitglied diese weitest gehende Verantwortung und Entscheidungsfreiheit missbraucht hätte.

Einladung zum Testbesuch

Ein kerngesundes Unternehmen mit einem den Unternehmer geradezu beglückenden guten Umgangston untereinander, das getragen ist von gegenseitigem Respekt und andauernder Schubkraft für Innovation und Veränderung, räumt ihm seit Jahren ein Höchstmaß an unternehmerischen wie auch persönlichen Freiraum ein. Der Hotelier lädt seine Gesprächspartner zu unangekündigten Übernachtungen und Nutzung aller vom Hotel gebotenen Leistungen ein, damit sie sich selbst ein Bild von diesem Führungsprinzip machen können.

Getrieben von Neugier sind alle sechs Gesprächsteilnehmer binnen der folgenden vier Wochen bis zum nächsten Clubabend Gäste des Hoteliers gewesen. Zwei der sechs Gäste haben den Hotelunternehmer während der Aufenthalte kurz im Hotelalltag erlebt, vier hatten bei zwei Tagesaufenthalten den Unternehmer gar nicht zu Gesicht bekommen. Fasziniert waren jedoch alle sechs Gäste von einer Atmosphäre der Offenheit, der Herzlichkeit, der Gastfreundschaft vom Abteilungsleiter bis zum Zimmermädchen. Dieses Hotelerlebnis arbeitet seither in den Köpfen der Clubmitglieder. Der Hotelier ist aufgefordert, von seinem Wissen abzugeben.

Festzustellen ist für drei der sechs Mitglieder, wie schwer es fällt, sich selbst und somit seinen Managementstil zu ändern, die Führungszügel aus der Hand zu geben und bedingungsloses Vertrauen in eine selbstständige Mannschaft zu legen, die sich mit dem Betrieb identifiziert und selbst deutlich mehr Sinn als je zuvor in ihrer Aufgabe entdeckt.

Widerstand gegen Veränderung überwunden

Die Quintessenz dieser Diskussion über eine zeitgemäße Unternehmensführung begann mit einer hartnäckigen Abwehr vieler in der Verantwortung stehender hochrangiger Führungskräfte. Zunächst widersetzten sich diese Leitungsfunktionäre neuen Führungserkenntnissen und einem damit notwendigen Veränderungsprozess. Erst die eigene unterschwellige Unzufriedenheit über eine permanent beklagte Überforderung im Alltag löste die Neugier nach Neuorientierung im eigenen Führungsverhalten aus. Immerhin drei der sieben Diskutanten trafen die Absprache, mit einem engagierten Business Coach ihr Managementverhalten in eine neue, für sie zufriedenstellende Richtung zu lenken.

Projektbeteiligung 37

Finger weg von Alibi-Veranstaltungen

> Das Einbeziehen von Mitarbeitern in Projekte kann auf verschiedene Weise erfolgen. Die Kernfrage dabei lautet auf jeden Fall: Was erwartet die Führungskraft, wenn sie dieses Angebot macht, und was ist das Ziel? Wer diesen Weg geht, ist auf jeden Fall gut beraten, dies ernsthaft zu tun. Alibi-Veranstaltungen und Versuche, die Mitarbeiter zu manipulieren, schaden dem Unternehmen.

Mitarbeiter an Projekten zu beteiligen, heißt die Arbeit mit ihnen zu teilen, an ihren Ideen teilzuhaben und den Mehrwert geteilten Erfolgs zu genießen. Das ist der beste Fall. Im schlechtesten Fall aber, den wir zuerst einmal annehmen, läuft das Einbeziehen auf reine Manipulation hinaus. Von „manipuliert" spreche ich dann, wenn den Mitarbeitern lediglich das Gefühl gegeben werden soll, dass „Betroffene zu Beteiligten" gemacht werden – aber eben auch nicht mehr als das Gefühl. Derlei ist vergleichbar mit vorgegaukeltem Umweltbewusstsein oder pseudo-ökologischen Handeln, das inzwischen unter dem Etikett „Greenwashing" massiv in der Kritik steht.

Die Verhaltensmuster bei einer manipulierenden Beteiligung sind stets dieselben: Der Projektleiter greift immer wieder steuernd ein und führt die Ergebnisse der Projektgruppe in die von ihm gewünschte Richtung. Dabei baut er mehr oder weniger stark unnötigen Druck auf die Teilnehmer auf: Erstens, dass sie seine Vorlieben erkennen und bedienen mögen. Zweitens, dass sie wider besseres Wissen oder Fühlen zustimmen und sich mit in die Verantwortung begeben. Drittens, dass sie ihre eigenen, alternativen Ideen und Vorschläge unterdrücken. Jeder dieser Faktoren an sich ist schon schlecht; in der Summe wirken sie zerstörerisch.

Innere Abkehr bei Alibi-Aktionen

Einen großen Mehrwert für das Unternehmen bietet diese Vorgehensweise daher nicht. Es geht nur darum, das Projektziel und die bereits durch die Führungskraft geplanten Maßnahmen im Rahmen einer „Scheinprojektgruppe" zu realisieren. Durch solche Alibi-Aktionen spekulieren die Führungskräfte auf Anerkennung durch „softe" Vorgesetzte, in erster Linie aber auf eine größere Akzeptanz des Projekts durch die beteiligten Mitarbeiter.

Häufig erkennen die Mitarbeiter sehr schnell diese Absicht und wenden sich innerlich vom Projekt ab, obwohl sie körperlich anwesend sind. Jegliche Kreativität der Gruppe ist ausgeschaltet. Einige wenige in der Gruppe, im Extremfall nur der Projektleiter selbst, tragen zur Realisation bei. Insofern wird das Kreativitätspotenzial, über das jede Gruppe in mehr oder weniger großem Maß verfügt, aus der Sicht des Unternehmens buchstäblich verschenkt. Die beteiligten Mitarbeiter werden zudem demotiviert. Sie stehen innerlich nicht mehr hinter dem Projekt und dessen Ziel – und sie werden künftig dem Angebot zur Mitarbeit in Projekten mit Misstrauen begegnen, egal ob berechtigt oder nicht.

Die weitaus bessere Variante ist es, die Mitarbeiter tatsächlich mit der Vision einzubeziehen, dass aus der Gruppe eine Menge von Vorschlägen kommt, um das Projektziel optimal zu verwirklichen. Wichtig ist dabei wiederum, dass alle Vorschläge auch tatsächlich auf Machbarkeit und Lösungsorientierung objektiv geprüft werden. Der Projektleiter kann und soll sich bei der Gelegenheit das gesamte Wissen der Gruppe zunutze machen und einen hohen Mehrwert daraus ziehen.

Ehrliches Vorgehen und offene Kommunikation sind dabei die harte Währung. Denn selbst wenn der eine oder andere Vorschlag nicht realisiert wird, ist die Loyalität für das Projekt aus den Reihen der Projektteilnehmer sicher. Es ist „ihr" Projekt.

Fraglos wird der Projektleiter im einen oder anderen Fall Entscheidungen treffen müssen. Eine absolute Demokratisierung im Projekt oder im Unternehmen ist nicht möglich und wäre auch nicht zielführend. Wenn alle Entscheidungen nach dem Mehrheitsprinzip getroffen würden, wären ein Projektleiter oder die Führungskraft überflüssig.

Jubiläums-Ideen der Mitarbeiter generieren auch den neuen Slogan

In unserem Unternehmen stand im Jahre 2012 das 100-jährige Firmenjubiläum an. Ein zentrales Projekt in diesem Jahr war die Planung der Veranstaltungen und Maßnahmen zu diesem Anlass sowie deren Organisation. Gegen Jahresende 2011 wurden alle Mitarbeiter eingeladen, ihre Ideen zu einem erfolgreichen Festjahr einzubringen.

Ein großer Teil der Mitarbeiter wollte sich einbringen und so trafen sie sich, ohne Beisein der Geschäftsleitung oder unserer Prokuristen, um Ideen zu entwickeln. Die Moderation der Zusammenkünfte übernahm ein Mitarbeiter, der dann auch als Bindeglied zum Führungskreis wirkte.

Das Ergebnis war eine Vielzahl von guten Ideen, so dass den Entscheidern die Wahl schwer fiel. Letztlich konnte ja nicht jeder der vielen Vorschläge umgesetzt werden. Im

Rückblick gestaltete sich das Jubiläumsjahr mit hochkarätigen Veranstaltungen und sonstigen Aktivitäten als restlos gelungen. Die Mitarbeiter waren nicht nur gute Ideengeber, sondern auch hervorragende Organisatoren und Helfer bei den Veranstaltungen.

Aus dem gemeinschaftlichen Denken und Entwickeln kam noch ein weiterer ganz wichtiger Impuls. Wir wollten uns im Jubiläumsjahr auch einen neuen Slogan zulegen. Gute Vorschläge aus dem Mitarbeiterbereich gab es auch dazu eine ganze Menge. Sie selbst favorisierten den Slogan „Die etwas andere Bank". Diesem Vorschlag schloss sich der Führungskreis mit Überzeugung an. Wie sich inzwischen im Lauf der Zeit herausstellt, landeten wir damit im Hinblick auf die fortwährende Diskussion um die Beratung in der Finanzbranche, einen Volltreffer.

Aus einem Projekt, das mit dem täglichen Bankbetrieb nichts zu tun hatte – aus der Organisation des Jubiläums – entstand also auch noch ein passender Slogan, mit dem sich die Mitarbeiter voll identifizieren. Zudem erhalten sie auf dieser Basis bis heute oftmals die Möglichkeit, im Kundengespräch glaubwürdig und mit innerer Überzeugung zu erklären, warum unsere Bank „Die etwas andere Bank" ist.

Aus meiner Sicht (Julian Bernhard)

Ich persönlich finde es sehr wichtig, Mitarbeiter in Projekte einzubeziehen. Mich hat es bei unseren Projekten im Jahr 2012 sehr motiviert, bei den Planungen mit dabei zu sein. Jeder der Kollegen und auch ich selber waren mit sehr viel Ehrgeiz dabei, auch wenn dies außerhalb der Arbeitszeit geschah. Es hat einfach Spaß gemacht, Ideen einzubringen.

Klar ist es auch, dass nicht jede Projektidee, die Mitarbeiter einbringen, realisiert werden kann. Aber sich in der Gruppe frei äußern zu können über ein Thema oder Projekt, das motiviert einfach und zeigt auch, dass der einzelne Mitarbeiter geschätzt wird.

Des Weiteren finde ich es vorbildlich, wenn eine Führungskraft sich zwar vorher Gedanken über Projekte macht, dann aber im Gegenzug die Mitarbeiter eines Unternehmens mit in die Planung einbezieht. Es ist auch gut, wenn die Führungskraft sich deren Meinung anhört und Vorschläge einbringen lässt, ohne dass sie verdeckt auf das von ihr gewünschte Ziel hinlenkt – und dann vielleicht seine eigene Planung noch einmal überdenkt oder gar verändert.

Dadurch steigt die Motivation der Mitarbeiter, weil jeder weiß: „Ich habe dazu beigetragen."

Der Zusammenhalt wird entsprechend gefördert. Dazu passt dann auch der Slogan: „Die etwas andere Bank".

Kritikgespräch

Unter Zwang bei keinem geliebt, mit Bedacht von jedem geschätzt

> Die Versuchung für Vorgesetzte ist groß, den Begriff „Kritikgespräch" allzu wörtlich zu nehmen und bei der Gelegenheit kräftig vom Leder zu ziehen: Schließlich ist der Mitarbeiter durch das Wort „Kritik" ja schon vorgewarnt, dass es zur Sache geht. Dabei würde eine differenzierte Betrachtung, wie sie zum Beispiel ein Theater-Kritiker vornimmt, nicht nur die Situation für beide entschärfen, sondern im Ergebnis auch zu einer nachhaltigen Verbesserung beitragen.

Ich kenne keinen Vorgesetzten, dem Kritikgespräche leicht fallen – mich selbst eingeschlossen. Immerhin: Es mag Ausnahmen geben, die dann vielleicht schon gehäuft jene Erfahrungen gesammelt und in Lebensweisheit umgesetzt haben, um die es in den folgenden Zeilen geht oder die sich eine gewisse Hartleibigkeit zugelegt haben. Dennoch würde ich auch in diesen Fällen zweifeln, ob ein solches Gespräch ganz spurlos an ihnen vorbeigeht. Denn eines wird immer unkalkulierbar bleiben: die Reaktion der Kritisierten. Warum das so ist? Weil der Anlass zu einem Kritikgespräch in der Regel in einem Fehler oder Fehlverhalten liegt und folglich mit einem Tadel verbunden ist.

Genau betrachtet ist dieses Unwohlsein ein Vorteil. Denn weil es auftritt, überlege ich mir sehr wohl und reiflich, ob eine tadelnde Kritik tatsächlich nötig ist. Oftmals ist es ja so, dass der Mitarbeiter bereits selbst erkannt hat, was falsch war. Oder mir wird klar, dass der Sachverhalt keine so große Bedeutung hat, um überhaupt ein Kritikgespräch zu veranlassen. Insofern hilft Führungskräften die vielfach vorhandene Scheu vor Kritik an Mitarbeitern tatsächlich dabei, wirklich nur dann zu kritisieren, wenn dies auch auf Grund der Sachlage unumgänglich ist.

Schmaler Grat zwischen konstruktiver und destruktiver Kritik

Wenn es dann tatsächlich zu einem solchen Gespräch kommt, sind Umsicht und Vorsicht geboten. Denn wenn der Vorgesetzte den Hebel falsch ansetzt oder bei seiner Kommunikation nicht wirklich bei der Sache ist, ist der Grat zwischen konstruktiver und destruktiver Kritik schnell überschritten. Dann bewirkt das Gespräch sehr schnell genau das Gegenteil dessen, was eigentlich erreicht werden sollte. Statt über ein vertrauensvolles Miteinander eine Verhaltensänderung oder den Ausschluss eines Wiederholungsfehlers der Mitarbeiter herbeizuführen, wird sich die Kluft vergrößern. Der Wille zur Veränderung und Besserung braucht aber genau dieses Vertrauen.

Dazu kommt: Bei der Kritik ist es ähnlich wie beim Lob. Wenn sie inflationär gebraucht wird, verliert sie ihre vorgesehene Wirkung. Vorgesetzte, die mit Tadeln schnell zur Hand sind, nicht zwischen leichtfertigem, fahrlässigem und grob fahrlässigem Handeln zu unterscheiden wissen und nicht erkennen, ob ein Mitarbeiter zur Einsicht fähig ist, bevor etwas gesagt wurde, werden irgendwann einmal nicht mehr ernst genommen.

Im Lauf meiner Berufsjahre begegnete mir ein Vorgesetzter, der meistens in seiner Art Kritik zu üben gleich einige Fehler auf einmal machte: Regelmäßig tadelte er jede Kleinigkeit vor allen anderen anwesenden Mitarbeitern. Er verallgemeinerte den Sachverhalt, er verallgemeinerte die Adressaten. Er ging nur andeutungsweise auf den Grund ein, warum er diese Kritik äußerte. Dafür war er laut und wurde immer lauter, sehr laut sogar. Wenig überraschend, dass er seine Tiraden dann vielfach auch noch mit Drohungen unterlegte.

Es liegt auf der Hand, was passierte. Wirklich angesprochen fühlte sich meistens niemand. Durch die häufige Kritik, die stets ohne irgendwelche Konsequenzen blieb, trat ein Gewöhnungseffekt ein. Die Mitarbeiter ließen das Donnerwetter über sich ergehen. Wenn die Führungskraft aus dem Raum war, hieß es dann fast schon mitleidig: „Ist halt der Chef."

Kritik „im Namen Dritter" ist nicht angebracht

Weil Führungskräften letztlich auch nichts Menschliches fremd ist, spielen Emotionen in der einen oder anderen Situation eine entscheidende, aber dann meist schädliche Rolle. Ein Beispiel: Eine Führungskraft der mittleren Ebene schilderte mir den Verlauf einer Diskussion mit einem Mitarbeiter, die aus seiner Sicht sowohl von der Wortwahl wie von den Vorwürfen des Mitarbeiters her zu beanstanden war. Das veranlasste mich, nach dem Hörer zu greifen und den Mitarbeiter sofort in mein Büro zu beordern. Gesteuert von meinen Emotionen, entstanden durch die Schilderung des Vorgangs, legte ich „ordentlich los", ohne dem Mitarbeiter die Chance zu geben, seine Sicht der Dinge darzulegen. Ich handelte auf Grund der Aussagen eines Dritten, von denen ich hätte wissen müssen, dass sie sehr wahrscheinlich subjektiv gefärbt sind.

Das Gespräch war schnell beendet. Bereits als der Mitarbeiter die Tür hinter sich schloss, überkam mich ein sehr ungutes Gefühl. Eine Nacht habe ich darüber geschlafen.

Am Morgen stand für mich fest: Ich werde mich bei dem Mitarbeiter entschuldigen, was ich dann auch tat. Nicht deswegen, weil ich ihn zu einem Gespräch hatte „antreten" lassen, sondern darüber, wie dieses Gespräch verlaufen war. Wir unterhielten uns anschließend in Ruhe. Das Ergebnis war, dass der Mitarbeiter einräumte, er hätte sich falsch verhalten. Allerdings zeigt sich auch, dass der Sachverhalt bei weitem nicht so dramatisch gewesen war, wie ihn der andere Beteiligte, in dem Fall eine Führungskraft der mittleren Ebene, geschildert hatte.

Seit diesem Vorfall hüte ich mich tunlichst, in ähnlich gelagerten Fällen sofort zu reagieren. Kritikgespräche auf Grund von Aussagen oder Hinweisen Dritter, auch wenn es sich um Führungskräfte der mittleren Ebene handelt, sind für mich kein Anlass mehr, um unmittelbar einzugreifen. Das ist Aufgabe desjenigen, der den Sachverhalt festgestellt hat.

Feste Regeln als verlässliche Richtschnur für Kritik

Gerade weil wir in einem Unternehmen arbeiten, das sich das „Führen ohne Druck" auf die Fahnen geschrieben hat, liegt mir viel daran, Situationen zu vermeiden, die zwangsweise Druck aufbauen – und zwar auf beiden Seiten. Das gelingt nicht immer. Im Fall der Unvermeidbarkeit ist es von Vorteil, wenn man sich an feste, selbstgegebene Regeln hält. Mir hat dabei immer ein Satz aus der Beschwerdeordnung der Bundeswehr gefallen. In Paragraph 6, Absatz 1 heißt es dort: „Die Beschwerde darf frühestens nach Ablauf einer Nacht und muss innerhalb eines Monats eingelegt werden, nachdem der Beschwerdeführer von dem Beschwerdeanlass Kenntnis erhalten hat." Das klingt bürokratisch, ist aber von überzeugender Klarheit. „Eine Nacht darüber schlafen" ist in der Tat ein bewährtes Prinzip. Die „Verjährungsfrist" wiederum verhindert ein unkalkulierbares Nachtarocken oder Aufrechnen – ebenfalls ein Zustand, der im Kritikgespräch mehr als schädlich ist.

Wenn ich mich entschlossen habe, ein Kritikgespräch zu führen, dann vereinbare ich mit dem Mitarbeiter noch für den Tag dieses Entschlusses einen Gesprächstermin. Die Mitarbeiter wissen damit meistens schon sehr genau, dass ein ernsthaftes Gespräch auf sie zukommt. Deshalb möchte ich mit dem zeitnahen Termin vermeiden, dass sie dieser psychischen Belastung länger als nötig ausgesetzt sind.

Papierene Vorlagen erschweren eine situationsgerechte Reaktion

Letztlich gibt es kein Patentrezept für den Ablauf eines solchen Gesprächs. Ich halte auch nichts davon, sich im Vorfeld großartig darauf vorzubereiten, Checklisten zur Rate zu ziehen oder Schriftstücke zu formulieren. Entscheidend ist vielmehr, dass man als Führungskraft immer im Hinterkopf behält: Es geht nicht darum, jemanden niederzubügeln. Sondern es geht darum, Veränderungen anzustoßen, zum Beispiel bei Verhaltensweisen. Um dieses Ziel zu erreichen, nützt eine bedachte Auswahl der Worte wesentlich mehr als eine hitzige

Debatte. Weiter führt der Gedanke: „Behandle deine Mitarbeiter so, wie du auch selbst behandelt werden möchtest."

Noch eine Erfahrung aus solchen Gesprächen möchte ich kritikbereiten Vorgesetzten ans Herz legen: Am „Tag danach", wenn Mitarbeiter und Führungskraft alles überschlafen haben, sollte nochmals ein kurzer Gesprächstermin stattfinden. Seitens der Führungskraft gehört dorthin nochmals die Betonung, dass die Kritik sich keinesfalls gegen die Person des Mitarbeiters richtet. Seitens des Mitarbeiters liegt der Schwerpunkt in der Einsicht seines Fehlverhaltens. Nach meiner Erfahrung vertreibt dieser Termin fast immer die letzten Gewitterwolken am Horizont, ist er doch gleichzeitig ein Zeichen der Wertschätzung.

Aus meiner Sicht (Katharina Matzka)

Meiner Meinung nach sollten sowohl Lob als auch Kritik dosiert und wohl überlegt erfolgen.

Ich persönlich musste erst mit den Jahren lernen, mit Kritik umzugehen. Doch wenn ein Gespräch, wie von Herrn Kronawitter beschrieben, ruhig und sachlich verläuft, die Gesprächspartner sich auf Augenhöhe begegnen und die Kritik dann noch konstruktiv ist, fällt es leichter, die mahnenden Worte anzunehmen.

Ich brauche nach einem solchen Gespräch eine Weile, bis ich die Kritik gänzlich annehmen kann, aber dann schlägt sie (fast) immer in positive Energie um. Diese Energie und der neue Antrieb wirken sich auf meine Arbeit aus. Nicht zuletzt um zu zeigen, dass ich es besser kann.

Anhand des Beispiels von Herrn Kronawitter über das unglücklich verlaufene Gespräch mit einem Mitarbeiter sieht man, dass auch Führungskräfte nur Menschen sind, die emotional sind und Fehler machen. Aber genau das macht die Menschen in Führungsebenen sympathisch und es wirft zu guter Letzt die Frage auf: Besteht nicht wahre Stärke darin, eigene Fehler zu erkennen und sich dafür entschuldigen zu können?

Vorbild für Servicebereitschaft 39

Wie der Herr, so's G'scherr

> Als Unternehmen der Finanzbranche erbringen wir, wie viele andere Branchen auch, Dienstleistungen für unsere Kunden. Dies bedeutet, wir müssen uns kundenorientiert ausrichten. Dafür gibt es hunderte von Trainings und Vorschlägen. Der einfachste Weg dorthin führt über den Abschied von Druck und die Hinwendung zum Service – bei den Führungskräften.

Wirkliche Kundenorientierung ist ohne hohe Mitarbeiterorientierung nicht denkbar. Die Mitarbeiter werden sich gegenüber den Kunden des Unternehmens so verhalten, wie sie von den internen Dienstleistern, sprich: ihren Führungskräften, behandelt werden.

Die Mitarbeiter sind die internen Kunden ihrer Vorgesetzten. Denn sie „kaufen" das Vorbild. So nehmen sie zum Beispiel nur allzu leicht den Stil an, den diese Führungskräfte gegenüber Kunden zeigen. Sie „kaufen" auch Ambiente und Atmosphäre. Die Führungsarbeit der Vorgesetzten ist eine täglich verfügbare Ware, entweder frisch und bekömmlich oder jenseits des Haltbarkeitsdatums und schwer verdaulich.

Druck aufbauen erscheint einfacher als Service anzubieten

„Wie der Herr, so's G'scherr" sagt eine alte bayerische Redensart, deren norddeutsche Entsprechung „Der Fisch stinkt vom Kopf her" lautet. Damit ist auch beschrieben, von wo aus der Einfachheit halber in der Regel „Druck" angeboten wird, obwohl Service gefragt ist.

Ist es denn vorstellbar, dass Mitarbeiter, die in einem Umfeld arbeiten müssen, in dem der Frust durch die Behandlung der Führungskräfte morgens beginnt und beim Verlassen des Unternehmens am Abend mit in den Feierabend genommen wird, nachhaltig kundenorientiert handeln? Was ist an Servicebereitschaft zu erwarten, wenn der Mitarbeiter durch die Führungskräfte keine Wertschätzung erfährt und sein Selbstbewusstsein durch abwertendes Führungsverhalten geschwächt wird? Wie soll dieser Mitarbeiter seinen Job mit Freude machen und dem Kunden gegenüber überzeugend und dienstleistungsorientiert wirken?

Oder könnten Sie sich vorstellen, fünf Minuten nachdem Sie Ihr Vorgesetzter vor allen Kollegen „rund" gemacht hat, mit einem Kunden ein vernünftiges und überzeugendes Gespräch zu führen, das mit einem Geschäftsabschluss endet? Oder fünf Stunden danach? Oder fünf Minuten, bevor es vielleicht wieder passiert?

Die Führungskräfte sind dafür verantwortlich, dass sie die Rahmenbedingungen für die Mitarbeiter schaffen, damit diese im Interesse des Unternehmens und auch im Eigeninteresse erfolgreich arbeiten können. Deswegen werden sie Führungskräfte genannt. Bei Führungskräften muss Mitarbeiterorientierung vorhanden sein; die Kundenorientierung geht damit einher. Voraussetzung dafür sind Selbstbewusstsein und die Wertschätzung für andere Menschen.

Ohne sie gibt es keine nachhaltige Kundenorientierung und keine Mitarbeiterorientierung.

Eine einfache Frage macht den Ausgangspunkt für gute Führung klar: Wie freundlich und serviceorientiert sind unsere Mitarbeiter, wenn es um Kundenberatung oder einfach um das Erbringen von Serviceleistungen geht? Eine ebenso einfache Antwort weist den weiteren Weg: Freundlichkeit und Kundenorientierung können nicht befohlen werden, sie richten sich an der Unternehmenskultur aus.

Wenn Mitarbeitern ihr Beruf Freude macht und die Bedingungen dazu von den internen Dienstleistern, den Führungskräften, geschaffen sind, dann kann Serviceorientierung unternehmensweit gelebt werden.

Aus meiner Sicht (Christa Feustle)

Diesem stimme ich voll und ganz zu: Nicht nur seinen Job machen, sondern seinen Beruf lieben. Und das kann man nur, wenn Führungskräfte und Mitarbeiter miteinander einen guten Umgang haben. Dieser freundliche und gute Umgang sollte eigentlich jedem bei der Erziehung beigebracht, sprich: anerzogen, worden sein.

Aus meiner Sicht (Samra Komm)

Als Mitarbeiter eines Dienstleistungsunternehmens sollte es selbstverständlich sein, den Kunden freundlich, mit einem ehrlichen Lächeln im Gesicht zu bedienen, zu beraten und ihm hilfsbereit zur Seite zu stehen.

Diese Ehrlichkeit und nicht aufgesetzte, echte Freundlichkeit ist jedoch nur dann möglich, wenn ich ohne Druck die Produkte „verkaufen" kann, die dem Wunsch des Kunden entsprechen, und nicht die, die mir von der Führungskraft diktiert worden sind.

Dies fällt einem Angestellten einer Firma mit gutem Betriebsklima, der ohne Zeit- oder Leistungsdruck bzw. Leistungszwang arbeiten kann, natürlich leichter als demjenigen, der wie in dem genannten Beispiel angeführt wurde, von seinem Vorgesetzten in aller Öffentlichkeit kritisiert wurde.

Hier ist sehr wohl das Verhalten des Vorgesetzten als Führungskraft in Frage zu stellen, da meiner Meinung nach ein Gespräch unter vier Augen wirkungsvoller ist, zumal der Angestellte nicht vor den Augen der Kollegen oder gar vor Kunden das Gesicht verliert. Ich stimme dem Autor uneingeschränkt zu, dass durch einen positiven, offenen und persönlichen Umgang der Führungskraft mit dem Angestellten dessen Arbeitseinstellung wie auch seinen Erfolg steigern lässt und somit wiederum die Zufriedenheit des Kunden mit dem Unternehmen, als letztes Glied in der Kette, wächst.

Mitarbeitern zum Erfolg verhelfen

Sie machen den Weg frei

> Der Erfolg von Führungskräften basiert ganz wesentlich auf dem Leistungsvermögen und Leistungswillen ihrer Mitarbeiter. Wer hier bereit ist, als Dienstleister des Teams zu arbeiten und den Lohn der Mühe zu teilen, der ist auf dem richtigen Weg zu nachhaltigen Erfolgen.

Die Hauptaufgabe einer Führungskraft besteht nicht darin, sich zwölf Stunden am Tag mit Sachaufgaben zu beschäftigen und sich in Details zu „verbeißen". Ihr Ziel sollte vielmehr sein, den Mitarbeitern den Weg zu bereiten, damit sie erfolgreich sein können. Man kann es Vorgesetzten nicht oft genug ins Stammbuch schreiben: Mitarbeiter sind die internen Kunden im Unternehmen, denen die Führungskraft als Dienstleister zur Verfügung zu stehen hat. Oftmals drängt sich jedoch der Eindruck auf, dass es sich in Unternehmen genau umgekehrt verhält.

Allein wenn man die Wortwahl beachtet, von der immer wieder Gespräche und Berichte geprägt sind, liegen entsprechend eindeutige Schlüsse nahe: „Der XY hat eine Führungsposition beim ABC-Konzern bekommen und dabei 150 Leute unter sich", heißt es dann. Mir wäre lieber: „Dem XY hat man eine Führungsposition beim XY-Konzern anvertraut und arbeitet dabei mit 150 Mitarbeitern zusammen."

Die genannte Führungskraft ist für 150 Menschen verantwortlich, die mit ihrer Arbeitsleistung dafür sorgen, dass die Führungskraft als Führungskraft erfolgreich ist. Sie sorgen obendrein dafür, dass für das Unternehmen der notwendige und geplante Mehrwert erarbeitet wird. Kurzum: Die Führungskraft profitiert vom Erfolg der Mitarbeiter.

Führungskräfte errichten keine Hürden, sondern räumen sie fort

Sich vom alten Rollenbild zu lösen ist eigentlich gar nicht so schwer. Nehmen wir mal an, ein Vorgesetzter, der bisher sehr stark mit Fachthemen beschäftigt war, delegiert einen Teil dieser Arbeiten an qualifizierte Mitarbeiter. Er nutzt die dadurch frei gewordene Zeit, um als Dienstleister seiner Mitarbeiter unterwegs zu sein. Er nutzt sie zum Beispiel dazu, kraft seiner Kompetenzen und seiner Möglichkeiten auf Führungsebene jene Hindernisse und Störungen zu beseitigen, an denen seine Mitarbeiter scheitern könnten. Oder er steht als zuhörender Ratgeber zur Verfügung, wenn er gefragt wird. Die Möglichkeiten eines solchen „Liberos" sind groß und sein Wert für das Team ist immens.

Setzen wir den Fall, der Führungskraft würde es auf diesem Weg unter Einsatz der passenden Führungsinstrumente gelingen, die Gesamtleistung seiner 150 Mitarbeiter durchschnittlich um zehn Prozent zu steigern: Lob und Anerkennung der Unternehmensleitung, in welcher Form auch immer, wären ihm gewiss.

Zum dauerhaften Gelingen des Projekts braucht es indes noch einen zweiten Schritt. Damit das „Anderen zum Erfolg verhelfen" und sich als „Dienstleister der Mitarbeiter" zu sehen auch glaubwürdig ist, erwarten die Mitarbeiter berechtigt, dass sie in den so erzielten Erfolg einbezogen werden. Denn wenn die Führungskraft den Zehn-Prozent-Erfolg ausschließlich als ihre Leistung verkauft und versucht damit zu glänzen, wird die positive Entwicklung nicht nachhaltig sein.

Erfolge haben grundsätzlich „wir" erzielt

Die Mitarbeiter haben ein Recht darauf einbezogen zu werden. Niemals sollte ein Vorgesetzter die Erfolge, die zwar unter seiner Führung erzielt, aber von den Mitarbeitern erarbeitet wurden, als ausschließlich seine eigenen darstellen. Erfolgsmeldungen müssen stets mit dem Wort „wir" beginnen. Wenn dies nicht der Fall ist, schmelzen die Zehn-Prozent-Erfolge hinweg wie Eis in der Sonne. Vertan ist gleichzeitig die Chance auf zwölf Prozent oder 15 Prozent in der Zukunft.

In unserem Unternehmen legen wir im Erfolgsfalle besonderen Wert auf die Worte „gemeinsam" und „wir".

Die Mitarbeiterbefragungen der Universität Bochum belegen, dass dies sehr aufmerksam registriert wird. Zu der Aussage: „Mein Vorgesetzter gibt Erfolge seiner Mitarbeiter als seine eigenen aus", ergab das Feedback der Mitarbeiter einen Wert von 5,9 auf einer Skala bis zum Bestwert von 6,0, dass dem nicht so sei. Die kleine Abweichung vom Optimum sei der Interpretations-Unschärfe darüber geschuldet, in welcher Form dieses „er gibt Erfolge als eigene aus" zu bewerten ist. Denn in falscher Bescheidenheit den Eigenanteil der Führungskraft ganz unter den Teppich zu kehren – das ist nicht angebracht.

Aus meiner Sicht (Wolfgang Schmidt)

Am Erfolg eines Teams ist in der Regel jedes Teammitglied beteiligt. Die Hauptrolle nimmt hierbei zweifellos die Führungsperson ein: Die Bezeichnung „Dienstleister" trifft aus meiner Sicht diese Rolle perfekt. Hierbei kommt es weniger auf das Fachwissen an, sondern, pauschal gesprochen, auf die Fähigkeit, die Leistungen eines jeden Einzelnen langfristig zu steigern. In diesem Zusammenhang sollte auch folgende Aussage bedacht werden: „Ziel ist es nicht, die Schwächen der Mitarbeiters zu beseitigen, sondern ihre Stärken hervorzuheben."

Da oftmals ein Erfolg nur der Führungskraft zugeordnet wird, ist es umso wichtiger, diesen Erfolg auf die Leistungsträger – sprich: auf alle Teammitglieder – zu verteilen.

Aus früheren Erfahrungen weiß ich jedoch, dass die Praxis nicht selten von dieser Theorie abweicht.

Wertschätzung des Einzelnen

41

"Unwichtige" Mitarbeiter gibt es nicht

> Die Versuchung für Führungskräfte ist groß, ein Mitarbeiterteam in wichtige, weniger wichtige und unwichtige Mitarbeiter zu segmentieren – oder in unverzichtbare und verzichtbare. Wer genau hinsieht, wird erkennen, dass jeder Mitarbeiter wichtig ist und eine entsprechende Wahrnehmung und Wertschätzung verdient.

Wer sind die wichtigsten Mitarbeiter im Unternehmen? Die Führungskräfte? Die Mitarbeiter im Vertrieb? Die Mitarbeiter der Personalabteilung? Die Mitarbeiter der Telefonzentrale? Der Pförtner oder der Hausmeister? Alle sind wichtig!

Nehmen wir als Beispiel die Telefonzentrale. Wie soll eine Führungskraft oder ein Mitarbeiter mit einem Kunden, der eine Beschwerde vorbringen will und sehr erregt ist, noch ein vernünftiges Telefongespräch führen, wenn dieser Kunde bereits bei der ersten Annahme seines Anliegens, in der Telefonzentrale, unfreundlich behandelt wurde? Wie soll der Vertriebsmitarbeiter zu einem erfolgreichen telefonischen Geschäftsabschluss oder Anbahnung eines Geschäfts kommen, wenn er zum dritten Mal anruft, weil bei zwei vorhergehenden Anrufen die Telefonzentrale gerade nicht besetzt war?

Nehmen wir als Beispiel den Hausmeister. Welche Eindrücke werden Besucher der Firma gewinnen, wenn im Besucherbüro zwei der vier Deckenlampen ausgefallen sind? Wenn Gäste auf dem Weg zum Eingang über einen Teppich aus nassem Laub gehen? Oder wenn die Fensterscheiben dringend einen Besuch der Putzkolonne signalisieren?

Nehmen wir als Beispiel den Pförtner. Welche Auswirkungen auf einen Besucher hat eine freundliche Auskunft? Und was löst wohl eine mürrische aus?

Wie erfolgreich kann ein Vertriebsmitarbeiter arbeiten, der für einen feststehenden Kundentermin Angebote benötigt, die von der Marktassistenz zu erstellen sind, diese aber nicht termingerecht bekommt?

Wie erfolgreich könnte ein Unternehmen gesteuert werden, wenn die Auswertungen der Controllingabteilung unzureichend wären?

Einer ist vom anderen abhängig. Keiner kann für sich allein erfolgreich sein. Alle Mitarbeiter sind wichtig und sollten auch, angefangen bei Reinigungspersonal und dem Hausmeister, dementsprechend respektvoll von den Führungskräften und Kollegen behandelt werden. Ein Uhrwerk funktioniert nur, wenn sowohl die großen als auch die kleinen Rädchen ineinander greifen. Nimmt man nur eines heraus, gerät das ganze System aus dem Takt.

Insbesondere Führungskräfte, aber nicht nur sie, sollten darauf achten, allen Mitarbeitern durch entsprechendes Verhalten das Gefühl von Respekt, völlig unabhängig von der Tätigkeit der Person im Unternehmen, zu vermitteln.

Ich würde gerne das Gesicht des Pförtners in einem großen Konzern sehen, wenn der Vorstandsvorsitzende dieses Unternehmens morgens an der Schranke aussteigt und ein kurzes Gespräch mit ihm führen würde. Die positive Überraschung wäre wohl gelungen.

Der Berater einer großen Firma erzählte mir unlängst, dass sich die Pförtner beklagt hätten, kaum jemand hätte im Vorbeigehen noch einen Gruß für sie übrig. Diese Tatsache wurde daraufhin in der Firma kommuniziert. Beim nächsten Besuch erfuhr der Berater vom Pförtner, alles sei plötzlich ganz anders. Na also, geht doch!

Aus meiner Sicht (Bruno Dexler)

Wie im Text zutreffend formuliert, funktioniert dieses System nur, wenn es von allen im Unternehmen so gelebt wird und man sich gegenseitig schätzt. Ein freundlicher Gruß oder ein Lob kann einen Mitarbeiter, egal in welchem Bereich sie oder er tätig ist, sehr stark motivieren und erfreuen.

Eigene Fehler und Schwächen

42

Echte Unvollkommenheit ist besser als falsche Perfektion

> Niemand ist perfekt. Das können auch Führungskräfte nicht sein. Sie sind ja auch Menschen mit allen Stärken und Schwächen. Warum fällt es trotzdem immer wieder schwer, Schwächen oder Fehler zuzugeben? Denn der Nutzen, der sich aus einem ehrlichen Umgang damit ziehen lässt, ist hoch. Der Schaden dagegen, den vorgetäuschte Unfehlbarkeit nach sich zieht, ist heftig.

Vorgesetzte, die hin und wieder ein Problem damit haben Fehler oder Schwächen einzugestehen, befürchten, dass sie dadurch einen Verlust an Autorität bei ihren Mitarbeitern erleiden. Sie empfinden sich dabei als unvollkommen.

Genau das Gegenteil ist jedoch der Fall. Die Führungskraft wird von den Mitarbeitern als Mensch grundsätzlich einmal „wie du und ich" wahrgenommen, wenn ihr auch mal ein Fehler unterläuft. Die Menschen schätzen „Überflieger" nicht, die in allem perfekt wirken wollen. Sie ziehen aus solchem Verhalten den Schluss: „Diese perfekte Führungskraft braucht keine Unterstützung." Zur Unterstellung, die Führungskraft sei arrogant oder selbstherrlich, fehlt dann nicht mehr viel. Denn in der Regel geht solches Verhalten Hand in Hand mit einem Führungsstil, der druckvoll Perfektion von allen Mitarbeitern einfordert.

Im schlechtesten Fall isoliert sich die Führungskraft

Ausgelöst durch diesen Eindruck kommt ein Prozess in Gang, der in Richtung „Isolation der Führungskraft" mit allen damit einhergehenden Folgen führt. Jedes Zeichen von Schwäche oder gar Fehler, die auch der „perfekten Führungskraft" passieren, werden dann genüsslich ausgeschlachtet. Es tritt dann genau jener Imageverlust ein, der befürchtet worden war und weshalb der Fehler nicht gleich zugegeben wurde. Ein schleichender, permanenter Autoritätsverlust ist nicht mehr aufzuhalten.

Der andere Weg hingegen, auch als Führungskraft Fehler einzugestehen, macht den Vorgesetzten sympathisch. Denn damit sind zwei Botschaften verbunden. Erstens: Der Chef ist nichts Besseres und hält sich auch nicht dafür. Zweitens: Der Chef ist ehrlich, der steht zu seinen Fehlern.

Eine weitere Auswirkung wird sein, dass auch die Mitarbeiter im Falle von Fehlern eher zu diesen stehen werden. Sie sind befreit vom Perfektions-Druck. Vielmehr erhalten sie eine glaubwürdige Motivation, selbst am Abstellen und künftigen Vermeiden der Fehler mitzuwirken.

Wer seine Mitarbeiter schätzt, ruft ihr Wissen ab

Es ist zudem sicher kein Zeichen von Schwäche, sich als Vorgesetzter in Fachfragen mit der Bitte um Rat oder Auskunft an Mitarbeiter zu wenden. Diese werden ein solches Vorgehen vielmehr als Wertschätzung ihrer Person und Kompetenz empfinden, aber niemals als Schwäche. Sie werden ihr Können und Wissen unter Beweis stellen und der Führungskraft hilfsbereit zur Seite stehen. Während sie umgekehrt einer Führungskraft misstrauisch und distanziert begegnen werden, die sich keine Blöße geben wollte, dann aber aus Unkenntnis Fehler verursacht.

Aus meiner Sicht (Viktoria Dietrich)

Aus eigener Erfahrung kann ich dies nur bestätigen. Eine Führungskraft ohne Fehler und Schwächen führt zu Missmut und folglich leidet darunter auch das Betriebsklima. Leider geht das Menschliche in unserer Gesellschaft immer mehr verloren und deshalb bin ich ganz froh, dass das in unserer Bank nicht der Fall ist.

Aus meiner Sicht (Anton Speth)

Eine Führungskraft kann meiner Meinung nach ohne weiteres eigene Fehler und Schwächen zugeben. Ob und in wieweit das Ansehen und die Kompetenz der Führungskraft bei den Mitarbeitern darunter leidet, hängt von einigen grundlegenden Komponenten ab.

Keine oder kaum Probleme wird in der Regel diejenige Person haben, die bei den Mitarbeitern aufgrund ihres Führungsstils und der Führungsqualitäten anerkannt ist, eine gewisse menschliche Komponente sowie die für diese Position erforderliche Kompetenz und Autorität aufweist.

Nicht als Schwäche, sondern als Stärke und Wertschätzung der Mitarbeiter würde ich es sehen, wenn sich eine Führungskraft in Fachfragen bei den Sachgebieten Auskünfte oder den einen oder anderen Rat einholt. Denn niemand kann alle Fachgebiete vollständig abdecken.

Das anständige Unternehmen – Der Grund für die Krise liegt im Führungsverständnis.

43

Ein Gastbeitrag von Reinhard K. Sprenger

> Dr. Reinhard K. Sprenger gilt als der profilierteste Führungsexperte Deutschlands. Seine Bücher „Mythos Motivation", „Das Prinzip Selbstverantwortung", „Aufstand des Individuums" und „Vertrauen führt" haben das Führungsverständnis vieler Manager nachhaltig verändert. Sprengers Gedanken über ethische Grundsätze in der Unternehmensführung ergänzen die Grundaussagen dieses Buches. Der hier zitierte Text ist im Original als Namensbeitrag erschienen im manager magazin 11/2011 (Seite 70f.).

Welch ein Getümmel! Der Bürger steht fassungslos vor unfassbaren Staatsschulden, Too-big-to-fail-Zynismen, mit denen sich Politik und Finanzindustrie wechselseitig schützen – Kapitalismuskritikern, die ihm die Selbstabschaffung der Vernunft empfehlen, Gehaltsexzessen einer kleinen Managerclique, die sich aus der Wertegemeinschaft der Zivilisierten längst verabschiedet hat. Wirtschaftlicher Erfolg, so seine Schlussfolgerung, verdankt sich nicht mehr bürgerlichen Tugenden wie Fleiß, Ausdauer und unternehmerischem Risiko, sondern der Zugehörigkeit zu einer neofeudalen Funktionärskaste und ihrer Nähe zum Kapitalstock der Gesellschaft.

Überall mit Händen zu greifen ist die Sehnsucht nach Rechtschaffenheit, nach Ordnung und ruhiger Arbeit, nach Führungspersönlichkeiten mit „Maß und Mitte" (Röpke), nach einer Wirtschaft für das „ganze Haus".

Falls nun auf den Begriff gebracht werden soll, was diese Sehnsucht bündelt, so wüsste ich nur ein Wort: Anstand. Die Menschen wollen Anstand in der Politik, auf den Märkten – und in der Unternehmensführung. Dieser Anstand muss freilich, will er nicht als Ewiggestrigkeit verspottet werden, auf Moralisierung verzichten. Lassen wir also die selbstberuhigenden Ethikklauseln beiseite, die dekorativen Corporate-Governance-Listen, das Nachhaltigkeitsgeraune.

Wollen wir Anstand als nüchterne Praxis begreifen, dann müssen wir uns noch einmal des Beginns der gegenwärtigen Krise erinnern. Die Krise brach in den USA in einem Marktsegment aus, wo die Politik jahrelang die Banken nötigte, Baukredite auch an nicht solvente Bürger zu geben. Die Bauwirtschaft boomte, die Bewertung der Häuser schoss in die Höhe, was wiederum die Bürger verführte, sich erneut Geld für Konsumzwecke zu leihen. Das wiederum bewog die durch Incentives ermutigten Bankangestellten, ihre Vernunft auszuschalten und sich wechselseitig undurchschaubare Risiken zu verkaufen. Wenn dann heute die Politik die Wirtschaft beschuldigt, sie betreibe anreizgetriebenes Mikromanagement, dann ist das von atemberaubender Selbstgerechtigkeit.

Der tiefere Grund für die Krise liegt also in dem herrschenden Führungsverständnis. Es geht immer noch von Organisationsformen aus, in der Individuen durch Parallelisierung ihrer finanziellen Interessen zu gängeln sind. Dies unter konsequenter Ignorierung der Nebenwirkungen – der Korrumpierung der Menschen.

Wir werden nichts ändern, wenn wir nicht das Menschenbild überprüfen, das dem Führen mit Anreizen zugrunde liegt. Es unterstellt, dass man einem Mitarbeiter grundsätzlich nicht trauen und nichts zutrauen kann. Diesem Misstrauen entspricht eine manipulative Grundhaltung, die sich als Appell an das Eigeninteresse tarnt. Es sagt: „Ich glaube dir nicht, dass du dich vernünftig verhältst; wenn du dich aber verführen lässt, wirst du belohnt." Wer sich dann belohnen lässt, bestätigt Fremdbestimmung: „Ich tue nicht das, was ich will, sondern was du willst." Der Mensch erlebt sich mehr und mehr als Reiz-Reaktions-Automat, als Erfüllungsgehilfen fremder Absichten. Glaubt jemand ernsthaft, die vielen kleinen Demütigungen des Sichbeugens unter fremden Steuerungswillen blieben folgenlos? Glaubt jemand ernsthaft, der konditionierende Effekt, der bei jeder Handlung nur noch die Konsequenzen in der eigenen Brieftasche kalkuliert, habe keine Konsequenzen für den „Anstand" der Mitarbeiter? Im Extremfall wird die Firma eine seelenlose Söldnertruppe, der man fortwährend die Möhre hinhalten muss, damit sie sich überhaupt bewegt.

Anständig hingegen ist ein Unternehmen, wenn es in seinem gesamten individuellen wie institutionellen Verhalten den Menschen keinen Anlass bietet, sich in ihrer Selbstachtung verletzt zu fühlen. Was heißt das in der Praxis?

Das anständige Unternehmen verzichtet auf Anreize. Alle arbeiten am Erfolg aller mit. Es hat Mitarbeiter, denen Bindung an eine sinnvolle, herausfordernde Aufgabe wichtiger ist als Einkommensmaximierung. Denen man vertraut, etwas zutraut und als Erwachsene respektvoll behandelt. Denen man die Unterwerfung unter entwürdigende Erziehungsrituale erspart. Das anständige Unternehmen legt größte Sorgfalt auf die Auswahl charakterstarker Menschen. Es macht vertrauensfähige Menschen zu Führungskräften. Und trennt sich von jenen, die Autorität mit autoritär verwechseln.

Das anständige Unternehmen verzichtet auf Kontrollexzesse: auf wuchernde Reporting- und Monitoringsysteme. Daher können sich dort die Routinen der täglichen

Kooperationen kostengünstig entfalten. Das anständige Unternehmen sorgt für stabile Freiräume, weniger Aufsicht, mehr Selbstkontrolle.

Das anständige Unternehmen verzichtet auf Subventionen – denn Subventionen sind nichts anderes als Anreize, Produkte zu verkaufen, deren Preisschilder lügen. Das anständige Unternehmen kennt Versagen, Pech und Haftung: Es erlaubt sich nicht, mit der Hand in der Tasche anderer Leute zu leben; und es erlaubt der Politik nicht, mit ihrer Pannenhilfe den Markt zu zerstören.

Noch einmal: Wir werden nichts ändern, wenn wir nicht das Menschenbild überprüfen und die daraus abgeleiteten Führungsstrukturen. Diese Chance ist nie besser als in der Krise.

Rituale

44

Gute Gewohnheiten ergeben sich von selbst

> Wenn von Ritualen die Rede ist, denken die meisten Menschen zunächst an religiöse oder feierlich festliche Handlungen. Dabei gibt es Rituale sowohl im Privat- als auch im Berufsleben. Vielfach ergeben sie sich aus Routinen und haben eine stabilisierende Wirkung. Gefährlich wird es erst, wenn sie zu Zwängen führen oder Pflichten nach sich ziehen, die kontraproduktiv sind.

Eine der Definitionen für dieses Wort „Ritual" ist: „Zeremoniell, nach genauen Regeln ablaufendes Geschehen". Wie oft trifft das auf uns bereits morgens und dann den ganzen Tag über zu? Die Abläufe sind bei vielen Menschen immer die Gleichen.

Dies ist auch im Berufsleben so und das ist gut. Während wir im Privatleben unsere Rituale selbst steuern, sind sie uns auf betrieblicher Ebene zum Teil vorgegeben, zum anderen aber auch selbstbestimmt. Ob Sie fast jeden Mittag mit einem Kollegen gemeinsam joggen, bestimmen sie selbst, den Terminplan für Meetings in ihrem Unternehmen bestimmen andere. Beides sind Rituale, die entgegen vielen anderen Situationen des täglichen Lebens planbar sind, sowie Kontakte und Kommunikation versprechen.

In unserem Unternehmen beginnen die Rituale schon früh morgens, bevor die Mitarbeiter überhaupt das Bankgebäude betreten. Weil unser Parkplatz sehr großzügige Parkmöglichkeiten bietet, sind die Plätze nicht festgelegt, wer wo zu parken hat. Trotzdem fährt jeder Mitarbeiter seit Jahren auf den gleichen Platz. Selbst in Urlaubszeiten erfolgt hier kein Parkplatzwechsel.

Zum Beginn der Arbeitszeit bringt jeden Tag der gleiche Mitarbeiter meinem Kollegen die Tageszeitung, verbunden mit einem kurzen Gespräch.

Rituale geben Sicherheit und Orientierung

Die festgelegten, wöchentlich stattfindenden Besprechungen mit einem jeweils genau festgelegten Teilnehmerkreis laufen zumindest zu Beginn ebenfalls mit einem sich immer wiederholenden Ritual ab. Jeder setzt sich am Tisch genau an den Platz, an dem er immer sitzt. Der Mitarbeiter, der immer als erster berichtet, berichtet auch im nächsten Meeting als erster. Langweilig? Nein, es gibt allen Sicherheit und Orientierung.

Zum Wochenende, am späten Freitagnachmittag, mache ich einen Rundgang durch das ganze Haus und wünsche den Mitarbeitern ein „Schönes Wochenende". Dies ist dann verbunden mit dem einen oder anderen Gespräch zu vielfältigen Themen. Ein Ritual, das sich jede Woche wiederholt. Wenn ich mal nicht erscheine, was nur dann passiert, wenn ich wegen Terminen verhindert bin, fragt mich am folgenden Montag mit Sicherheit ein Mitarbeiter, warum ich nicht gekommen bin.

Jeden Mittag trifft sich ein größerer Teil unserer Mitarbeiter im Aufenthaltsraum der Bank zum gemeinsamen Mittagessen. Auch hier sitzen alle, ohne dass dies jemals abgesprochen war, stets am selben Platz. Nach dem Essen kickern die einen noch eine Runde am Tischfußball, während die anderen einen Plausch bei einer Zigarette halten.

So gibt es in jedem Unternehmen vorgegebene und selbst initiierte Rituale. Sie sind wichtig, denn sie geben Sicherheit, Orientierung und sie fördern die Kommunikation. Fast immer ergeben sie sich ganz von selbst. Nie aber werden sie angeordnet oder befohlen.

Aus meiner Sicht (Anton Speth)

Die Einhaltung sich täglich wiederholender Rituale bestimmt auch das Leben in unserer Bank. Zum einen sind diese vorgegebenen Regeln durch das Berufsbild und zum anderen durch die jedem angeborenen eigenen Grundsätze geprägt. Es beginnt bereits am Morgen beim Einparken auf dem fast schon reservierten Parkplatz, der Feststellung, wer von den Kollegen denn schon da ist, und der Bemerkung zu sich selbst: „Bin ich zu spät oder waren die anderen zu früh da?"

Beim Auspacken des einen Abend zuvor im Schrank verstauten Arbeitsmaterials auf dem Schreibtisch immer an derselben Stelle, dem Einschalten des Computers und dem Öffnen des Fensters zur Frischluftzufuhr möchte man sich nicht schon am Morgen aus dem Rhythmus bringen lassen. Und so werden im Anschluss weitere, sich über Jahre hinweg eingeprägte Mechanismen wie Überprüfung der Dispositionsliste oder der Kontoüberziehungen abgehandelt.

Auch bei der Beratung eines Kunden ist einem Bankberater ein gewisses Gesprächsschema in Fleisch und Blut übergegangen, das er versucht, in gewisser Art und Weise immer aufs Neue zu wiederholen. Bei langjährigen Kunden, bei denen wir uns das Vertrauen über einen großen Zeitraum hart erarbeitet haben und von denen nicht nur das finanzielle, sondern zum Teil auch das familiäre Umfeld sowie persönliche Eigenschaften und Charakterzüge bekannt sind, mag dies zum Großteil gelingen. Bei Neukunden gelingt dies in manchen Fällen nicht. Aber auch hier hat ein erfahrener Bankberater ein eingeprägtes Rezept auf Lager. Mit Geduld und Fachkompetenz ausgestattet, bringt er die Anliegen des Kunden zu Papier, stellt zu den fehlenden Komponenten Zwischenfragen und hat am Ende eine vollständige Kundenanfrage vorliegen.

Es gibt aber auch Tage, da scheint die Welt wie aus den Angeln gehoben. Bereits um acht Uhr morgens beginnen die ersten Kundengespräche und enden zum Teil erst am Nachmittag. Allmählich kehrt über die vertraute Umgebung und die wahrnehmbaren Rituale der Kollegen das Gefühl von Sicherheit, Orientierung und vorgegebener Ordnung wieder ein – und die noch nicht erledigten Arbeiten des Vormittags können zu Ende gebracht werden.

Innovationsfähigkeit

Identifikation ist die beste Grundlage für Veränderung

> Im Fremdwörterlexikon wird das Wort „Innovation" mit „Einführung von Neuem, Erneuerung, Verwirklichung neuer Ideen oder Verfahren" definiert. Damit ist klar, dass sie weit über eine bloße Optimierung oder Anpassung hinausgeht und meist tiefgreifende Veränderung nach sich zieht. Somit misst sich die Innovationsfähigkeit eines Unternehmens weitgehend an der Identifikationsbereitschaft seiner Mitarbeiter.

Die Innovationen eines Unternehmens werden von zwei Größen bestimmt, der Innovationsfähigkeit und der Innovationsbereitschaft. Wirkliche Innovationen können nur entstehen, wenn sowohl Innovationsfähigkeit als auch Innovationsbereitschaft objektiv gegeben sind. Doch wovon hängt das Vorhandensein von Innovationsfähigkeit und der Innovationsbereitschaft ab?

Meines Erachtens ist hier ganz wesentlich die Unternehmenskultur gefragt. In einem Betrieb mit ausgeprägter Hierarchie und autoritärem Führungsverhalten können Innovationen nur sehr schlecht entstehen. Die Innovationsbereitschaft wird dort nicht sehr hoch sein, weil Veränderungen schwer umsetzbar sind. Meist herrscht in solchen Unternehmen auch keine entsprechende Fehlertoleranz, die das mögliche Scheitern von Innovationen akzeptabel macht.

Innovation „von oben" bremst Kreativität „von unten" aus

Die eine oder andere Innovation wird unter solchen Umständen mit allen damit verbundenen Nachteilen in der Hierarchie von oben nach unten „eingeführt". Die natürliche

Innovationsfähigkeit kann trotz hervorragend ausgebildeter Mitarbeiter mit hohem Potenzial dann allerdings nicht zum Tragen kommen: Das Kapital des Unternehmens, die Fähigkeiten und die Kreativität der Mitarbeiter, werden nicht oder nur unzureichend genutzt. Was ist die Folge? Die Mitarbeiter werden entsprechend der Unternehmenskultur ihre Aufgaben erledigen und nach dem Motto verfahren: „Für Innovation sind die da oben zuständig. Sie werden uns schon mitteilen, wenn sich etwas ändert."

Ganz anders verhalten sich die Mitarbeiter in einem Unternehmen mit entsprechenden Freiräumen und einem kooperativen Führungsstil. In diesem Betrieb ist in der Regel das Commitment, die Identifikation mit dem Unternehmen, sehr hoch. Hier werden die Mitarbeiter bei dem, was sie tagtäglich machen, auch darüber nachdenken: „Warum machen wir das eigentlich so und nicht anders?" Wenn diese Mitarbeiter dann auf eine Führungskraft treffen, die offen für Neuerungen, also im besten Sinne innovationsbereit ist, wird dies von großem Nutzen für alle Beteiligten und das Unternehmen sein.

Hohe Identifikation beflügelt die Innovationsfreude

In unserem Unternehmen ist die Identifikation mit dem Betrieb außerordentlich hoch. Das ergeben die mehrfach in diesem Buch angesprochenen Mitarbeiterbefragungen durch die Ruhr-Universität Bochum. Dementsprechend hoch ist auch die Innovationswilligkeit unserer Mitarbeiter. Die Innovationsfähigkeit ist durch deren insgesamt sehr gute Ausbildung schon gegeben.

Wird zum Beispiel durch gesetzliche Vorschriften, die bekanntlich im Finanzsektor derzeit nicht gerade selten sind, die Überarbeitung bestimmter Arbeitsabläufe erforderlich, kommen regelmäßig und zügig entsprechende Vorschläge aus dem Mitarbeiterbereich. Meistens sind diese beschlussreif.

Wir gestalten auch immer wieder neue Kundenprodukte, zu deren Realisierung die Mitarbeiter ihre Ideen und Vorschläge einbringen. Die Tatsache, dass wir hier dem Prinzip des „Führens ohne Druck" folgen, führt dazu, dass diese Vorschläge nicht Ausgeburten wilder Finanzphantasien sind, sondern von Bodenhaftung, Sachverstand und Realitätssinn geprägt – sowie von größtmöglicher Bereitschaft, darin echte Kundenwünsche abzubilden.

Zurückhaltung bei Innovationen von außen

Ein Bereich, in dem wir sehr zurückhaltend sind, das sind die Innovationen von außen. Sie werden uns in großer Fülle angeboten, aber von uns höchst selektiv wahrgenommen. Nicht bei jedem Trend muss unser Unternehmen dabei sein. Trends haben oftmals nur kurze Halbwertzeiten. Vertrauen hält länger.

Dabei erinnern wir uns an den Spruch: „Wer immer mit der Herde rennt, läuft Gefahr irgendwann als Schnitzel zu enden."

Aus meiner Sicht (Achim Krist)

Aus meiner Sicht hat die Mehrzahl der Mitarbeiter in einem funktionierenden Unternehmen grundsätzlich eine hohe Innovationsfähigkeit. Jeder ist bestrebt, seinen Teil zum Erfolg beizusteuern. Und jeder macht sich Gedanken, wie sein Arbeitsbereich optimal gestaltet werden kann und wie sich Veränderungen bestmöglich in der betrieblichen Praxis umsetzen lassen.

Entscheidend ist die Bereitschaft der Führungskräfte, die Innovationsvorschläge der Mitarbeiter anzunehmen und umzusetzen. Nur durch einen konstruktiven Umgang mit Vorschlägen der Mitarbeiter wird deren Innovationsfreude dauerhaft gefördert.

Ein wichtiges Beispiel in unserer Bank ist die Gestaltung von innovativen Kundenprodukten, die inzwischen in der täglichen Kundenberatung nicht mehr wegzudenken sind. Diese neuen Produkte entstehen zumeist nach intensiver Abstimmung zwischen Vertriebsmitarbeitern und dem Controlling/Treasury. Durch diese frühzeitige Einbindung der Mitarbeiter steigt auch die Identifikation der Mitarbeiter mit den neuen Produkten und die Bereitschaft, damit zu arbeiten. Die hohe Akzeptanz bei den Mitarbeitern durch die frühzeitige Einbindung ist sicherlich eine wichtige Ursache für den Erfolg der Produktinnovationen der letzten Jahre.

Weiterbildung

46

Es kommt auf die Menschen an, nicht auf die Funktionen

> In einer Zeit umwälzender Veränderungen in allen Branchen ist es besonders wichtig, die Mitarbeiter durch berufliche Weiterbildung auf dem aktuellen Stand zu halten. Gerade kleinere Unternehmen sehen sich hier mit großem organisatorischen und finanziellen Aufwand konfrontiert.

Waren vor Jahren noch die „Allrounder" in einem Berufsbild gefragt, sind heutzutage durch die zunehmende Komplexität die Spezialisten wichtiger denn je. Es ist nicht mehr möglich, die gesamte Breite der Aufgaben zu beherrschen. Daran richten sich auch der Umfang und die Themen der von unserem Unternehmen angebotenen Fortbildungsmaßnahmen aus.

Stärken ausbauen statt Schwächen ausmerzen

Ob eine betriebliche Fortbildungsmaßnahme im Einzelfall überhaupt aussichtsreich ist, darüber entscheidet in erster Linie ein Blick auf die Stärken des Mitarbeiters. Aus meiner Sicht gilt es, die Stärken eines Mitarbeiters weiter auszubauen und nicht zu versuchen, seine Schwächen zu mindern. Wenn es nur darum ginge, die Schwächen eines Mitarbeiters zu minimieren, müsste zuerst darüber nachgedacht werden, ob der Mitarbeiter überhaupt die richtige Tätigkeit ausführt bzw. ob es im Unternehmen eine Stelle gibt, bei der die Stärken dieses Mitarbeiters zum Tragen kommen.

Meistens ist es wenig ergiebig, im Vertrieb tätige Mitarbeiter an Vertriebsschulungen teilnehmen zu lassen, wenn die Person sich im Marktbereich nicht wohl fühlt und von der Persönlichkeit her auch nicht dazu geeignet ist. Dazu bedarf es im ersten Schritt folglich eines Blicks auf den Mitarbeiter, nicht auf seine Stelle. Merkwürdigerweise verhält es sich in vielen Betrieben genau umgekehrt.

Eigeninitiative wird belohnt

Insofern sind in unserem Unternehmen die betrieblich veranlassten Schulungen auf Aneignung von speziellem Fachwissen ausgerichtet, das die Mitarbeiter benötigen, um den Anforderungen ihres jetzigen Arbeitsplatzes voll zu entsprechen.

Zur Erreichung eines breiten Wissens setzen wir auf eine entsprechende Eigeninitiative der Mitarbeiter durch berufsbegleitende Lehrgänge wie zum Beispiel den Bankfachwirt oder noch weitergehende Abschlüsse. Darin spiegeln sich auch ein wenig die Motivation der Mitarbeiter und der Wille, sich auf eigene Initiative hin weiterzuentwickeln.

Aus meiner Sicht (Simone Suchan)

Ich stimme Herrn Kronawitters Einschätzungen bezüglich der Weiterbildungsmöglichkeiten voll und ganz zu. Auch ich bin der Meinung, dass eine individuelle Förderung der Stärken des jeweiligen Mitarbeiters in Bezug zu seinen persönlichen Fähigkeiten und seiner aktuellen Tätigkeit der richtige Weg ist.

Zum einen sind auf diese Weise die Erfolgsaussichten höher, zum anderen nehme ich an, dass sich anhaltende Versuche, gegen die Schwächen eines Mitarbeiters anzugehen, auf Dauer höchst demotivierend auswirken – und zwar sowohl auf die Mitarbeiter als auch auf die Führungskräfte.

Im Gegensatz dazu kann der Mitarbeiter an sich selbst wachsen, wenn ihm geholfen wird, seine Stärken auszubauen und auch einzusetzen.

Ich habe selbst vor kurzem eine berufliche Fortbildung mitgemacht und war angenehm überrascht, dass ich vorab im Vier-Augen-Gespräch zunächst gefragt wurde, ob ich mir den Einstieg in die Beratung vorstellen könnte und ob ich an der Weiterbildung teilnehmen möchte. Auf diese Weise konnte ich ohne äußeren Druck meine Entscheidung treffen und ab dem ersten Tag motiviert und für alles offen an der Schulung teilnehmen.

Des Weiteren teile ich die Einschätzung, dass betriebliche Fortbildungsmaßnahmen das tätigkeitsübergreifende Basiswissen nicht erfassen können. Hier ist eindeutig die Eigeninitiative der Mitarbeiter gefragt.

Freiwillige betriebliche Sozialleistungen

47

Es geht auch ganz einfach

> Die freiwilligen betrieblichen Sozialleistungen in einem Unternehmen können vielfältiger Natur sein. Eine bedeutendere Rolle spielen diese freiwilligen Leistungen in großen Unternehmen, nicht so sehr in kleineren Betrieben. Doch allein schon mit den Möglichkeiten, die ganz alltäglich sind, lässt sich viel zu einem spürbaren „Plus" beitragen.

Wie in den meisten Unternehmen, erhalten unsere Mitarbeiter Vorzugskonditionen bei der Zeichnung von Bank- und Verbundprodukten. An den Kosten der Fahrt zur Arbeitsstätte beteiligen wir uns mit Kostenpauschalen, die allerdings weit unter den heute entstehenden tatsächlichen Kosten liegen. Die Betriebsjubiläen langjähriger Mitarbeiter honorieren wir mit einer Sonderzahlung, die sich an den Jahren der Betriebszugehörigkeit orientiert. Auch eine Regelung zur betrieblichen Altersversorgung besteht, die nach zehn Jahren Betriebszugehörigkeit erstmals angewendet wird. Nach 20 Jahren erfolgt eine Erhöhung. Die aufgewendeten Beträge können allerdings die „Rentenlücke" zukünftiger Pensionäre nur in geringstem Umfang schließen. Wesentlich mehr Vorteile ergeben sich aus der für alle Mitarbeiter bestehenden Beihilfeversicherung zur Krankenversicherung. Über eine Gruppenunfall-Versicherung sind alle Mitarbeiter auch außerhalb der Arbeitszeit gegen Unglücksfälle abgesichert, die hoffentlich nie eintreten werden. Die Mitarbeiter können auf Wunsch auch ein Mittagsmenü in der Bank beziehen, das entsprechend der steuerlichen Vorschriften bezuschusst wird. Die Kosten für betrieblich bedingte Fortbildungsmaßnahmen werden in voller Höhe übernommen. Tatsächlich anfallende Kosten für Fortbildungsmaßnahmen, die Mitarbeiter auf Eigeninitiative in ihrer Freizeit absolvieren, werden im Einzelfall mit mindestens 50 Prozent bezuschusst.

Insgesamt dürften unsere freiwilligen betrieblichen Leistungen weitgehend dem Standard vieler genossenschaftlicher Banken entsprechen. Ihr Wert liegt nicht in einem wie selbstverständlich geleisteten Beitrag. Ihr Wert liegt darin, dass es keine Besser- oder Schlechtergestellten gibt und dass jeder im Unternehmen darüber Bescheid weiß, dass wir gemeinsam dafür arbeiten, dass wir uns diese zusätzlichen Wohltaten leisten können.

Aus meiner Sicht (Gerlinde Dirr)

Freiwillige Sozialleistungen haben inzwischen einen höheren Stellenwert als früher und gewinnen vor allem bei größeren Firmen immer mehr an Bedeutung. Sie dienen nicht nur der Mitarbeitermotivation, oder der Vorsorge, sondern fördern auch das Betriebsklima. Somit haben nicht nur die Mitarbeiter, sondern auch die einzelnen Betriebe etwas davon.

Freiwillige Sozialleistungen, die regelmäßig gewährt werden, selbst auch kleinere Annehmlichkeiten wie die kostenlose Verfügbarkeit von Getränken haben einen größeren Langzeiteffekt, als zum Beispiel eine einmalige Sonderzahlung, die nur einen kurzen Effekt hat.

Freiwillige Sozialleistungen können auch als Werbemittel für das Unternehmen eingesetzt werden, wovon dieses dann ebenfalls profitiert.

Die Bedürfnisse der Mitarbeiter unterscheiden sich natürlich innerhalb der Branche, der Standorte und der Größe der einzelnen Unternehmen und selbstverständlich auch innerhalb der Mitarbeiterstruktur. Wichtig ist, dass jeder Mitarbeiter in den Genuss dieser freiwilligen Sozialleistungen kommen kann, egal, was für eine Position er im Betrieb hat oder in welcher Gehaltsklasse er eingestuft ist.

Die freiwilligen Sozialleistungen in unserem Haus sind vergleichbar mit den Sozialleistungen anderer Genossenschaftsbanken in unserer Region. Sie sind sehr breit gestreut.

Das Positive für die Mitarbeiter daran ist, dass an den Einzelnen keine direkten Erwartungen bzw. Bedingungen geknüpft sind, um diese Vergünstigungen zu erhalten. Es gibt Sozialleistungen, die allen Mitarbeitern gleich zugutekommen, und andere, die unterschiedlich in Anspruch genommen werden können. Bei den einzelnen Bereichen handelt es sich zwar nicht um allzu hohe Summen, die investiert werden. Aber verglichen mit anderen Branchen können unsere Mitarbeiter doch sehr zufrieden sein. Sie wissen diese Vorteile auch durchaus zu schätzen. Eine Bindung des Arbeitnehmers an den Betrieb allein aufgrund der gewährten freiwilligen Sozialleistungen ist jedoch eher nicht zu erwarten.

48 „Die etwas andere Bank"

Wie wir unseren Slogan leben

> Der nur allzu gern publizierte Satz „Die Mitarbeiter sind unser wichtigstes Kapital" ist in der Raiffeisenbank Ichenhausen weit mehr als eine wohlfeile Phrase. Die Einbindung der Mitarbeiter hat bei der Entwicklung der Unternehmenskultur und des Selbstverständnisses unserer Bank eine tragende Rolle gespielt. Heute trägt dieses Kapital reiche und vielschichtige Zinsen.

„Organisationskultur ist die Sammlung von Traditionen, Werten, Regeln, Glaubenssätzen und Haltungen, die einen durchgehenden Kontext für alles bilden, was wir in dieser Organisation tun und denken." (Wikipedia)

Der Wendepunkt zum Aufbau einer neuen Unternehmenskultur in unserem Unternehmen begann im Jahre 2002 mit der Abschaffung von Provisionen oder sonstigen vertriebsorientierten Vergütungen. Gleichzeitig wurden den Mitarbeitern auch keine Einzelziele oder Produktvorgaben mehr vordiktiert.

Die Mitarbeiter waren nicht mehr Konkurrenten im eigenen Haus, sondern veränderten sich zu einem Team mit gemeinsamen Werten.

Im Vordergrund des täglichen Geschäfts stand nicht mehr das Erfüllen irgendwelcher Vorgaben. Die Priorität war es nun, unseren Kunden im Verkauf von Produkten das anzubieten, was ihnen voraussichtlich einen echten Mehrwert bietet. Damit war der Weg frei für eine bedarfsgerechte Kundenberatung, die nicht mehr durch falsche Anreiz- oder Steuerungssysteme beeinflusst wurde.

Dadurch ergab sich zwangsläufig auch eine Neugestaltung des Umgangs der Führungskräfte mit den Mitarbeitern und der Mitarbeiter untereinander. Das Führen mit Zielen und Zahlen, begleitet von diversen Anreizsystemen, war ersetzt worden durch „Führen ohne Druck". Andere, auf die neue Situation ausgerichtete Führungsinstrumente, die weitestgehend in diesem Buch beschrieben sind, folgten in der logischen Konsequenz.

Unsere Werte sind in den Köpfen der Mitarbeiter angekommen

Im Lauf der Jahre gelang es uns mit diesen Maßnahmen, eine hohe Mitarbeiterzufriedenheit und ein hervorragendes Organisationsklima zu schaffen, das deutlich über den bisher gemessenen Werten in der Finanzbranche liegt. Unsere Werte und Regeln im Unternehmen sind seither – unterstützt durch das konkrete Vorbild und viele Gespräche – in den Köpfen der Mitarbeiter angekommen und werden auch gelebt.

Bestätigt wird dies durch die Mitarbeiterbefragung zum Thema „Identifikation mit dem Unternehmen", in der als einzelne Frage folgendes zu beantworten war: „ Meine persönlichen Einstellungen und Werte stimmen mit den Unternehmenswerten überein." Die Mitarbeiter votierten hier mit einem Wert von 5,8 auf einer Skala mit einem Bestwert von 6.

Hinsichtlich unseres neuen Slogans „Die etwas andere Bank" werden die Mitarbeiter häufig von Bekannten oder Kunden angesprochen. Damit öffnet sich für die Mitarbeiter die Möglichkeit, unsere Unternehmenskultur sowie unsere Werte, die uns von anderen Finanzunternehmen unterscheiden, im Gespräch nach außen zu tragen. Abgesehen von der Überzeugungskraft dieser Botschaft liegt ihr Wert auch darin, dass sie jedem von uns immer wieder aufs Neue bewusst gemacht wird.

Selbstverständlich nehmen auch Dritte unsere Unternehmenskultur inzwischen deutlich stärker wahr als früher. Einerseits sind das die Printmedien, was uns inzwischen sogar in großen nationalen Zeitungen auftauchen ließ. Aber – und das ist letztlich noch ein gutes Stück wichtiger – sind es die eigenen Kunden und in wachsender Zahl Bürger in unserem Geschäftsgebiet, die wegen unserer Unternehmenskultur zu Kunden werden.

Veränderungen können nicht verordnet werden

Derzeit arbeitet eine große deutsche Bank unter anderem an ihrer Unternehmenskultur. Ob das tatsächlich gelingen wird, bleibt abzuwarten. Veränderungen im Unternehmen können nicht verordnet werden, wie das bei Einzel- oder Produktzielen für Mitarbeiter der Fall ist. Über einen langen Zeitraum können viele ergänzende Maßnahmen dazu beitragen, damit die neue Unternehmenskultur wirksam und auch im Außenverhältnis wahrgenommen wird.

Es kommt entscheidend darauf an, dass man dieser Kultur Platz und Zeit gibt, damit sie Wurzeln schlagen, heranwachsen, reifen und schließlich Früchte tragen kann. Ins Unternehmen oder in die Mitarbeiter mit Druck hineinverpflanzen – das geht schief.

Wir sind glücklich darüber, dass wir ohne Druck eine eigene, unverkennbare Authentizität als Unternehmen gewinnen konnten.

Aus meiner Sicht (Diana Petzold)

Am Anfang stand ich den Veränderungen skeptisch gegenüber, ob sich „Führen ohne Druck" auch wirklich durchführen lässt. Mittlerweile bin ich stolz darauf, Mitarbeiterin unserer „etwas anderen" Bank zu sein.

Unsere Chefs lassen uns durch diese neu gegebene Freiheit die Möglichkeit, unsere eigene Kreativität bei der Kundenberatung einfließen zu lassen und unsere Kunden so zu beraten, wie es für diese passt.

Meine Kunden kommen immer gerne zu mir, weil sie wissen, dass sie bei mir richtig und auch bedarfsgerecht beraten werden.

Aus meiner Sicht (Werner Wöhrle)

Authentizität ist heute ein viel benutzter Begriff und er ist äußerst positiv belegt. Dabei wünschen wir uns Menschen, die uns nicht nur etwas vorgaukeln, sondern bei denen man sich darauf verlassen kann, dass Schein und Sein miteinander übereinstimmen. Authentisch bin ich nur dann, wenn meine Worte meinem Handeln nicht widersprechen und umgekehrt. Deshalb kann ich mich mit meiner Bank und unserer Unternehmenskultur identifizieren und nach unseren Werten handeln, was mir, als in der Region verwurzelter Mensch, sehr wichtig ist: Ehrlich und respektvoll miteinander umgehen.

Die Sicht der Wissenschaft

Mit weichen Faktoren Gewinn machen: Musterbeispiel Ichenhausen

Ein Gastbeitrag von Rüdiger Hossiep und Philip Frieg

> Dass „Führen ohne Druck" zu wirtschaftlich positiven Ergebnissen führt, ist auch wissenschaftlich nachweisbar. Unter dem Titel „Mitarbeiterzufriedenheit und Commitment" ist eine Forschungskooperation zwischen der Raiffeisenbank Ichenhausen und der Ruhr-Universität Bochum (Projektteam Testentwicklung) dem Prinzip und seinen Folgen auf den Grund gegangen. Dr. Rüdiger Hossiep und Dr. Philip Frieg von der Ruhr-Universität Bochum als Verantwortliche des Projektteam Testentwicklung berichten im Folgenden über ihre Arbeit und die gewonnenen Erkenntnisse.

Seit dem Jahre 2009 besteht zwischen der Raiffeisenbank Ichenhausen und dem Projektteam Testentwicklung (Ruhr-Universität Bochum) eine Forschungskooperation, in deren Rahmen bislang verschiedene nach wissenschaftlichen Kriterien entwickelte Testverfahren zum Einsatz gekommen sind. Die Kooperation hat sich für beide Parteien als lohnenswert herausgestellt: Auf der einen Seite profitiert die Bank vom systematischen Feedback ihrer Mitarbeiter. Auf der anderen Seite werden auf diese Weise wertvolle Daten für die Weiterentwicklung der Instrumente durch das Projektteam Testentwicklung generiert.

Der Ansatz des Projektteams Testentwicklung

Das Projektteam Testentwicklung hat sich unter Leitung von Rüdiger Hossiep das Ziel gesteckt, wissenschaftlich fundierte Testverfahren zu entwickeln, die im Rahmen der Personalarbeit von Organisationen eingesetzt werden können. Bereits Mitte der 1990er Jahre begann die Entwicklung des ersten und bislang populärsten Instruments: Das Bochumer Inventar zur berufsbezogenen Persönlichkeitsbeschreibung (BIP; Hossiep

& Paschen, 2003) ist ein persönlichkeitsorientierter Fragebogen, der berufsbezogene Eigenschaften (Bereiche: berufliche Orientierung, Arbeitsverhalten, soziale Kompetenzen und psychische Konstitution) detailliert anhand von 14 Skalen erfasst.

Neben dem BIP wurden im Laufe der Jahre zahlreiche weitere Testverfahren zu unterschiedlichen für die Personalarbeit relevanten Themen entwickelt. Neben Instrumenten, die vor allem für die berufliche Eignungsdiagnostik eingesetzt werden können (zu den Themen Intelligenz und Allgemeinwissen), wurde das Spektrum kontinuierlich erweitert, sodass mittlerweile auch Verfahren zu Themen wie z. B. Mitarbeiterzufriedenheit, Führung und Burnout entwickelt werden.

Allen Verfahren ist gemein, dass bei der Entwicklung großer Wert auf die psychometrische Qualität der einzelnen Aussagen (Items) und Inhaltsbereiche (Skalen) gelegt wird. Die Forschungsversionen der Instrumente werden so lange optimiert, bis die entsprechenden wissenschaftlichen Gütekriterien (siehe z. B. Lienert & Raatz, 1998) gut erfüllt sind.

Instrumente zu Mitarbeiterzufriedenheit und Mitarbeiterbindung (Commitment)

Bei der Raiffeisenbank Ichenhausen kamen u. a. die im Projektteam Testentwicklung entwickelten Instrumente zur Mitarbeiterzufriedenheit und Commitment zum Einsatz. Zu Beginn des Jahres 2010 war das Ziel der Mitarbeiterbefragung, erstmals ein systematisches Stimmungsbild der Beschäftigten zu erheben. Im Jahre 2012 fand eine Wiederholungsmessung statt, die durch ein Kurzverfahren zum Thema organisationales Commitment ergänzt wurde.

Mitarbeiterbefragung mit dem BIMO

Das Bochumer Inventar zu Mitarbeiterzufriedenheit und Organisationsklima (BIMO; Hossiep & Gudat, in Vorbereitung) ist ein Verfahren, mit dem im Rahmen systematischer Mitarbeiterbefragungen Daten erhoben werden können.

Bei Mitarbeiterbefragungen werden „alle Mitarbeiter unter Verwendung eines (teil-) standardisierten Fragebogens anonym und auf freiwilliger Basis in systematischer Art und Weise nach ihren Einstellungen und Meinungen zu Themen des Arbeits- und Organisationsumfeldes befragt, die Ergebnisse anschließend in differenzierter, prägnanter Form an die Mitarbeiter zurückgemeldet, um betriebliche Stärken und Schwächen in Form von Problembereichen und Handlungsnotwendigkeiten offenzulegen und konkrete Veränderungsprozesse einzuleiten" (Runde, 2009, S. 644-645).

Vor allem in großen Organisationen haben sich Mitarbeiterbefragungen fest etabliert (vgl. Hossiep & Frieg, im Druck) und werden meist im wiederkehrenden Rhythmus von

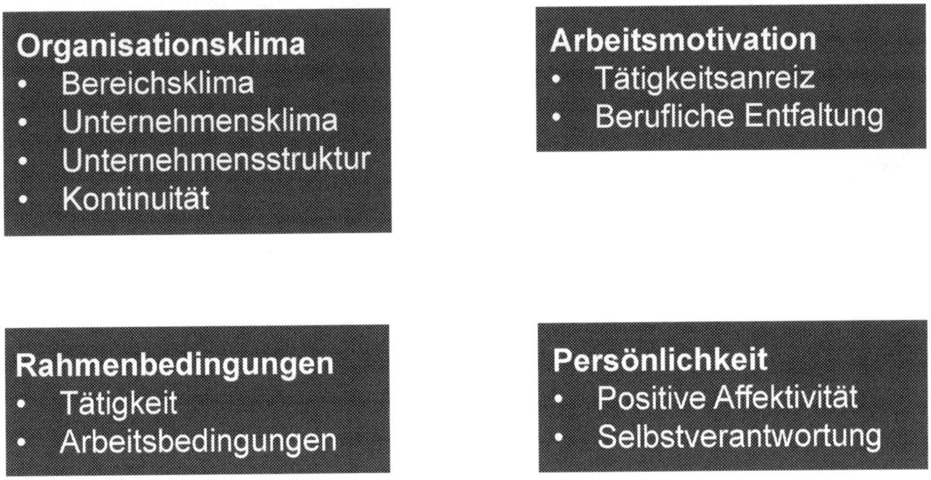

Organisationsklima
- Bereichsklima
- Unternehmensklima
- Unternehmensstruktur
- Kontinuität

Arbeitsmotivation
- Tätigkeitsanreiz
- Berufliche Entfaltung

Rahmenbedingungen
- Tätigkeit
- Arbeitsbedingungen

Persönlichkeit
- Positive Affektivität
- Selbstverantwortung

Abb. 49.1 Themenfelder und dazugehörige Skalen des Bochumer Inventars zu Mitarbeiterzufriedenheit und Organisationsklima (BIMO)

zwei Jahren durchgeführt (Hossiep & Frieg, 2008). Abbildung 49.1 zeigt die Themen, die im BIMO abgefragt werden.

Das Organisationsklima ist mit vier Skalen repräsentiert (Bereichsklima, Unternehmensklima, Unternehmensstruktur und Kontinuität), die anderen drei Bereiche mit jeweils zwei Skalen. Die beiden Skalen zur Persönlichkeit werden zwar mit erhoben, sind aber in der organisationsbezogenen Auswertung nicht enthalten, da sie ausschließlich Forschungszwecken dienen. So kann der Zusammenhang zwischen diesen Persönlichkeitsmerkmalen und den Antworten in Mitarbeiterbefragungen analysiert werden (siehe dazu Gudat, 2009).

Sämtliche in Fragebogenform gestellte Verfahren des Projektteams Testentwicklung („Bochumer Inventare") sind so aufgebaut, dass einzelne Aussagesätze mithilfe einer Skala von 1 („trifft voll zu") bis 6 („trifft überhaupt nicht zu") eingeschätzt werden. Im BIMO sind sowohl positiv als auch negativ formulierte Aussagen enthalten, vor allem, um gewisse Antworttendenzen (z. B. sog. Ja-Sage-Tendenz) auszugleichen. Tabelle 49.1 zeigt Beispielaussagen aus dem BIMO.

Bochumer Commitment Inventar - BOCOIN

Das Bochumer Commitment Inventar (BOCOIN; Hossiep & Frieg, in Vorbereitung) ist ein Kurzverfahren, mit dessen Hilfe die wichtigsten Indikatoren für organisationales Commitment erfasst werden können. Das Commitment „beinhaltet die Beziehung des Arbeitnehmers zu seiner Organisation, wobei damit implizit die positive Variante dieses

Tab. 49.1 Beispielaussagen aus dem BIMO (Hossiep & Gudat, in Vorbereitung)

Aussage	Polung	Skala
„Das Arbeitsklima in meinem Bereich ist gut."	positiv	Bereichsklima
„Die Motivation der Belegschaft hat sich in letzter Zeit verbessert."	positiv	Unternehmensklima
„Die Unternehmensstruktur ist schwer zu durchschauen."	negativ	Unternehmensstruktur

Verhältnisses gemeint ist, d. h. ein positives Gefühl der Verbundenheit und Verpflichtung" (Six, 2009, S. 180-181).

Die Entwicklung des BOCOIN begann im Jahre 2009. Erste Befunde und Kennzahlen zum Verfahren sind in einem Forschungsbericht dokumentiert (Projektteam Testentwicklung, 2010). Das BOCOIN erfasst das Commitment mithilfe weniger globaler Fragen. Ausführlicher werden bestimmte Indikatoren für das Commitment erfasst - also Aspekte, die damit nachweislich in engem Zusammenhang stehen. Über diese Messung können wichtige Stellhebel für eine Erhöhung des Commitments in der jeweiligen Organisation identifiziert werden.

Ein wesentlicher Unterschied zum BIMO, in dem einige dieser Aspekte auch enthalten sind, besteht darin, dass es sich beim BOCOIN lediglich um ein kurzes sog. Screening-Verfahren handelt, das nicht den Anspruch hat, wie das BIMO die klassischen Aspekte der Arbeitszufriedenheit umfassend zu erheben. In der dritten Forschungsversion des BOCOIN wurden folgende Indikatoren des organisationalen Commitments gemessen:

- Entgelt
- Betriebsklima
- Attraktivität der Tätigkeit
- Arbeitgeberattraktivität
- Personalentwicklung
- Vertrauen in die Organisationsführung

Tabelle 49.2 zeigt diejenigen Aussagen, die sich direkt auf das Commitment beziehen. Die Indikatoren für Commitment werden über jeweils ca. zehn einzelne Aussagen erfasst, aus denen jeweils ein Mittelwert gebildet wird.

Bei der Raiffeisenbank Ichenhausen kam das BIMO bereits zwei Mal (in den Jahren 2010 und 2012) und das BOCOIN ein Mal (im Jahre 2012) zum Einsatz. Zwar ist bei kleineren Organisationen wie dieser (mit rund 40 Mitarbeitern) das Instrument der Mitarbeiterbefragung (noch) eher ungewöhnlich. So könnte z. B. stattdessen ein Workshop mit allen Mitarbeitern veranstaltet werden, in dem jeder seine Meinung äußern kann. Doch für die Leitung der Bank waren vor allem folgende Aspekte wichtig:

Die Befragung sollte anonym und freiwillig sein, sodass jeder Mitarbeiter frei seine Meinung äußern kann und nicht identifizierbar ist.

Die Inhalte der Mitarbeiterbefragung sollten erwiesenermaßen Relevanz für die Personalarbeit haben und theoretisch fundiert sein.

Tab. 49.2 Aussagen zum Commitment aus dem BOCOIN (Hossiep & Frieg, in Vorbereitung)

Aussage	Polung
„Ich überlege ernsthaft, mein Unternehmen zu verlassen."	negativ
„Ich identifiziere mich mit meinem Unternehmen."	positiv
„Ich bin stolz darauf, für mein Unternehmen zu arbeiten."	positiv

Anwendungsbeispiel: Mitarbeiterzufriedenheit und Commitment bei der Raiffeisenbank Ichenhausen

Es sollte ein Vergleichsmaßstab (Benchmarking) mit enthalten sein, um die eigenen Ergebnisse einordnen und interpretieren zu können.

Nicht zuletzt wurde die wissenschaftliche Belastbarkeit als besonders wichtig angesehen, da in anderen Organisationen negative Erfahrungen mit „selbstgestrickten" Instrumenten berichtet wurden.

Da das BIMO alle diese Forderungen erfüllt, wurde ein Einsatz dieses Instruments als sinnvoll erachtet.

Welche sind die wichtigsten Ergebnisse der Mitarbeiterbefragung bei der Raiffeisenbank Ichenhausen im Jahre 2012? Zunächst lässt sich bemerkenswerterweise festhalten, dass binnen weniger Tage sämtliche Mitarbeiter an der Befragung teilgenommen hatten. Selbst bei kleineren Organisationen ist eine derartig hohe Rücklaufquote von 100 Prozent äußerst selten. Die zentrale Ergebnisübersicht ist in Abb. 49.2 dargestellt.

In Abb. 49.2 sind links die einzelnen Inhaltsbereiche (Skalen) des BIMO abzulesen. Unter den fett gedruckten Skalenüberschriften befinden sich Stichwörter, die die einzelnen Facetten näher kennzeichnen. Oben ist die Skalierung von 0 (negativ) bis 100 (positiv) angezeigt. Es sind drei Profilverläufe abgebildet:

Die „Referenzgruppe BIMO" (8.008 Personen) ist ein vom Projektteam Testentwicklung bereitgestellter Benchmark, der als Vergleichsmaßstab dient. Hier fließen Daten aus zahlreichen unterschiedlichen Befragungen in Organisationen aller Größenordnungen und Branchen ein.

Die „Referenzgruppe Finanzdienstleistung" (3.129 Personen) ist eine Vergleichsgruppe, in die ausschließlich Daten aus der Finanzdienstleistungsbranche eingeflossen sind. Auch hier gilt: Die befragten Kreditinstitute unterscheiden sich in ihren Mitarbeiterzahlen.

Die Linie der „Raiffeisenbank Ichenhausen" (44 Teilnehmer) zeigt die Skalenmittelwerte aller Mitarbeiter der Bank im Jahre 2012.

Insgesamt ist in Abb. 49.2 erkennbar, dass der Profilverlauf der Referenzgruppe im mittleren Bereich verläuft. Dies ist von den Entwicklern so beabsichtigt, da bei der Konstruktion darauf geachtet wurde, dass in erster Linie Aussagen ausgewählt wurden, die gut zwischen zufriedenen und unzufriedenen Mitarbeitern differenzieren. Darüber hinaus ist ersichtlich, dass die meisten Aspekte (Ausnahme: die Skala „Kontinuität") von Organisationen im Finanzdienstleistungsbereich positiver eingeschätzt werden als in der gesamten BIMO-Referenzgruppe (vgl. linke Linie in Abb. 49.2).

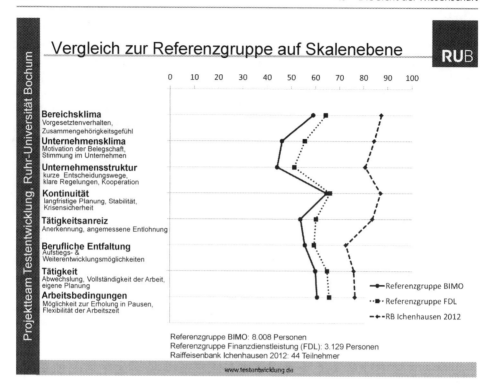

Abb. 49.2 Übersicht über die Ergebnisse der BIMO-Mitarbeiterbefragung im Jahre 2012 (Anmerkung: 0 = negatives Ergebnis; 100 = positives Ergebnis)

Offenkundig ist die Linie der Raiffeisenbank Ichenhausen deutlich nach rechts - also in den positiven Bereich - verschoben. Das heißt, dass alle Aspekte durch die Mitarbeiter deutlich positiver bewertet werden als in den beiden Referenzgruppen. Die Unterschiede sind als erheblich zu werten (sie überschreiten in vielen Fällen den Betrag einer Standardabweichung; ein Betrag von 80 Prozent einer Standardabweichung ist bereits als großer Unterscheid zu werten; vgl. Cohen, 1977).

Im Jahre 2010 lagen die Ergebnisse auf einem ähnlich hohen Niveau. Der Einwand, dass es sich bei den Ergebnissen von 2010 lediglich um eine „Eintagsfliege" gehandelt hätte, kann also entkräftet werden.

Des Weiteren sind die Ergebnisse jedoch nicht unrealistisch hoch: Einerseits sind die Profilverläufe auf Ebene der einzelnen Aussagen (Items) ähnlich akzentuiert wie in den Vergleichsgruppen. Sie weisen also eine ähnliche Systematik auf. Andererseits erbrachte die Kontrolle der beiden Persönlichkeitsskalen keine Anzeichen auf eine positive Verzerrung der Ergebnisse. Die Mitarbeiter der Raiffeisenbank Ichenhausen „ticken" also nicht anders als die zum Vergleich herangezogenen Gruppen. Diese Befunde sprechen für ein plausibles bzw. wahrheitsgetreues Antwortverhalten.

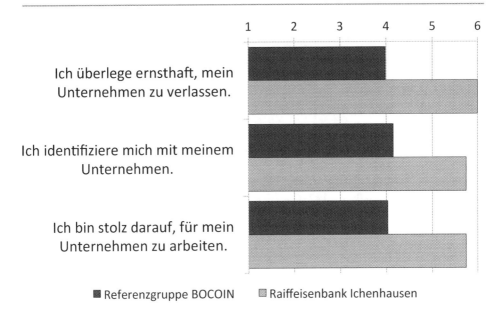

Abb. 49.3 Ausgewählte Ergebnisse aus der BOCOIN-Befragung 2012 (Anmerkung: 1 = negatives Ergebnis; 6 = positives Ergebnis; Referenzgruppe BOCOIN: 450 Teilnehmer; Raiffeisenbank Ichenhausen: 44 Teilnehmer)

Auch für das mit dem BOCOIN erfasste Commitment und dessen Indikatoren zeigen sich weit überdurchschnittliche Ergebnisse. Abbildung 49.3 zeigt das Ergebnis der Aussagen, mit denen das Commitment direkt erfasst wurde.

Die Ergebnisse in Abb. 49.3 belegen ein extrem hohes Commitment der Mitarbeiter der Raiffeisenbank Ichenhausen. So bedeutet beispielsweise das Ergebnis von „6" bei der Aussage „Ich überlege ernsthaft, mein Unternehmen zu verlassen", dass ausnahmslos sämtliche der 44 Mitarbeiter bei dieser Aussage „trifft überhaupt nicht zu" angekreuzt haben. Der geringste Unterschied zur Referenzgruppe ergibt sich in der Skala „Attraktivität der Tätigkeit".

Dies ist so zu interpretieren, dass sich die in der Raiffeisenbank Ichenhausen zu verrichtenden Tätigkeiten bzw. Arbeitsinhalte nicht sehr stark von denen in anderen Organisationen unterscheiden. Das heißt, dass die überdurchschnittlichen Ergebnisse hinsichtlich Zufriedenheit und Commitment nicht darauf zurückzuführen sind, dass die Jobs in der Ichenhausener Bank völlig andere sind.

In der Gesamtschau lässt sich als Fazit der BIMO- und BOCOIN-Befragungen festhalten, dass es die „weichen Faktoren" sind (also Bereichs- und Unternehmensklima, Umgang miteinander, Vertrauen in die Organisationsführung etc.), die in der Raiffeisenbank Ichenhausen besonders positiv hervorzuheben sind.

Quellen

Cohen, J. (1977). *Statistical power analysis for the behavioral sciences.* New York: Academic Press.

Gudat, K. (2009). *Zum Einfluss der Persönlichkeit auf die Ergebnisse von Mitarbeiterzufriedenheitsbefragungen am Beispiel des Finanzdienstleistungsbereichs.* Aachen: Shaker.

Hossiep, R. & Frieg, P. (2008). Der Einsatz von Mitarbeiterbefragungen in Deutschland, Österreich und der Schweiz. *planung & analyse, 6/2008,* 55-59.

Hossiep, R. & Frieg, P. (im Druck). Mitarbeiterbefragungen in den 2000er Jahren: Eine Bestandsaufnahme. In M. E. Domsch & D. H. Ladwig (Hrsg.), *Handbuch Mitarbeiterbefragung* (3. Aufl.). Berlin: Springer.

Hossiep, R. & Frieg, P. (in Vorbereitung). *Bochumer Commitment Inventar - BOCOIN.* Göttingen: Hogrefe.

Hossiep, R. & Gudat, K. (in Vorbereitung). *Bochumer Inventar zu Mitarbeiterzufriedenheit und Organisationsklima - BIMO.* Göttingen: Hogrefe.

Hossiep, R. & Paschen, M. (2003). *Bochumer Inventar zur berufsbezogenen Persönlichkeitsbeschreibung - BIP* (2. Aufl.). Göttingen: Hogrefe.

Lienert, G. A. & Raatz, U. (1998). *Testaufbau und Testanalyse* (6. Aufl.). Weinheim: Psychologie Verlags Union.

Projektteam Testentwicklung (2010). *Alle an Bord? -* BOCOIN-Ergebnisbericht 2010. Forschungsbericht, Ruhr-Universität Bochum.

Runde, B. (2009). Mitarbeiterbefragungen. In H. O. Häcker & K.-H. Stapf (Hrsg.), *Dorsch Psychologisches Wörterbuch* (15. Aufl.; S. 644-645). Bern: Huber.

Six, B. (2009). Commitment. In H. O. Häcker & K.-H. Stapf (Hrsg.), *Dorsch Psychologisches Wörterbuch* (15. Aufl.; S. 180-181). Bern: Huber.

„Führen ohne Druck" im Spiegel der Medien 50

In Schwaben ist die Bank noch in Ordnung

Diese Bank zahlt den Angestellten keine Provisionen und gibt keine Einzelverkaufsziele vor. Kunden will sie fair behandeln. Das Geschäft geht gut.

> … Konkrete Verkaufsziele bedeuten enormen Druck – Christa Eisele erinnert sich noch gut daran, was das bedeutet: „Bei meinem früheren Arbeitgeber hatten wir Einzelziele und Gruppenziele. Das beeinflusste natürlich die Kundengespräche", sagt sie. „Hier kann ich viel persönlicher beraten. Klar arbeite ich für eine Bank, und es geht mir ums Geschäft. Aber was ich verkaufe, muss auch zum Kunden passen."... Die Kunden jedenfalls scheinen die Anstrengung der Genossen zu würdigen: Der Marktanteil der Raiffeisenbank ist hoch. Obwohl es im Ort noch eine Sparkasse und eine Volksbank gibt, haben rein rechnerisch 88 Prozent der Einwohner im Einzugsgebiet ein Konto bei Hösle und Kronawitter. Das ist weit mehr als der bayerische Durchschnitt von 55 Prozent. Jeder legt mehr Geld an und leiht höhere Summen aus als im bayerischen Mittel.

Alexandra Endres in ZEIT online, 24. September 2009

Die etwas andere Bank

Die Raiffeisenbank Ichenhausen ist im großen Haifischbecken der globalen Finanzwelt ein eher kleiner Fisch. Dennoch hat sich das Geldinstitut in Bankkreisen inzwischen deutschlandweit einen Namen gemacht.

> … Das Geldinstitut bietet seinen Kunden nicht nur die üblichen Genossenschaftsprodukte an, sondern etwa 5000 Fonds aller möglichen Gesellschaften. Es arbeitet zudem mit drei Versicherungsgesellschaften zusammen. Dieses Modell funktioniert. „Wir bearbeiten den Markt erfolgreich", sagt Hösle nicht ohne Stolz. Die Raiffeisenbank Ichenhausen hat im Bundesverband die höchstmögliche Ratingstufe erhalten. Unter den Mitarbeitern gebe es keinen Druck, so der Vorstandsvorsitzende. „Manche Institute überprüfen wöchentlich oder sogar täglich, wie viele Termine ein Beschäftigter gehabt und wie viele Produkte er verkauft hat. Das gibt es bei uns nicht."

Georg Schalk in der Günzburger Zeitung, 18. Mai 2010

Warum es bei der Raiffeisenbank ohne Vertriebsdruck geht

Was in der Branche Usus ist, hat eine Raiffeisenbank in der bayerisch-schwäbischen Provinz abgeschafft: Vertriebsdruck, hochkomplexe Produkte. Und dennoch stimmt unter dem Strich das Ergebnis bei der Raiffeisenbank Ichenhausen.

> … „Führen ohne Druck" nennt Vorstand Kronawitter das. Und seine Rechnung scheint aufzugehen: Die Mitarbeiterzufriedenheit stößt – wissenschaftlich bestätigt – fast an Grenzwerte. Rüdiger Hossiep, Psychologe an der Ruhr-Universität Bochum, hat das untersucht. Das Ergebnis: Die Raiffeisenbank liegt in allen sieben Kategorien wie Unternehmensklima, Arbeitsbedingungen oder Bewertung der eigenen Tätigkeit weit über dem Durchschnitt der rund 2200 befragten Mitarbeiter von Finanzdienstleistern. „Solche Ergebnisse habe ich noch nie gesehen", sagt Hossiep. Vor allem: „Bei der Frage nach der leistungsgerechten Entlohnung ist die Abweichung nach oben besonders groß. Auf der Skala von 0 bis 100 liegt die Raiffeisenbank Ichenhausen mehr als 30 Punkte über dem Durchschnittswert für die Finanzbranche." Und das, obwohl die Berater, die allesamt ein Festgehalt beziehen, bei anderen Banken mehr verdienen könnten.

Stefanie Hergert im Handelsblatt, 21. September 2010

Die Alles-anders-Bank

Die schwäbische Raiffeisenbank Ichenhausen zahlt keine Boni, verzichtet auf komplizierte Anlagekonstruktionen, macht dennoch keine Verluste. Wie funktioniert das, fragen wir Vorstand Ernst Kronawitter.

> ... Wie sind die Auswirkungen (Ihrer Vorgehensweise; d.Red)?
>
> **Kronawitter:** Die Gesamtaktivitäten unserer Mitarbeiter im Kundenbereich stiegen Jahr für Jahr signifikant und bescherten unserer Bank deutlich überdurchschnittliche Marktanteile in allen wesentlichen Geschäftsbereichen. Die Interessenslage der Mitarbeiter war nicht mehr auf die Erfüllung von Produktzielen oder eine vertriebsorientierte Vergütung gerichtet, sondern Ziel war nunmehr eine tatsächlich uneingeschränkt bedarfsgerechte Beratung unserer Kunden. ...
>
> ... Inwieweit konnten oder können Sie durch Ihre Strategie in einer von (Banken-)Krisen geprägten Zeit ruhiger schlafen?
>
> **Kronawitter:** Im Großen und Ganzen kann ich wegen der Krisen in Bezug auf unsere Bank ganz gut schlafen. Im Hinblick auf Produkte, die an unsere Kunden verkauft wurden, ist es in Krisenzeiten natürlich immer gut, ein „reines Gewissen" zu haben. ...

ECHO 03-2012, Seite 64

Wertvolle Beziehungen

Die Raiffeisenbank Ichenhausen hat längst Boni für Mitarbeiter abgeschafft und setzt auf Werte.

> ...Heute hat sich die Raiba Ichenhausen längst etabliert – mehr noch: Sie sticht im Konzert der Kredithäuser heraus. Und das, obwohl sie recht klein ist. Unlängst wurde sie als „Beste Bank Südbayerns" ausgezeichnet.
>
> ... „Unsere Mitarbeiter sollen so beraten, wie es für den Kunden am besten ist und nicht für die Bank", erläutern die Vorstände. „Das ist gelebter Verbraucherschutz", betont Kronawitter. So stehe das Kreditinstitut nicht in allen Bereichen auf vorderen Plätzen. Dafür zahle sich die enge Kunden-Bank-Beziehung langfristig aus.

Georg Schalk in der Günzburger Zeitung, 21. März 2012

Mitarbeitern Vertrauen schenken

Die Frage, was Mitarbeiter motiviert, beschäftigt seit jeher Praktiker wie Wissenschaftler. Materielle Anreize allein motivieren jedenfalls nicht, und dass es auch ganz ohne geht, zeigt das Beispiel einer Genossenschaftsbank in Bayern.

> … In der Raiffeisenbank Ichenhausen wünschten sich die Mitarbeiter vor allem einen sicheren Arbeitsplatz, ein gutes Betriebsklima und eine anspruchsvolle Tätigkeit, bestätigt Kronawitter indirekt (Frederick) Herzbergs Theorie: „Erst dann kommt das Gehalt." Damit das aber nicht unzufrieden macht und seine Hygienefunktion erfüllen kann, ist es in der Raiffeisenbank etwas höher als in vergleichbaren Häusern. Dadurch werden die fehlenden variablen Bestandteile ausgeglichen. …

Rainer Spies im BANKMAGAZIN 08-2012, Seite 52f.

Unerreichbare Ziele?

Eine Studie der EBS European Business School, für die 1.400 Bankberater befragt wurden, zeigt, wie hoch der Verkaufsdruck in den Banken tatsächlich ist.

> … Als bemerkenswertes Beispiel dafür, dass es auch anders geht, steht die Raiffeisenbank Ichenhausen, die seit 2002 mit einem Vergütungssystem arbeitet, das ohne Einzelzielvorgaben und Provisionszahlungen auskommt. … Kronawitter spricht den Zielkonflikt (bei größeren Banken oder Vertriebseinheiten; d.Red) an. Bei der üblichen Vertriebssteuerung durch Einzelzielvorgaben ist zu vermuten, dass die Interessen der Kreditinstitute – also gesteigerter Produktabsatz und höhere Provisionserlöse – nicht immer mit dem Interesse der Kunden an adäquater und ganzheitlicher Beratung zu vereinen sind. …

FONDS professionell, 3-2011, Seite 240f.

„Anerkennung motiviert stärker als ein Bonus"

Wer Mitarbeiter ernst nimmt und einbezieht, spornt sie zu Höchstleistungen an und schafft Besonderes, sagt Wirtschaftspsychologe Rüdiger Hossiep. Boni können das nicht.

ZEIT online: ... Was ist das Besondere an dieser Bank?
Hossiep: ... Es herrscht ein Geist der Freundlichkeit und Zugewandtheit im Umgang mit sich und anderen, das kann man auch spüren, wenn man die Bank besucht. Die Mitarbeiter fühlen sich ernst genommen und anerkannt – deshalb sind sie auch besonders zufrieden mit den Dingen, um die es in ihrem Institut objektiv betrachtet schlechter bestellt ist als anderswo, zum Beispiel mit ihren Aufstiegschancen. So gut wie niemand will diese Bank verlassen.

ZEIT online: In einer kleinen Bank wie Ichenhausen mag das klappen. Aber ist das Prinzip auch übertragbar?
Hossiep: Ja. Es gibt genug ländliche Sparkassen und genossenschaftliche Institute, die zeigen, dass es mit Boni nicht funktioniert.

Alexandra Endres in ZEIT online BERUF, 3. September 2010

Warum sie „die etwas andere Bank" ist

Universität St. Gallen hat die Raiffeisenbank Ichenhausen ausgezeichnet. Erstes Kreditinstitut, das „Ethics in Business" bekommt.

... Die Vorstände stellen dabei die Frage in den Raum: Welche Beweggründe könnte ein Bankmitarbeiter da (ohne materielle Anreize oder Zwänge; d.Red) noch haben, den Kunden Produkte zu verkaufen, die diese nicht brauchen, oder solche, die den Kunden sogar schaden könnten oder zumindest keinen Mehrwert bringen?

„Die sozialen Gegebenheiten innerhalb der Bank und der nachhaltige Auftritt im Markt waren die ausschlaggebenden Faktoren zum Erreichen der Auszeichnung ‚Ethics in Business'", da ist sich Hösle ganz sicher. Auf Vorschlag der Mitarbeiter hat die Raiffeisenbank Ichenhausen dem offiziellen Firmenlogo noch einen Satz hinzugefügt: „Die etwas andere Bank". „Auch die Universität St. Gallen hat diesen Slogan mit der vergebenen Auszeichnung bestätigt und der Raiffeisenbank diese Ehre als erstem Kreditinstitut überhaupt zuteilwerden lassen", ergänzt Kronawitter.

Georg Schalk in der Günzburger Zeitung, 2. Juni 2012

Schlusswort 51

Liebe Leserinnen, liebe Leser,
vielen Dank dafür, dass sie dieses Buch gelesen haben. Es würde mich freuen, wenn ich Ihnen einige Anregungen geben konnte.

Zweifellos wird es immer eine offene Frage bleiben, welcher Führungsstil langfristig der erfolgreichere sein wird. Dabei ist auch nicht das allerwichtigste Kriterium, ob als eines der Führungsinstrumente variable Vergütungen, die sich an Vertriebsleistungen orientieren, eine Rolle spielen. Genauso wenig, ob im Vertrieb über Einzel- und/oder Produktziele gesteuert wird. Das sind zwar Komponenten, die ich hinsichtlich der Mitarbeitermotivation und einer möglichst bedarfsgerechten Kundenberatung als Kernstück der Philosophie in unserer Bank betrachte. Aber ich möchte damit auch nicht ausschließen, dass es möglich ist, mit den vorstehend genannten Instrumenten nach dem Motto „Behandle deine Mitarbeiter so, wie du auch selbst behandelt werden möchtest" zu führen. Möglicherweise können Sie sich bereits mit den vielen sonstigen Führungsinstrumenten, die im Buch dargestellt sind und auch denen, die nicht auf meiner Agenda standen, identifizieren und leben diese in Ihrem Unternehmen bereits seit langem.

Ich selbst habe die Erfahrung gemacht, dass „Führen ohne Druck" für Führungskräfte weit angenehmer ist, aber – auch weit anstrengender und aufwendiger.

Sollte eine Führungskraft einen Paradigmenwechsel vollziehen, ist damit zu rechnen, dass dies ein Projekt über Jahre wird, das zwischendurch unangenehme Entscheidungen und auch immer wieder mal Zweifel am Gelingen mit sich bringen wird.

Denn „Führen ohne Druck" ist keinesfalls „Kuscheln ohne Ende".

Bei „Führen ohne Druck" gibt es in vielen Bereichen keine Leitplanken, in denen sich die Mitarbeiter laut ausführlichen Anweisungen bewegen dürfen, sondern es gibt große Freiräume, die selbstverständlich durch gesetzliche oder revisionstechnische Vorschriften begrenzt sind. Die Schwierigkeit für die Führungskraft ist es, rechtzeitig zu erkennen und rechtzeitig zu handeln, sollten sich aus den großen Freiräumen Fehlentwicklungen ankündigen. Da mache ich mir schon hin und wieder Gedanken, ob ich vielleicht doch in dieser oder jener Sache zu spät eingegriffen habe.

„Führen ohne Druck" setzt aber auch voraus, dass die Führungskraft in manchen Situationen ihr eigenes Ego zu Gunsten des Gesamterfolgs zurückstellt.

Unabhängig davon, welchen Stil sie als Führungskraft bevorzugen, wünsche ich Ihnen und Ihrem Unternehmen weiterhin viel Erfolg und Glück bei einer nicht leichten Aufgabe – „Mitarbeitern zum Erfolg zu verhelfen"

Ihr Ernst Kronawitter, zusammen mit 46 Mitarbeitern
der Raiffeisenbank Ichenhausen eG.

Gütesiegel „ETHICS IN BUSINESS"

Die Raiffeisenbank Ichenhausen wurde mit dem Gütesiegel „Ethics in Business" ausgezeichnet. Es handelt sich dabei um eine Wirtschaftsinitiative, die mittelständische Unternehmen in Deutschland, Österreich und der deutschsprachigen Schweiz begleitet. Diese Unternehmen möchten fair, verantwortungsvoll und nachhaltig handeln und damit die Wirtschaftswelt prägen und umgestalten.

Partner sind die Universität St. Gallen, die Süddeutsche Zeitung, CSR News, eine der weltweit führenden und am häufigsten besuchten Internetplattformen zum Thema Corporate Social Responsibility, sowie Oekom Research, einer der führenden Anbieter von Informationen über den sozialen und ökologischen Auftritt von Unternehmen.

Die wissenschaftliche Leitung für das Projekt „Ethics in Business" obliegt Professor Dr. Thomas Beschorner, Direktor des Instituts für Wirtschaftsethik an der Universität St. Gallen.

Mehr unter www.ethics-in-business.com